# Das neue Gabler Wirtschaftslexikon.
## Jetzt auch für Ihr iPhone.

 Das Wissen der Experten jederzeit auf Ihrem iPhone. Ab sofort im App Store.

 Über 25.000 Stichworte online abrufbar unter www.wirtschaftslexikon.gabler.de

 Erhältlich als 8-bändige Taschenbuchausgabe im Handel oder unter www.gabler.de

Gabler Wirtschaftslexikon: Qualitätsgeprüftes Wirtschaftswissen von mehr als 150 renommierten Experten aus Wissenschaft und Praxis.

Zeitschrift für Betriebswirtschaft

Special Issue 5/2010

Mixed Methods in der Managementforschung

# ZfB-Special Issues

**6/2007 Empirische Studien zum Management in mittelständischen Unternehmen**
Herausgeber: Horst Albach/Peter Letmathe
140 Seiten. ISBN 3 8349 0799 5

**1/2008 Economics and Management of Education**
Herausgeber: Dominique Demougin/Oliver Fabel
192 Seiten. ISBN 3 8349 0904 1

**2/2008 Corporate Governance in der Praxis mittelständischer Unternehmen**
Herausgeber: Horst Albach/Peter Letmathe
136 Seiten. ISBN 3 8349 0931 2

**3/2008 Corporate Social Responsibility**
Herausgeber: Joachim Schwalbach
112 Seiten. ISBN 3 8349 1044 9

**4/2008 Forschungsperspektiven der betriebswirtschaftlichen Logistik**
Herausgeber: Hartmut Stadtler/Herbert Kotzab
164 Seiten. ISBN 3 8349 1157 7

**5/2008 Erich Gutenbergs Theorie der Unternehmung – Wirkungen auf die heutige Betriebswirtschaftslehre –**
Herausgeber: Joachim Reese/Marion Steven
112 Seiten. ISBN 3 8349 1187 9

**6/2008 50 Years after MM: Recent Developments in Corporate Finance**
Herausgeber: Wolfgang Breuer/Marc Gürtler
188 Seiten. ISBN 3 8349 1426 2

**1/2009 International Entrepreneurship**
Herausgeber: Andreas Al-Laham/Martin K. Welge/Joachim Schwalbach
196 Seiten. ISBN 3 8349 1474 6

**2/2009 Management von Familienunternehmen**
Herausgeber: Peter Witt
168 Seiten. ISBN 3 8349 1620 X

**3/2009 Operations Research in der Betriebswirtschaft – Neue Anwendungsgebiete und Ergebnisse**
Herausgeber: Heinrich Kuhn/Hartmut Stadtler/Gerhard Wäscher
144 Seiten. ISBN 3 8349 1723 0

**4/2009 Rational Inefficiencies**
Herausgeber: Günter Fandel
136 Seiten. ISBN 3 8349 1856 3

**5/2009 Entrepreneurial Finance**
Herausgeber: Wolfgang Breuer/Malte Brettel
132 Seiten. ISBN 3 8349 2005 3

**6/2009 Management von kleinen und mittleren Unternehmen**
Herausgeber: Peter Letmathe/Peter Witt
180 Seiten. ISBN 3 8349 2139 4

**1/2010 Corporate Social Responsibility and Stakeholder Dynamics**
Herausgeber: Schwalbach
100 Seiten. ISBN 3 8349 1995 0

**2/2010 Internationale Aspekte der Unternehmensbesteuerung**
Herausgeber: Krawitz
136 Seiten. ISBN 3 8349 2006 1

**3/2010 Rechnungslegung, Kapitalmärkte und Regulierung**
Herausgeber: Ralf Ewert/Hans-Ulrich Küpper
164 Seiten. ISBN 3 8349 1999 3

**4/2010 Mixed Methods – Konzeptionelle Überlegungen**
Herausgeber: Thomas Wrona/Günter Fandel
120 Seiten. ISBN 3 8349 1998 5

# Mixed Methods
# in der Managementforschung

Herausgeber
**Prof. Dr. Thomas Wrona**
**Prof. Dr. Dr. h.c. Günter Fandel**

**GABLER**

Die Deutsche Bibliothek – CIP-Einheitsaufnahme

**Zeitschrift für Betriebswirtschaft** : ZfB. – Wiesbaden :
Gabler Verlag/Springer Fachmedien Wiesbaden GmbH
Erscheint monatl. – Aufnahme nach Jg. 67, H. 3 (1997)
Reihe Ergänzungsheft: Zeitschrift für Betriebswirtschaft /
Ergänzungsheft. Fortlaufende Beil.: Betriebswirtschaftliches
Repetitorium. – Danach bis 1979: ZfB-Repetitorium
ISSN 0044-2372
2010, Special Issue 5. Mixed Methods in der Managementforschung
Herausgeber: Thomas Wrona, Günter Fandel – Wiesbaden: Gabler, 2010
(Zeitschrift für Betriebswirtschaft; 2010, Special Issue 5)
ISBN 3-8349-2521-7
ISBN 978-3-8349-2521-3

Alle Rechte vorbehalten

Gabler Verlag/Springer Fachmedien Wiesbaden GmbH 2010
Lektorat: Susanne Kramer/Annelie Meisenheimer

Gabler Verlag ist eine Marke von Springer Fachmedien.
Springer Fachmedien ist Teil der Fachverlagsgruppe Springer Science+Business Media.

Das Werk einschließlich aller seiner Teile ist urheberrechtlich geschützt. Jede Verwertung außerhalb der engen Grenzen des Urheberrechtsgesetzes ist ohne Zustimmung des Verlags unzulässig und strafbar. Das gilt insbesondere für Vervielfältigungen, Übersetzungen, Mikroverfilmungen und die Einspeicherung und Verarbeitung in elektronischen Systemen.

http://www.gabler.de
http://www.zfb-online.de

Höchste inhaltliche und technische Qualität unserer Produkte ist unser Ziel. Bei der Produktion und Verbreitung unserer Bücher wollen wir die Umwelt schonen: Dieses Buch ist auf säurefreiem und chlorfrei gebleichtem Papier gedruckt. Die Einschweißfolie besteht aus Polyäthylen und damit aus organischen Grundstoffen, die weder bei der Herstellung noch bei der Verbrennung Schadstoffe freisetzen.

Die Wiedergabe von Gebrauchsnamen, Handelsnamen, Warenbezeichnungen usw. in diesem Werk berechtigt auch ohne besondere Kennzeichnung nicht zu der Annahme, dass solche Namen im Sinne der Warenzeichen- und Markenschutz-Gesetzgebung als frei zu betrachten wären und daher von jedermann benutzt werden dürften.

Satzherstellung: Fotosatz-Service Köhler GmbH – Reinhold Schöberl, Würzburg.

ISBN 3-8349-2521-7
ISBN 978-3-8349-2521-3

## INHALTSVERZEICHNIS

VII    Editorial

1    **Mixed Methods in der Strategieforschung – Eine Analyse der Verwendung und Indikation methodenintegrativer Forschungsdesigns**
Prof. Dr. Thomas Wrona und Dipl.-Kfm. Sebastian Wappel, Berlin

31    **Mixed Methods-Designs: Die Multidimensionale Skalierung (MDS) als Technik an der Schnittstelle qualitativer und quantitativer Forschung**
Prof. Dr. Katharina J. Auer-Srnka und Mag. Michele Griessmair, Wien, Österreich

59    **Untersuchung von Nutzenpotentialen und Akzeptanzproblemen ambienter Technologien in Krankenhäusern – Erfahrungsbericht eines Mixed Methods-Projekts**
Prof. Dr. Markus Bick und Dipl.-Kfm. Tyge-F. Kummer, Berlin

89    **Kollaborative Managementforschung – Eine Brücke über den Rigor-Relevance Gap?**
Prof. Dr. Dr. h.c. Alfred Kieser und Dr. Lars Leiner, Mannheim

115    **Mixed Method-Designs – Alter Wein in neuen Schläuchen?**
Prof. Dr. Alfred Kuß, Berlin

IX    GRUNDSÄTZE UND ZIELE
XI    HERAUSGEBER/EDITORIAL BOARD
XII    IMPRESSUM/HINWEISE FÜR AUTOREN

# Erfolgspotenziale im Einkauf erschließen und dauerhaft sichern

WWW.GABLER.DE

Rudolf Large
**Strategisches Beschaffungsmanagement**
Eine praxisorientierte Einführung. Mit Fallstudien
4., vollst. überarb. Aufl. 2009. XVI, 379 S.
Br. EUR 36,90
ISBN 978-3-8349-0811-7

In den vergangenen Jahren haben viele führende Unternehmen die Bedeutung der Beschaffungsfunktion für den Unternehmenserfolg erkannt. „Strategisches Beschaffungsmanagement" zeigt, welche Erfolgspotentiale im Einkauf vorhanden sind und wie man diese erschließt und dauerhaft sichert.
Das Lehrbuch gliedert sich nach amerikanischem Vorbild in abgeschlossene, aber inhaltlich zusammenhängende Lerneinheiten. Für jede Lerneinheit sind die Lernziele klar definiert. Mit ausführlichen Fallstudien kann der Lernerfolg anwendungsorientiert überprüft werden.
Die vierte Auflage wurde unter Einbeziehung neuer Entwicklungen und Forschungsergebnisse aktualisiert. Eine weitere Fallstudie zum Lieferantenmanagement wurde aufgenommen.

**Der Inhalt**
- Grundlagen
- Strategische Informationsversorgung und Beschaffungsstrukturplanung
- Management von Lieferanten-Abnehmer-Beziehungen
- Organisatorische und personelle Rahmenbedingungen
- Fallübungen

**Die Autoren**
Professor Dr. Rudolf Large lehrt Allgemeine Betriebswirtschaftslehre und Dienstleistungsmanagement, insbesondere Unternehmenslogistik, an der Universität Stuttgart. Er ist aktives Mitglied im Bundesverband Materialwirtschaft, Einkauf und Logistik e.V. (BME) und Träger des BME-Wissenschaftspreises 2003.

www.wirtschaftslexikon.gabler.de
Jetzt online, frei verfügbar!

Einfach bestellen: buch@gabler.de   Telefon +49(0)611. 7878-626

**KOMPETENZ IN SACHEN WIRTSCHAFT**

**GABLER**

## Editorial

Forschungsdesigns, welche quantitative mit qualitativen Designelementen verbinden, werden seit längerem in der Literatur unter dem Begriff „Mixed Methods" diskutiert. Ausgehend von der Beobachtung, dass ein Großteil der bisherigen Mixed Method-Literatur Kombinationsmöglichkeiten von Methoden eher auf der technischen Ebene beschreibt, wurde im vorangehenden Special Issue der Zeitschrift für Betriebswirtschaft die Thematik zunächst konzeptionell und mit wissenschaftstheoretischen Bezügen diskutiert. Im vorliegenden Special Issue findet das Thema nun seine Fortsetzung mit Bezug auf die kritische Diskussion der Anwendung und Eignung von Mixed Methods in der Managementforschung. Die vorliegenden Beiträge beleuchten das Thema aus unterschiedlichen Perspektiven. Zunächst analysieren *Wrona* und *Wappel* aus einer **Review-Perspektive** die Verwendung und Indikation von Mixed Methods-Designs in der strategischen Managementforschung. Aus dem Zeitraum von 1998 bis 2008 werden hierzu die bedeutendsten internationalen Management-Journals nach Mixed Methods-Studien mit Strategiebezug ausgewertet. In Bezug auf die angewandten Forschungsdesigns zeigt sich, dass die Mixed Methods-Studien in der Strategieforschung derzeit überwiegend an einem sequentiellen Kombinationsmodell orientiert sind, bei denen eine quantitative „Hauptstudie" einer qualitativen „Vorstudie" folgt. Angesichts der Breite der in der Literatur diskutierten Verbindungsmöglichkeiten von qualitativen und quantitativen Methoden erscheint dies zumindest als beachtenswert und wird im Folgenden weiter diskutiert.

Es folgen zwei Beiträge, die quasi aus einer **selbstbezüglichen Perspektive** Mixed Methods-Studien zum Gegenstand haben. *Auer-Srnka* und *Griessmair* diskutieren zunächst die Multidimensionale Skalierung (MDS) als Technik an der Schnittstelle qualitativer und quantitativer Forschung. Die Autoren zeigen am Beispiel einer Studie über die Wahrnehmung der Senioren in der Werbung, dass mithilfe der MDS Bewertungen von Ähnlichkeiten zwischen Inputdaten vorgenommen werden können, ohne dass man sich auf die Eigenschaften bereits inhaltlich festlegt. Die folgende Diskussion zeigt Ansatzpunkte dafür auf, wie die MDS im Rahmen von Mixed Methods-Studien helfen kann, qualitative und quantitative Forschung zu verbinden. Mit der Untersuchung von Nutzungspotentialen und Akzeptanzproblemen ambienter Technologien in Krankenhäusern beschreiben *Bick* und *Kummer* eine weitere Mixed Methods-Studie, die sich auf ein sequentielles Kombinationsmodell bezieht. Die Autoren nutzen dabei eine qualitative Studie, um potentielle Einsatzgebiete und Akzeptanzprobleme ambienter Technologien in Krankenhäusern zu verstehen und hierzu verschiedene Hypothesen zu entwickeln. Im Rahmen einer quantitativen Studie werden diese sodann getestet. Beide Beiträge beschreiben dabei nicht allein ihr Vorgehen, sondern reflektieren explizit über ihr methodisches Vorgehen, dessen Vorzüge und Problemfelder.

Den Abschluss dieses Heftes bilden zwei Beiträge, die eine **erweiternde** und **kritische Perspektive** zum Thema „Mixed Methods" einnehmen. Eine interessante Perspektivenerweiterung kann in dem Beitrag von *Kieser* und *Leiner* zur kollaborativen Forschung gesehen werden. Fasst man im weitesten Sinne auch die Kombination unterschiedlicher Forscher und ihrer persönlichen Qualifikationen unter den Begriff einer Kombination von „Forschungsmethoden", so gehen sie in ihrem Beitrag der Frage nach, ob Mixed Methods im Sinne einer kollaborativen Managementforschung eine Brücke über den Rigor-Relevance Gap schlagen kann. „Kollaborativ" ist im Zusammenhang mit dem hier diskutierten Praxisrelevanz-Gap eine Zusammenarbeit zwischen Forschern und Praktikern. Die Autoren diskutieren kritisch verschiedene Sichtweisen und Problemfelder einer solchen Zusammenarbeit. Den Abschluss dieses Heftes bildet der Beitrag von *Kuss*, der auch im Sinne kritischer zusammenfassender Gedanken zum gesamten Thema betrachtet werden kann. „Alter Wein in neuen Schläuchen?" – zumindest teilweise mag man dies wohl so zu bewerten haben. Der Autor zeigt dabei an einer Reihe von Beispielen auf, dass methodische Kombinationen schon seit langem in der empirischen Forschung (unter anderer Bezeichnung) angewendet wurden und dass auch andere „Claims" der Mixed Methods-Forschung wohl mit etwas mehr Distanz zu bewerten sind. Gleichwohl zeichnet Kuss auch ein differenziertes Bild und weist auf eine Reihe von Befruchtungen und die Möglichkeit eines Aufbrechens starrer methodischer Perspektiven hin, die durch Mixed Methods-Designs erreicht werden können. Zusammenfassend kann man daher aus den verschiedenen Perspektiven feststellen, dass eine Verwendung von Mixed Methods-Designs in der Managementforschung zu positiven Entwicklungen führen kann.

*Thomas Wrona,* Guest Editor
*Günter Fandel,* Editor-in-Chief

# Mixed Methods in der Strategieforschung – Eine Analyse der Verwendung und Indikation methodenintegrativer Forschungsdesigns

**Thomas Wrona, Sebastian Wappel**

**Zusammenfassung:** Neben den Idealmodellen quantitativer und qualitativer Forschung werden in jüngerer Zeit zunehmend Forschungsdesigns diskutiert, die eine Mischung aus diesen reinen Designs beinhalten (Mixed Methods). Ausgehend von der Annahme, dass aufgrund ihrer spezifischen Charakteristika die Untersuchungsprobleme der Strategieforschung ideale „Kandidaten" für derartige methodenintegrative Forschungsdesigns sind, erfasst und diskutiert dieser Artikel die Verwendung von Mixed Methods in der Strategieforschung über den Zeitraum von 1998 bis 2008. Auf der Grundlage von sechs bedeutenden Journals werden 54 Mixed Methods-Studien identifiziert und anhand relevanter Dimensionen analysiert. Im Ergebnis zeigt sich ein heterogenes Bild methodenintegrativer Studien, wenngleich eine starke Dominanz von Methodenkombinationen vorliegt, bei denen qualitative Teile eine Art Vorstudie für die quantitative Hauptstudie bilden. Der Beitrag schließt mit einigen Überlegungen zur Indikation von Mixed Methods-Designs, welche in der Methodenforschung bislang kaum thematisiert werden.

**Schlüsselwörter:** Meta-Analyse · Mixed Methods · Strategieforschung · (Methoden-) Indikation

**JEL Classification:** B41

---

Prof. Dr. Thomas Wrona (✉)
ESCP Europe Wirtschaftshochschule Berlin, Lehrstuhl für Organisation & Empirische Managementforschung, Heubnerweg 6, 14059 Berlin, Deutschland
E-Mail: thomas.wrona@escpeurope.de

Dipl.-Kfm. Sebastian Wappel (✉)
E-Mail: sebastian.wappel@escpeurope.de

## Einleitung

Die **betriebswirtschaftliche Strategieforschung** beschäftigt sich mit der Frage, durch welche Entscheidungen, Handlungen und Interaktionen in Unternehmen Strategien zustande kommen und worauf sich diese inhaltlich beziehen können (vgl. Fahey/Christensen 1986; Bamberger/Wrona 2004, S. 26 ff.; Welge/Al-Laham 2008, S. 15 ff.). Strategien sind auf die Schaffung und Nutzung von Erfolgspotenzialen gerichtet und sprechen somit letztlich die Existenzsicherung von Organisationen an. Thematisiert wird damit einer der bedeutendsten Bereiche der Unternehmensführung (vgl. Kirsch et al. 2009, S. 47 ff.). Die Wurzeln der empirischen Strategieforschung reichen zurück bis in die frühen 1960er Jahre. In dieser Zeit dominierten zunächst qualitative Einzelfallstudien, welche als eine Art ‚best practice' im Feld des general management angesehen werden können. Heute zeichnet sich die strategische Managementforschung durch einen sehr breiten inhaltlichen und theoretischen Facettenreichtum aus (vgl. Hoskisson et al. 1999; Hitt et al. 2004; Nag et al. 2007).

Im Zuge der zunehmenden inhaltlichen Ausdifferenzierung des Fachs wuchs gleichsam auch das Interesse an methodischen und methodologischen Fragestellungen (vgl. Ketchen Jr./Bergh 2004). Obwohl mit der Arbeit von *Schendel & Hofer* bereits sehr früh sowohl wissenschaftstheoretische Aspekte als auch qualitative und quantitative Forschungsmethoden im Feld des strategischen Managements reflektiert wurden (vgl. Schendel/Hofer 1979), kam es in der Folgezeit zu einer starken Dominanz quantitativer Methoden (vgl. Phelan et al. 2002). Seit einiger Zeit nun existiert jedoch nicht nur eine zunehmende Zahl von Beiträgen, die sich qualitativer Forschungsmethoden bedienen, vielmehr findet gleichsam erneut eine intensive Reflexion über den Methodeneinsatz im Allgemeinen bzw. über die Möglichkeiten einer Bereicherung der Strategieforschung durch qualitative Forschungsmethoden statt (vgl. Gummesson 2000; Barr 2004; Gephart 2004; Cassell/Symon 2006; Cassell et al. 2006; Gummesson 2006; Johnson et al. 2006).

Im Zusammenhang mit solchen methodologischen Reflexionen wird häufig der Begriff des **Forschungsdesigns** verwendet. Unter einem Forschungsdesign wird hier eine bestimmte „Architektur" eines Forschungssystems verstanden, die Strukturen und Prozeduren für Forschungsaktivitäten, insbesondere der Erhebung und Auswertung empirischer Daten, definiert. **Forschungsmethoden** nehmen innerhalb solcher Forschungsdesigns eine zentrale Position ein, da sie einen starken Einfluss auf die Professionalisierung der Forschung, aber auch auf ihre Gegenstände oder ihr Wertberücksichtigungspotenzial aufweisen. Häufig werden in diesem Zusammenhang die „Idealmodelle" quantitativer und qualitativer Designs unterschieden. In jüngerer Zeit werden innerhalb der Methodenforschung zunehmend Forschungsdesigns diskutiert, die eine Mischung aus quantitativer und qualitativer Forschung beinhalten. Begründet wird der Einsatz von solchen **Mixed Methods** unter anderem mit einer zunehmenden Komplexität von Fragestellungen oder der Forderung nach Interdisziplinarität (vgl. Creswell 2003; Currall/Towler 2003; Tashakkori/Teddlie 2003a; Bryman 2006; Creswell/Clark 2007; Currall et al. 2006; Sale et al. 2002; Clark/Creswell 2007; Teddlie/Tashakkori 2009). Auf die verschiedenen Arten methodenintegrativer Designs und ihre möglichen Vorteile wird in Kapitel 2 zurück gekommen.

Aufgrund der Vielzahl von Monographien und Zeitschriftenbeiträgen zum Thema Mixed Methods, die konkrete Designbeispiele und forschungspraktische Hinweise beinhalten, erscheint es gerechtfertigt, von der Annahme einer zunehmenden **Verbreitung gemischter Forschungsdesigns** auszugehen. Eine solche Annahme liegt speziell für die **Strategieforschung** nahe, die sich häufig mit Problemstellungen befasst, die sich zwar auf vorhandene Theorien beziehen, diese jedoch aufgrund veränderter interner oder externer Bedingungen zu modifizieren beabsichtigen (vgl. hierzu Edmondson/McManus 2007, S. 1165) und daher Kombinationen von quantitativen und qualitativen Designelementen zielführend erscheinen. Es wird daher davon ausgegangen, dass die Untersuchungsprobleme der inhaltlichen und prozessualen Strategieforschung ideale „Kandidaten" für methodenintegrative Forschungsdesigns sind. Unter dem Begriff ‚Strategieforschung' verstehen wir hierbei empirische Studien, die sich auf inhaltliche (d.h. unterschiedliche Unternehmensstrategien) oder auf prozessuale (z.B. strategischer Wandel, Strategieentwicklung, strategische Planung) Aspekte des strategischen Managements beziehen.

Bislang liegen kaum Reviews über die **Verbreitung solcher Designs** für die strategische Managementforschung vor. Die einzigen, den Autoren bekannten Analysen innerhalb der Strategieforschung betreffen den Einsatz von Mixed Methods im Rahmen von empirischen Forschungen zum Ressourcenansatz (vgl. Molina-Azorín 2007) sowie im weiteren Sinne im Rahmen der internationalen Managementforschung (vgl. Hurmerinta-Peltomäki/Nummela 2006). Beide Studien kommen zu dem Ergebnis, dass inzwischen zwar eine Reihe von Mixed Methods-Studien publiziert wurden, diese allerdings im Vergleich zur gesamten Anzahl empirischer Arbeiten nur vergleichsweise gering verbreitet sind. Die Aussagekraft der beiden Reviews ist jedoch dahingehend einzuschränken, dass in ersterer eine sehr spezifische Abgrenzung des Strategischen vorgenommen wird (alle Arbeiten zum Thema Ressourcenansatz, Molina-Azorín 2007) und in der zweiten eine „Verlängerung" des Strategischen auf alle Fragen des Internationalen Managements (vgl. Hurmerinta-Peltomäki/Nummela 2006) erfolgte. Daher lässt sich feststellen, dass für das Feld der Strategieforschung bislang keine verlässlichen Aussagen zum Einsatz von methodenintegrativen Designs vorliegen. Darüber hinaus weisen beide Studien eher den Charakter einer Fotografie der vorhandenen Mixed Methods-Designs auf, ohne dass tiefer gehend studiert wird, welches die methodologischen Bezüge solcher Designs sind.

Das **Ziel** des vorliegenden Beitrags liegt entsprechend zunächst in der Analyse der Art und des Grads der **Anwendung von Mixed Methods** in der Strategieforschung als wichtige Disziplin der Managementforschung. Es soll jedoch nicht allein die Verbreitung dieser Forschungsdesigns erfasst werden. Vielmehr sollen darüber hinaus die **Ursachen** und möglichen **Indikationen** dieser Designs diskutiert werden. Hierzu ist der Beitrag so **aufgebaut**, dass zunächst das hier zugrunde gelegte Begriffsverständnis von Mixed Methods und mögliche Designvarianten vorgestellt und diskutiert werden. Im Folgenden werden dann ausgehend von dem hier vertretenen Begriffsverständnis der Strategieforschung die wichtigsten internationalen Journals der letzten 10 Jahre auf die Anwendung von Mixed Methods hin untersucht. Der Beitrag schließt mit einer zusammenfassenden Analyse und einer der Diskussion bzgl. Indikation sowie von möglichen Implikationen. Methodisch ist der Beitrag orientiert an dem Forschungsansatz einer Literatur-Review (vgl. Hart 1998; Fink 2005).

## 1 Der Mixed Methods-Ansatz empirischer Forschungsdesigns

Im Zusammenhang mit dem Konzept der (Methoden-) Triangulation finden verschiedene Begrifflichkeiten zur Beschreibung der Kombinationen von Forschungsmethoden Verwendung: „Multi method", „methodological mix", „combined methods", „integrated mixed methods" oder auch „multiple methods" bilden gängige Bezeichnungen (vgl. Creswell 2003; Tashakkori/Teddlie 1998; Teddlie/Tashakkori 2003). Die Verwendung dieser Begriffskonzepte sowie das mit ihnen im Einzelfall verbundene inhaltliche Verständnis ist jedoch höchst unterschiedlich (vgl. Teddlie/Tashakkori 2003). Zudem war und ist der Begriff der Triangulation Gegenstand erheblicher Kritik in der einschlägigen Literatur (vgl. Oppermann 2000; Erzberger /Kelle 2003). Im Folgenden wird daher durchgängig der Begriff „Mixed Methods" oder „methodenintegratives Design" verwendet.

In der weitesten Form kann man hierunter Forschungsdesigns verstehen, die eine Kombination von Methoden lediglich im Rahmen einer Phase des Forschungsprozesses, wie z.B. der Datenauswertung, vorsehen (vgl. Foscht et al. 2007, S. 251 f.). Streng genommen spricht man in einer solchen Definitionsfassung bereits von einer Mixed Methods-Studie, wenn es sich etwa um ein rein qualitatives Forschungsdesign handelt, bei dem u.a. auch die Häufigkeit oder Relation verwendeter Kodes ausgewertet wird. Eine engere Begriffsfassung von Mixed Methods bezieht sich nicht allein auf die Methodenebene, sondern auf den Charakter von Forschungs*designs*. Mixed Methods-Ansätze werden dann entweder im Sinne eines **Kombinationsmodells** oder eines **Integrationsmodells** angewendet. Im Rahmen von Kombinationsmodellen steht der Grundgedanke der Komplementarität bzw. der Sequentialität zwischen quantitativen und qualitativen Methoden im Vordergrund. Beide Forschungsdesigns werden dabei so kombiniert, dass es beispielsweise zu einer Differenzierung von zunächst quantitativen Studien durch eine qualitative kommt oder – im entgegen gesetzten Fall – zu einer Generalisierung qualitativer Befunde im Rahmen einer quantitativen Forschung. Integrationsmodellen dagegen liegt ein eher ganzheitliches, übergeordnetes Forschungsdesign zugrunde, in dem innerhalb einer Studie quantitative mit qualitativen Methoden simultan angewendet werden, z.B. indem zunächst Kategorien explorativ entwickelt, diese dann zu einem Modell verbunden und anschließend quantitativ getestet werden (vgl. Mayring 2001).

Im Rahmen dieser Review werden unter einem Mixed Methods-Design nur jene Abhandlungen verstanden, in denen im Rahmen eines Gesamtforschungsprojektes sowohl quantitative als auch qualitative Methoden zum Einsatz kommen, d.h. **sowohl** qualitative als auch quantitative Daten müssen **erhoben** werden bzw. vorliegen und eine **Integration** zwischen diesen muss klar ersichtlich sein. Eine Integration manifestiert sich hierbei entweder darin, dass die Ergebnisse aus der Verwendung einer Methodenart in die Verwendung einer anderen Methodenart einfließen bzw. diese explizit lenken (beeinflussen) oder aber, dass (bei gleichzeitiger Methodenanwendung) die durch Verwendung unterschiedlicher Methodenarten generierten Daten bei der Darstellung der Ergebnisse miteinbezogen werden.

Die **Vorteile** von methodenintegrativen Designs erscheinen dabei auf den ersten Blick sehr überzeugend. Zunächst bietet sich mit solchen Designs die Möglichkeit, innerhalb einer Studie sowohl konfirmatorische als auch explorative Fragen simultan zu berücksichtigen. Beispielsweise können nicht nur Hypothesen quantitativ getestet werden, sondern darüber hinaus mittels qualitativer Untersuchungen ein tieferes Verständnis für die Ursachen der Zusammenhänge entwickelt werden. Ferner werden mit Mixed Methods-Designs zwei unterschiedliche Blickwinkel auf ein Untersuchungsproblem und die damit verbundenen komplementären Stärken mit dem Ziel kombiniert, die jeweiligen Nachteile nur einer Untersuchungsperspektive zu umgehen. Und schließlich können gerade Unterschiede in den Befunden zwischen qualitativen und quantitativen Untersuchungen Anlass bieten, über das gesamte Design der Untersuchung kritisch zu reflektieren und so die Unterschiede als Hinweise dafür zu werten, dass die Problemstellung offensichtlich facettenreicher ist, als sie durch die Forscher angenommen wurde (vgl. Teddlie/Tashakkori 2009, S. 33 ff.).

Einige Autoren haben den Versuch der Zusammenstellung von **Taxonomien** von Mixed Methods-Designs unternommen (vgl. Greene et al. 1989; Patton 1990; Morse 1991; Morgan 1998; Creswell 2003; Tashakkori/Teddlie 2003b; Teddlie/Tashakkori 2003; Foscht et al. 2007). Besonders bedeutsam bei der Analyse und auch bei der Einordnung der gemischt vorgehenden Studien sind dabei zwei Aspekte (vgl. Morse 1991; Morgan 1998; Tashakkori/Teddlie 1998; Creswell 2003):

- *Sequenz der Methodennutzung*: Die Optionen der Forscher bestehen entweder in einer gleichzeitigen (sogenannte simultane Designs) oder zeitlich aufeinander folgenden (sogenannte sequentielle Designs) Anwendung qualitativer und quantitativer Methoden. Bei simultan angelegten Studien liegt dem Forscher daran, die gleichzeitig erhobenen Daten im Hinblick auf ihre jeweiligen Ergebnisse zu vergleichen und gegebenenfalls Übereinstimmungen oder Diskrepanzen zu extrahieren. Wird qualitativ begonnen, so soll ein Forschungsproblem zunächst explorativ angegangen werden, bevor dann quantitative Daten erhoben werden, die eher Aussagen und Rückschlüsse in Bezug auf eine Grundgesamtheit zulassen. Werden hingegen qualitative Methoden im Anschluss an einen zunächst quantitativen Ansatz genutzt, mag damit die Intention des Forschers verbunden sein, ein Modell bzw. Hypothesen an einem großen Sample zu testen und anschließend in der qualitativen Phase jene für die Fragestellung besonders interessanten Aspekte genauer zu untersuchen.
- *Priorität einzelner Methoden*: Die gemischt vorgehenden Forscher können qualitativen und quantitativen Methoden entweder die gleiche Wichtigkeit im Rahmen eines Forschungsprojekts zu Teil werden lassen oder eine der beiden Methodenarten in den Vordergrund rücken. Die jeweils vorliegende Betonung einzelner Methodenformen kann aus den Forschungsfragen selbst, praktischen Beschränkungen bei der Datenerhebung, der Notwendigkeit des Verständnisses einer bestimmten Datenart vor der Arbeit mit anderen Datenarten, sowie den Präferenzen der Ergebnisempfänger resultieren. Demnach lassen sich Mixed Methods-Designs einerseits in Studien mit einem gleichgewichtigen Einsatz qualitativer und quantitativer Methoden einteilen und andererseits in Studien, in denen der Forscher eine bestimmte Methodenart dominieren lässt und nur einen kleineren Anteil an alternativen Designmöglichkeiten nutzt. Es ist nicht auszuschließen, dass es mitunter sowohl auf Forscher-, als auch auf Leserseite einer Interpretation bedarf, welcher Methodenart nun in einer fokalen Studie tatsächlich Priorität eingeräumt wird, da eine klare Bedeutungshierarchie zwischen den Methodenarten nicht immer erkennbar ist und häufig auch nicht von den Autoren explizit geäußert wird.

Während die beiden Aspekte Sequenz und Priorität verschiedener Methoden wie beschrieben getrennt voneinander betrachtet und diskutiert werden können, so kennzeichnen sie in der hier vorliegenden Review zusammen das jeweilige **Forschungsdesign**, das in einer konkreten Studie verfolgt wird. In diesem Sinne stellt das Forschungsdesign im Rahmen dieser Arbeit eine mögliche Analysedimension bei der Analyse der Mixed Methods-Studien dar. Weitere Analysedimensionen sind der **Zweck** der Mischung von qualitativen und quantitativen Methoden, sowie die Betrachtung des **Erkenntnisziels**, welches insgesamt in der jeweiligen Studie verfolgt wird. Hiermit wird auch auf die Frage der Indikation zurückgekommen, d.h. es wird betrachtet, ob spezifische Erkenntnisziele existieren, die ein gemischtes Vorgehen indizieren oder nahelegen (z.B. Exploration, Verstehen vs. Testen, Bestätigen, etc.). Diese Analysedimensionen werden in den Abschnitten 2.2 bis 2.4 wieder aufgegriffen und dort detailliert besprochen.

Fasst man nun die obigen Ausführungen zusammen, so bekommen diejenigen Studien in der vorliegenden Analyse das Etikett „gemischt" zugeteilt, in denen eine Methodenkombination aus der Außenperspektive feststellbar ist und der Grund des gewählten Vorgehens abgeleitet werden kann. Es bedarf jedoch keines expliziten Statements von Autorenseite, dass gemischt vorgegangen wurde. Die so extrahierten Studien wurden dann entlang dreier Dimensionen analysiert; anhand des **Forschungsdesigns**, des zugrunde liegenden **Zwecks** der Mischung von Methoden sowie des übergeordneten **Erkenntnisziels** der gesamten Studie.

## 2 Die Verbreitung von Mixed Methods-Ansätzen in der Strategieforschung

2.1 Selektion der analysierten Quellen

Die vorliegende Analyse der Verbreitung von Mixed Methods-Ansätzen in der Strategieforschung basiert auf einer systematischen Analyse der relevanten Literatur in diesem Forschungsfeld. Als Kriterien für die Quellenauswahl wurden dabei zugrunde gelegt: (a) ein ausgewiesener **Fokus auf strategische Themen** und (b) ein hohes **Renommee** der Quelle als Träger qualitativ hochwertiger wissenschaftlicher Forschung. Erfüllt werden diese Kriterien insbesondere durch Publikationen in ausgewiesenen fachspezifischen Journals. Auch wenn nicht alle empirische Forschung allein in den Top-Journals publiziert wird und hier somit ein gewisser Bias bestehen kann, so soll doch von einer gewissen Orientierungsfunktion der Journals für die gesamte „Branche" ausgegangen werden. Die Untersuchung der Existenz gemischter Forschungsdesigns in den qualitativ besten Zeitschriften des Feldes soll somit als Indikator für die tatsächliche Verbreitung einer solchen Methodik in der betriebswirtschaftlich orientierten Forschungsgemeinschaft angesehen werden.

Der Auswahlprozess der Quellen orientierte sich an dem VHB-Zeitschriftenranking JOURQUAL2, das auf der Basis der Urteile der VHB-Mitglieder selbst erstellt wurde (zur Erstellungsmethodik vgl. Hennig-Thurau et al. 2004). Die folgenden sechs Zeitschriften waren schließlich im Fokus des Analyseprozesses:

| VHB-JOURQUAL2 Ranking ||
|---|---|
| Journal | Teilranking ABWL |
| Administrative Science Quarterly (ASQ) | 1 |
| Academy of Management Journal (AoMJ) | 3 |
| British Journal of Management (BJoM) | 14 |
| Journal of Management Studies (JoMS) | 10 |
| Organization Studies (OS) | 8 |
| Strategic Management Journal (SMJ) | 5 |

**Abb. 1.** Analysierte Journals im Ranking

Der hier betrachtete Zeitraum für die ausgewählten Journals beträgt **zehn Jahre**, von einschließlich Januar 1998 bis September 2008. Ein solcher Zeitraum ermöglicht es, die Entwicklung der Verwendung von Mixed Methods-Designs in der Strategieforschung während der letzten Dekade nachzuzeichnen und gewährt zusätzlich einen Einblick in die aktuelle Situation. Das Jahr 1998 kann insofern als ein für die Mixed Methods-Etablierung wichtiges angesehen werden, da es das Erscheinungsjahr des Beitrags von Tashakkori & Teddlie (1998) ist, deren Werk als eine Art Meilenstein die darauf folgende Entwicklung der Mixed Methods-Forschung wesentlich geprägt hat.

Um auch den deutschen Forschungsmarkt inhaltlich adäquat in die Analyse einfließen zu lassen, erfolgte für den gleichen Zeitraum eine Durchsicht der renommiertesten deutschen Journals mit Managementbezug, namentlich *Schmalenbachs Zeitschrift für betriebswirtschaftliche Forschung (zfbf)*, *Zeitschrift für Betriebswirtschaft (ZfB)* und *Die Betriebswirtschaft (DBW)*. Mixed Methods-Studien liegen zu strategischen Themen jedoch im untersuchten Zeitraum in den deutschen Zeitschriften nicht vor, so dass diese nicht weiter berücksichtigt wurden. Zusätzlich wurde das erst im Januar 2007 gegründete *Journal of Mixed Methods Research* nach empirischen und strategierelevanten Beiträgen durchsucht. Auch hier wurden keine empirischen Strategieforschungsbeiträge identifiziert.

Die Datenbasis dieser Analyse bilden folglich alle in den sechs ausgewählten Journals veröffentlichten **empirischen Studien zu Strategiethemen**. Es wurde solchen Beiträgen ein Strategiebezug zugeschrieben, die sich **inhaltlich** oder **prozessual** mit Unternehmensstrategien auseinandersetzen. Die Extraktion dieser Beiträge fand mehrstufig statt. Auf einer ersten allgemeinen Ebene wurden innerhalb der Datenbank EBSCO unter Anwendung eines speziell zum vorliegenden Forschungszweck entwickelten Suchmechanismus' potenziell relevante Beiträge selektiert. Dieser Suchmechanismus war bewusst sehr

„grob" gestaltet, um nicht durch diese „Automatisierung" versehentlich relevante Beiträge auszuschließen und bezog sich auf verschiedene Varianten und Abkürzungen der Keywords „empirical" und „strategy" (also etwa „strateg*" etc.). Auf diesem Weg konnte in einem ersten Schritt eine Reduktion der insgesamt in dem betrachteten Zeitraum in den sechs Journals veröffentlichten Studien von 3455 auf 2601 erreicht werden. Mixed Methods-Studien werden jedoch nur in Ausnahmefällen von ihren Autoren auch als solche deklariert und können somit nicht durch Verwendung von konkreten Keywords aus der Datenbank gefiltert werden. Ähnlich komplex ist auch das exakte Extrahieren von Studien hinsichtlich der inhaltlichen Passung zu dem hier zugrunde gelegten Strategieverständnis, da die Wörter „strategisch" und „Strategie" bei Weitem nicht nur im Zusammenhang mit Unternehmen verwendet werden (sondern bspw. auch in Bezug auf „Strategien" von Konsumenten, nationalen Regierungen, einzelnen Probanden in experimentellen Studien etc.).

Aus diesen Gründen wurden in einem zweiten Schritt die restlichen 2601 Beiträge durch die Mitglieder des Forscherteams einzeln **manuell analysiert**. Letztlich verblieben so insgesamt 371 Beiträge, die sowohl dem Kriterium „empirisch" als auch „Strategiebezug" entsprachen. Von diesen konnten **54 Studien** als Mixed Methods-Studien in dem oben beschriebenen Sinne identifiziert werden. Sie bilden die Datenbasis für die nun folgende Analyse. Abbildung 2 gibt einen Überblick über die analysierten Studien:

|  | ASQ | AoMJ | BJoM | JoMS | OS | SMJ | **Summe** |
|---|---|---|---|---|---|---|---|
| Studienzahl vor der Selektion | 244 | 762 | 354 | 638 | 681 | 776 | **3455** |
| Empirisch & Strategie relevant | 35 | 79 | 47 | 82 | 37 | 91 | **371** |
| **Mixed Methods** | 4 | 6 | 9 | 7 | 5 | 23 | **54** |

**Abb. 2.** Analysierte (Mixed Methods-)Studien je Journal

Während der Evaluation der 54 Mixed Methods-Studien erfolgte für jeden Beitrag eine genaue Betrachtung des gesamten Forschungsprozesses, eine Beschreibung der verwendeten Methoden, der Datenanalyse sowie der Ergebnisse und Schlussfolgerungen. Auf Basis dieser Betrachtungen wurden die Studien entsprechend der zuvor angeführten Analysedimensionen (Mixed Methods-Design, Zweck der Methodenkombination, Erkenntnisziel) klassifiziert.

## 2.2 Mixed Methods-Design

Wie bereits oben angesprochen, können qualitative und quantitative Methoden simultan oder sequenziell genutzt werden und eine unterschiedlich starke Bedeutung in einer Studie einnehmen. Aus diesen beiden Faktoren und ihren denkbaren Kombinationsmöglichkeiten lassen sich verschiedene Designs ableiten. Ihre Darstellung orientierte sich im Rahmen dieser Arbeit zunächst an der Nomenklatur von Morse (1991; 2003) und wurde erweitert bzw. verändert in Anlehnung an Johnson/Onwuegbuzie (2004).

Im Ordnungssystem von *Morse* wird die in einer Mixed Methods-Studie leitende Methodenart mit **Großbuchstaben** gekennzeichnet (QUAN, QUAL), die ergänzenden Methoden werden in **Kleinbuchstaben** (quan, qual) erfasst. Mit dem **Pluszeichen** „+" ist ein simultanes Design angesprochen, während ein **Pfeil** „→" ein sequentielles Design anzeigt. Während *Morse* immer eine, nämlich nur die zeitlich erste der Methodenkomponenten als forschungsleitend einordnet, so ist die hier vertretene Auffassung, dass qualitativen und quantitativen Aspekten innerhalb einer Studie auch eine **gleichwertige Bedeutung** eingeräumt werden kann. Diese Gleichwertigkeit kann dabei sowohl bei simultanen als auch bei sequentiellen Designs vorkommen. Die zuerst eingesetzte Methodenart muss auch nicht die Wichtigste für das Gesamtprojekt sein. Des Weiteren beinhaltet die hier verfolgte Differenzierung noch eine besondere Kategorie „**mehrphasig**" zur Erfassung derjenigen Studien, die nicht lediglich rein zweiphasig (d.h. sequentiell) oder rein simultan vorgehen, sondern die mehrere aufeinander folgende Phasen beinhalten, oder bei welchen das Gesamtvorgehen zwar sequentiell ist, innerhalb einer der Phasen aber mindestens auch simultan vorgegangen wird. Infolgedessen werden hier somit letztlich **zehn Modelle** eines Mixed Methods-Designs unterschieden (vgl. Johnson/Onwuegbuzie 2004, S. 21 f.). Abbildung 3 listet die verschiedenen Designarten auf und zeigt ihre jeweiligen Häufigkeiten in dem vorliegenden Sample. Die detaillierten Beschreibungen der einzelnen Modelle ermöglichen es dem Leser außerdem nachzuvollziehen, wann eine bestimmte Studie einer dieser konkreten Designarten zugeord-

| Designart | Beschreibung | Häufigkeit (in %) |
|---|---|---|
| qual → QUAN | *Dominanter Status, sequentielles Design:* Qual. Elemente helfen bei der Generierung der Instrumente, des Samples oder der Hypothesen | 24 (44,4) |
| quan → QUAL | *Dominanter Status, sequentielles Design:* Quant. Teil unterstützt die qual. Erhebung bspw. über eine Samplegenerierung | 2 (3,7) |
| QUAL → quan | *Dominanter Status, sequentielles Design:* Quant. Teil unterstützt Beurteilung & Interpretation der qual. Ergebnisse und kann u.U. Ergebnisse auf verschiedene Samples generalisieren | 0 (0) |
| QUAN → qual | *Dominanter Status, sequentielles Design:* Qual. Studie dient Beurteilung & Interpretation der Ergebnisse der quant. Studie oder der Untersuchung unerwarteter Ergebnisse (Ausreißer) | 5 (9,3) |
| QUAL → QUAN | *Gleichwertiger Status, sequentielles Design:* Intensive qual. (Fall)-Studien, die durch rigorose quant. Studien mit systematischem Testen der qual. Erkenntnisse ergänzt werden | 3 (5,5) |
| QUAN → QUAL | *Gleichwertiger Status, sequentielles Design:* Extensiver qual. Teil, welcher der Bestätigung/Unterstützung und/ oder weiteren tieferen Exploration der quant. Ergebnisse dient | 1 (1,9) |
| QUAL + quan | *Dominanter Status, simultanes Design:* Anwendung des quant. Teils v.a. zur Anreicherung der Samplebeschreibung | 1 (1,9) |
| QUAN + qual | *Dominanter Status, simultanes Design:* Qual. Teil dient v.a. Beschreibung derjenigen Teile eines zu untersuchenden Phänomens, die sich einer Quantifizierung entziehen | 2 (3,7) |
| QUAL + QUAN | *Gleichwertiger Status, simultanes Design:* Meist Verwendung einer Vielzahl von Datensets/-quellen zu einem bestimmten Thema zu Triangulationszwecken oder erhöhter Reichhaltigkeit | 8 (14,8) |
| Mehrphasig | Alle Designs, in denen entweder mehr als zwei Stufen im Forschungsprozess unterschieden werden oder zweiphasige Studien mit simultanen Elementen in mindestens einer Phase | 8 (14,8) |

**Abb. 3.** Mögliche Mixed Methods-Designs und entsprechende Häufigkeiten im vorliegenden Sample

net wurde und wie sich die Studien dementsprechend methodisch voneinander unterscheiden.

Betrachtet man nun das Ergebnis dieser Analyse in Bezug auf die Dimension **Forschungsdesign**, so ist zunächst zu konstatieren, dass insgesamt **quantitative Methoden** in der deutlichen Mehrheit (in 70 %) der Studien eine **dominante Rolle** einnehmen (genauer in 31 von 46 der zweiphasigen und in 7 von 8 der mehrphasigen Designs). Eine höhere Bedeutung qualitativer Elemente liegt lediglich in 7 % der Fälle vor (3 von 54). Darüber hinaus konnte in 12 Studien (22 %) eine **Gleichwertigkeit** qualitativer und quantitativer Methoden festgestellt werden.

Bezüglich der Sequenz des Vorgehens wurde ein **sequentielles Design** immer dann kodiert, wenn die Einsichten, die mit der Verwendung einer Methodenart gewonnen wurden, für den nächsten Schritt nötig waren bzw. diesen eindeutig prägten. Insgesamt geht die Mehrzahl der vorliegenden Mixed Methods-Studien stufenweise vor (43 von 54 Fällen). In diesen sind die 8 mehrphasigen Fälle bereits per Definition enthalten, auch wenn innerhalb dieser Kategorie natürlich gleichzeitig auch simultane Elemente enthalten sein können (in 3 von 8 Fällen). **Simultane** Elemente finden sich in 26 % der Studien (11 rein simultane und 3 mehrphasige Studien mit simultanen Bestandteilen). In der Mehrheit der simultan vorgehenden Studien wird qualitativen und quantitativen Methoden ein **gleichwertiger** Status eingeräumt. Insgesamt impliziert eine simultane Verwendung unterschiedlicher Methoden (ob gleichgewichtig oder nicht) immer das Bestreben der Forscher nach einer Triangulation ihrer Daten oder auch nach der Erreichung einer größeren Reichhaltigkeit, im Sinne von einem *Mehr* an Daten.

Die bis hierhin vorgenommene Betrachtung von Designgruppen kann in einem zweiten Schritt durch die Reflexion der **Bedeutung einzelner Modelle** vertieft werden. Klar ersichtlich ist hierbei zunächst, dass das Design „qual→QUAN" mit 24 Zählungen und somit 44 % das mit Abstand **prominenteste Modell** in der Menge der identifizierten Mixed Methods-Studien ist. Zusammen mit der Tatsache, dass quantitative Methoden, wie bereits erwähnt, in mehr als zwei Drittel der Studien im Sample eine dominante Funktion einnehmen, lässt die Dominanz dieses Designs vermuten, dass gemischte Forschungsdesigns in der Strategieforschung vor allem dann angewendet werden, wenn es sich primär um quantitativ zu erfassende Fragestellungen handelt.

Die zwei weiteren Designs mit der größten Häufigkeit im Sample sind das simultane Design mit gleichwertigem Methodenstatus sowie die Gruppe der mehrphasigen Designs (jeweils 8 Studien). Ordnet man diese zwei Designarten insbesondere vis-à-vis dem oben diskutierten „Vorstudien-Modell" ein, so lässt der sich offenbarende Kontrast zwischen diesen vermuten, dass man letztlich von unterschiedlichen **Graden** sprechen kann, mit denen in Studien eine Mischung der Methodenarten vorgenommen wird. Die Vorgehensweise bei dem häufig vorgefundenen Modell „qual→QUAN" spiegelt allzu oft nur die Durchführung einer Pilotstudie oder eines Item-Checks wider. Diese beinhaltet also ein eher niedriges Maß an Methodenintegration und kann somit als ‚schwacher' Mixed Methods-Fall bezeichnet werden. Eine ähnlich untergeordnete Rolle im Rahmen der Gesamterkenntnisse eines Projektes nimmt die Methodenintegration auch in denjenigen Studien ein, in denen eine andere Methodenart lediglich dazu angewendet wird, im Nachgang einen kleinen Aspekt der vorher erhobenen Daten zu verifizieren, beispielsweise durch persönliche Rückfragen o.ä. (Modell „QUAN→qual"). Im Gegensatz dazu kann man eine höhere Intensität bei allen mehrphasigen Designs (8 Fälle), sowie bei Designs mit gleichwertigem Einsatz qualitativer und quantitativer Methoden (insgesamt 12 Fälle) unterstellen. Abbildung 4 ordnet die einzelnen Studien den Forschungsdesignkategorien zu:

| | |
|---|---|
| qual → QUAN | Arend 2006; Bailey/Johnson/Daniels 2000; Baum/Wally 2003; Branzei/Ursacki-Bryant/Vertinsky et al. 2004; Capron 1999; Cousins/Lawson 2007; Gulati/Lawrence/Puranam 2005; Homburg/Bucerius 2006; Katsikeas/Samiee/Theodosiou 2006; Li/Zhang 2007; Lumpkin/Dess 2006; Luo 2002; Luo 2007; Macher/Boerner 2006; Muthusamy/White 2005; Papadakis/Barwise 2002; Parmigiani 2007; Rowley/Greve/Rao et al. 2005; Shervani/Frazier/Challagalla 2007; Simons/Roberts 2008; Sine/Haveman/Tolbert 2005; Song/Di Benedetto/Zhao 1999; Uhlenbruck/De Castro 2000; Zollo/Singh 2004 |
| quan → QUAL | Budhwar 2000; Fox-Wolfgram/Boal/Hunt 1998 |
| QUAL → quan | |
| QUAN → qual | Birkinshaw/Braunerhjelm/Holm et al. 2006; Gong/Shenkar/Luo et al. 2007; Heimeriks/Duysters 2007; Lavie/Lechner/Singh 2007; Sorenson/McEvily/Ren et al. 2006 |
| QUAL → QUAN | Filatotchev/Toms 2003; Glaister/Husan/Buckley 2003; Martens/Jennings/Jennings 2007; McEvily/Marcus 2005 |
| QUAN → QUAL | Kavanagh/Ashkanasy 2006 |
| QUAL + quan | Clark 2004 |
| QUAN + qual | Cantwell/Mudambi 2005; Lui/Ngo 2005 |
| QUAL + QUAN | Birkinshaw/Bresman/Hakanson 2000; Cacciatori/Jacobides 2005; Child 2002; Glaister/Hughes 2008; Papadakis 1998; Sorge/Brussig 2003; Yan/Child 2002 |
| Mehrphasig | Dyer/Hatch 2006; Elbanna/Child 2007a; Elbanna/Child 2007b; Hitt/Dacin/Levitas et al. 2000; Luo 2001; Pehrsson 2006; Steensma/Tihanyi/Lyles et al. 2005; Stiles 2001 |

**Abb. 4.** Studien je Kategorie von Mixed Methods-Designs

## 2.3 Zweck der Methodenkombination

Neben der Fragestellung, welche Arten oder Typen von Methodenkombinationen es gibt und welche hiervon durch die betriebswirtschaftliche Strategieforschung angewendet werden, erscheint ferner die Frage nach den **Zwecken** von Methodenkombinationen bedeutsam. Auf relativ allgemeiner Ebene kann zunächst auf die validitätserhöhende Wirkung integrativer Designs verwiesen werden (vgl. Scandura/Williams 2000, S. 1249 ff.; Teddlie/Tashakkori 2009, S. 33 ff.), da mit einer Methodenkombination beispielsweise Stichprobenfehler oder mangelnde instrumentelle Validität ausgeglichen werden können. Allerdings verbleibt die Argumentation diesbezüglich zum Teil recht beliebig. Darüber hinaus kann beispielsweise gleichsam von einem validitätsgefährdenden Effekt ausgegangen werden, wenn etwa durch die Methodenkombination Reifungsprozesse bei den Untersuchungsteilnehmern entstehen (sie verändern ihr Verhalten, da sie sensibilisiert, erfahrener oder weniger aufmerksam werden). An dieser Stelle soll daher nicht weiter diskutiert werden, ob durch eine Methodenintegration quasi automatisch die Validität erhöht wird oder nicht. Es wird vielmehr der Versuch unternommen, die hinter solchen allgemeinen Aussagen stehenden Zwecksetzungen zu berücksichtigen. Solche unterscheidungsstärkeren Zwecke methodenintegrativer Designs werden teilweise in der Literatur zu Mixed Methods diskutiert (vgl. Steckler et al. 1992, S. 3 ff.; Tashakkori/Teddlie

1998, S. 139 ff.; Morse 2003, S. 197 ff.; Creswell/Clark 2007, S. 31 ff.). Aus dieser werden im Folgenden die drei fundamentalen Zweckkategorien *Entwicklung*, *Breite* und *Tiefe* aufgegriffen, welche sich auch kombinieren lassen. Abbildung 5 listet die einzelnen Zwecke sowie ihre möglichen Kombinationen auf und gibt außerdem ihre jeweiligen Häufigkeiten im vorliegenden Sample an. Vor der im Folgenden mit Beispielen untermalten detaillierten Beschreibung dieser Zwecke methodenintegrativer Forschungsdesigns sei bezüglich der konkreten Kodierung hier allgemein noch festgehalten, dass diese jeweils auf einer recht intensiven und ganzheitlichen Auseinandersetzung mit den einzelnen Studien beruhte, da seitens der Autoren der Studien selbst nur selten eine explizite Angabe oder Reflexion über die verfolgten Zwecke zu finden war.

| Zweck | Häufigkeit | Beschreibung |
|---|---|---|
| Entwicklung | 23 | eine Methode dient der Vorbereitung der anderen, z.B. Entwicklung von standardisierten Fragebögen durch qualitative Vorstudie |
| Breite | 10 | die Kombination der Methoden erfolgt aus dem Grund einer erweiterten, möglichst umfassenden Abdeckung der Problemstellung |
| Tiefe | 7 | eine Methode dient der Vertiefung der Befunde der anderen, z.B. qualitative Interviews zur Vertiefung quantitativer Ergebnisse |
| Entwicklung & Breite | 6 | Kombination der Zwecke |
| Entwicklung & Tiefe | 5 | |
| Breite & Tiefe | 3 | |
| Entwicklung & Breite & Tiefe | 0 | |

**Abb. 5.** Zwecke methodenintegrativer Forschungsdesigns und Häufigkeiten im Sample

(1) Der Grund eines gemischten Vorgehens innerhalb einer Studie kann zunächst einmal ein mehr oder weniger instrumenteller sein, d.h. die Nutzung einer qualitativen Methode dient der Vorbereitung bzw. *Entwicklung* des quantitativen Teils der Untersuchung oder vice versa. Der allgemein prominenteste und auch innerhalb des Samples dominierende Fall liegt dann vor, wenn qualitative Methoden „nur" dazu verwendet werden, das in der eigentlichen Hauptstudie zu verwendende **Instrument zu entwickeln**, zu verbessern (z.B. durch Führung vereinzelter Experteninterviews zur Überprüfung der Verständlichkeit standardisierter Fragebögen, Überprüfung von Skalen, oder Reduktion von Items) oder um potenziell interessante Informationsträger im Vorfeld zu identifizieren (vgl. z.B. für letztere Fox-Wolfgramm et al. 1998). Ein weiterer Grund innerhalb dieser ersten Kategorie für die Mischung von unterschiedlichen Methodenarten kann über die Instrumenten- oder die Sampleentwicklung hinaus jedoch auch in der **Entwicklung von Hypothesen** liegen. Gerade hierbei lassen sich dann zum Teil recht intensive, qualitativ geprägte Anstrengungen (wie z.B. die Durchführung einer Großzahl von Tiefeninterviews oder einer intensiven Analyse verschiedener Datenbanken mit qualitativen Informationen) identifizieren (vgl. z.B. Rowley et al. 2005; Sine et al. 2005; Katsikeas et al. 2006).

(2) Neben diesem größtenteils eher instrumentellen Zweck, der der Vorbereitung einer bedeutenderen Hauptstudie dient, kann die Kombination qualitativer und quantitativer Methoden auch der Erreichung einer *breiteren Abdeckung* (auch „vollständigeren" im Sinne von comprehensiveness) des gesamten Untersuchungsbereiches dienen. Hierbei

sollen dann insbesondere verschiedene Perspektiven einbezogen oder auch eine größere Anzahl an konkreten Forschungsfragen zu einem bestimmten Bereich beantwortet werden. Beides wird eben dann möglich, wenn sich der Forscher nicht nur auf eine einzelne Methodenart oder einen alleinigen Ansatz begrenzt. Einen typischen Fall in unserem Sample repräsentieren Studien zu internationalen Joint Ventures, bei denen innerhalb dieses recht umfassenden Forschungsbereiches verschiedenartige Fragestellungen gleichzeitig bearbeitet werden (z.B. strategische Entscheidungsprozesse sowie interkulturelle Integration) und dann vor allem auch unterschiedliche Perspektiven seitens der Beteiligten beleuchtet werden sollen (vgl. Child 2002; Yan/Child 2002).

(3) Die dritte hier genutzte Zweckkategorie erfasst die Idee einer *tieferen Analyse* einzelner Aspekte eines konkreten Untersuchungsobjektes. In diesem Zusammenhang ist es auch möglich, von einer Art Komplementarität der verwendeten Methoden zu sprechen. Zunächst wird eine Frage im quantitativen Forschungsdesign analysiert. Im Anschluss folgen dann tiefer gehende qualitative Analysen mit dem Zweck eines besseren Verständnisses, d.h. einer höheren Interpretierbarkeit der vorliegenden Daten bzw. einer nochmaligen, detaillierteren Beleuchtung eines bestimmten Aspekts, der aus den quantitativen Daten resultierte. Die Verwendung eines methodenintegrativen Designs kann somit auch einem tieferen Verständnis einer spezifischen Forschungsfrage dienen. Durch Bündelung und Untermauerung von Befunden können stärkere Evidenzen für eine auf Basis von quantitativen Datensets erreichte Schlussfolgerung hervorgebracht werden (Nachhaken bzgl. bestimmter Aspekte). Beispielhaft zu nennen für derartige in dieser Kategorie kodierte Fälle sind die Studien von Sorenson et al. (2006) und Kavanagh & Ashkanasy (2006), in denen die Autoren zur Verifizierung ihrer Interpretationen bzw. zur (Unter-)Stützung ihrer Schlussfolgerungen aus dem quantitativen Ansatz qualitative Analysen durchführen.

Wurden die drei oben genannten Zweckkategorien zunächst isoliert beschrieben, so lassen sich diese grundsätzlich auch kombinieren. Auch wenn im vorliegenden Sample kein Fall vorfindbar war, in welchem die Forscher zugleich alle drei Zwecke verfolgten, so wäre auch dies theoretisch möglich und ein solcher Fall unter Umständen in anderen Themenfeldern häufiger anzutreffen. Insgesamt finden sich in den hier analysierten Studien nicht wenige Abhandlungen, in denen der Zweck der Entwicklung entweder mit einer breiteren Abdeckung eines Feldes oder einer tieferen Betrachtung eines Aspektes gekoppelt verfolgt wird. Entwicklung ist somit insgesamt in mehr als der Hälfte der analysierten Studien entweder der alleinige Zweck oder zumindest einer der Beweggründe, aus dem heraus methodenintegrative Designs gewählt wurden.

Betrachtet man die Gesamtheit der Gruppe von Studien, in denen Zwecke kombiniert verfolgt werden, so lässt sich mit Blick auf die Analyse des jeweiligen Forschungsdesigns konstatieren, dass multiple Zwecke häufig dann klar ersichtlich sind, wenn gleichzeitig ein mehrphasiges Design angewendet wurde (vgl. Abb. 6). Dies ist einerseits natürlich bereits intuitiv verständlich: In einer ersten Phase wird beispielsweise der Zweck „Entwicklung des Instruments" verfolgt, während die zweite Phase dann explizit der Exploration, d.h. dem tieferen Verständnis der zuvor erhobenen Daten dient. Andererseits wird hier auch wieder der bereits vermutete bzw. angedeutete Zusammenhang zwischen der konkreten Ausgestaltung des integrativen Forschungsdesigns und dem jeweils mit der Mischung von qualitativen und quantitativen Elementen verfolgten Zweck sehr deutlich.

| Forschungsdesign | Zweck eines gemischten Vorgehens | | | | | | | Total |
|---|---|---|---|---|---|---|---|---|
| | 1 | 2 | 3 | 4 | 5 | 6 | 7 | |
| qual → QUAN | 21 | 0 | 0 | 1 | 1 | 1 | 0 | 24 |
| quan → QUAL | 1 | 0 | 0 | 0 | 0 | 1 | 0 | 2 |
| QUAL → quan | 0 | 0 | 0 | 0 | 0 | 0 | 0 | 0 |
| QUAN → qual | 0 | 0 | 5 | 0 | 0 | 0 | 0 | 5 |
| QUAL → QUAN | 1 | 1 | 0 | 1 | 0 | 0 | 0 | 3 |
| QUAN → QUAL | 0 | 0 | 1 | 0 | 0 | 0 | 0 | 1 |
| QUAL + quan | 0 | 1 | 0 | 0 | 0 | 0 | 0 | 1 |
| QUAN + qual | 0 | 2 | 0 | 0 | 0 | 0 | 0 | 2 |
| QUAL + QUAN | 0 | 6 | 1 | 1 | 0 | 0 | 0 | 8 |
| Mehrphasig | 0 | 0 | 0 | 3 | 4 | 1 | 0 | 8 |
| Total | 23 | 10 | 7 | 6 | 5 | 3 | 0 | 54 |

Legende:
1 = Entwicklung (Instrument, Sample, Hypothesen)
2 = Breite
3 = Tiefe
4 = Entwicklung und Breite
5 = Entwicklung und Tiefe
6 = Breite und Tiefe
7 = Entwicklung, Breite und Tiefe

**Abb. 6.** Beziehung zwischen Forschungsdesign und Zweck im Sample

Abschließend sei bezüglich der Betrachtung und Analyse der jeweiligen Zwecke noch einmal darauf hingewiesen, dass die Identifikation des Zwecks häufig relativ schwierig war, da die Autoren selbst diesen oftmals nicht deutlich artikulieren. Dies steht sicherlich auch im Zusammenhang mit der bereits eingangs gemachten Feststellung, dass kaum eine der untersuchten Studien sich wirklich explizit als Mixed Methods-Studie positioniert und somit von Autorenseite auch nicht konkret über den Zweck der gemeinsamen Verwendung qualitativer und quantitativer Methoden reflektiert wird.

## 2.4 Erkenntnisziel

Die dritte bei der Analyse der vorliegenden Studien genutzte Analysedimension beinhaltet die Identifikation des **Erkenntnisziels**, welches insgesamt in der jeweiligen Untersuchung von den Autoren verfolgt wird. Als allgemeine Kategorien für Erkenntnisziele können hier z.B. Exploration, Sinnverstehen, Entwicklung neuer Theorie, Testen bestehender Theorien, Begründen, Erklären usw. angesehen werden.

Im Vergleich zu der eher schwierigen Identifikation des konkreten Zwecks, welchen ein Forscher mit der Mischung von Methoden verfolgt (vgl. Abschnitt 2.3), werden die jeweiligen Erkenntnisziele und die Forschungsfragen, bedingt durch die Anforderungen qualitativ hochwertiger Journals, zumeist sehr deutlich zu Beginn einer jeden Publikation oder aber später, z.B. im Methodenkapitel, genannt. Betrachtet man nun die hier analysierten Studien, so lässt sich konstatieren, dass in der deutlichen Mehrheit primär Ziele des **Testens** und **Überprüfens** von Theorien oder Hypothesen verfolgt werden. In 32 der vorliegenden Mixed Methods-Studien geht es klar um die Überprüfung von Hypothesen (oder Theorien) und die Quantifizierung von Sachverhalten. Sechs Studien dagegen lassen sich eindeutig als rekonstruierend bzw. interpretierend kategorisieren, da in ihnen keinerlei statistische Tests durchgeführt werden (vgl. Fox-Wolfgramm et al. 1998; Birkinshaw et al. 2000; Stiles 2001; Yan/Child 2002; Clark 2004; Cacciatori/Jacobides 2005).

Ihr Fokus liegt stattdessen auf dem „theory building", der Generierung von Hypothesen oder der detaillierten und tiefen Exploration eines bestimmten Themas.

Da hier Mixed Methods-Designs analysiert wurden, die per Definition auch eine quantitative Komponente beinhalten, ist dieser Befund natürlich nicht überraschend. Auch im Zusammenhang mit der Analyse von Zwecken der Methodenintegration ergab sich bereits eine deutliche Mehrheit an Untersuchungen, die mit qualitativen Vorstudien eine quantitative Hauptstudie entwickelt. Dennoch könnte man vor dem Hintergrund der Methodenintegration erwarten, dass neben diesen klaren Hinweisen auf ein Vorgehen im Sinne eines statistischen Testens und Überprüfens gleichzeitig auch ein Interesse an einem tieferen Verständnis, der Exploration von Sachverhalten, dichten Beschreibungen von neuartigen Phänomenen oder Ähnlichem bestünde. Dass dies nicht explizit so benannt wurde, mag jedoch zum Teil daran liegen, dass durchaus verschiedene Erkenntnisziele verfolgt, aber diese aufgrund ihres unterschiedlichen Gewichts nicht explizit benannt wurden. Dies zumindest lässt sich implizit aus den analysierten Forschungsdesigns und den genannten Zielen schließen.

Die Analyse der verfolgten Erkenntnisziele leitet nun über zu der abschließenden Frage, wodurch die Wahl methodenintegrativer Forschungsdesigns begründet wird bzw. werden kann (Indikation der Methodenwahl).

## 3 Die Indikation von Mixed Method-Designs

In der Methodenliteratur wird mit dem Begriff der Indikation – in Analogie zu einer medizinischen Indikation einer bestimmten Therapie – auf Gründe oder Einflussfaktoren verwiesen, die den Forscher zu dem einen oder anderen Forschungsdesign leiten (vgl. Steinke 1999, S. 216; Flick 2004, S. 101; ähnlich Bryman 2008, S. 22). Während die Frage der Indikation von qualitativen und quantitativen Forschungsdesigns in der Methodenliteratur relativ deutlich aufgegriffen und beantwortet wird, so geschieht dies im Bereich der Mixed Methods bisher nur ansatzweise und wenig systematisch. Stattdessen wird hier argumentiert, dass beide Idealmodelle jeweils spezifische Stärken besitzen, die Forscher zu ganzheitlichem Erklären bzw. Verstehen nutzen sollten (vgl. etwa Greene/ Caracelli 2003; Johnson et al. 2007. Die Einnahme einer solchen Perspektive bedeutet jedoch, dass es hier **keine Indikation** für Mixed Methods gibt; vielmehr wird integrativen Designs implizit per se ein Informations- bzw. Erklärungsvorteil zugeschrieben. Auf diese Perspektive soll daher im Folgenden noch einmal gesondert eingegangen werden. Hierzu werden zunächst die wichtigsten Indikationskriterien für qualitative und quantitative Designs erläutert und ihre Übertragbarkeit für Mixed Methods-Designs diskutiert. In der Literatur lassen sich drei Gruppen von Indikationskriterien identifizieren, das **Erkenntnisziel**, die **Merkmale des Untersuchungsobjekts** und die **wissenschaftstheoretische Positionierung** des Forschers.

(1) Erkenntnisziel
Eine fundamentale Argumentationsfigur der Methodenindikation ist mit dem **Erkenntnisziel** verbunden, d.h. mit der Unterscheidung von Entdeckungs- und Rechtfertigungs- bzw. Begründungszusammenhang (vgl. Kamlah/Reichenbach 1983, S. 3). Die These ist,

dass im Entdeckungszusammenhang qualitative und im Begründungszusammenhang quantitative Designs indiziert sind. Qualitative Forschungsmethoden sind primär darauf gerichtet, neues Wissen – etwa in Form von empirisch relevanten Konstrukten, Hypothesen über ihre Beziehungen, Theorien oder Typologien – zu entdecken. Zur Begründung wissenschaftlicher Aussagen sind quantitative Designs indiziert, in denen die aufgestellten Hypothesen empirisch getestet werden. Wenngleich diese strikten Zuordnungen zwar als überzogen angesehen werden können (vgl. Wrona 2009), so erscheint es auf dieser Grundlage zunächst plausibel anzunehmen, dass Mixed Methods dann indiziert sind, wenn Forschungsprojekte vorliegen, in denen es entweder gleichermaßen oder auch in unterschiedlichem Ausmaß um **Entdecken *und* Begründen** gleichzeitig geht (vgl. ähnlich Edmondson/McManus 2007, S. 1165).

Andererseits stellt eine fehlende Erkenntniszielpluralität **keine Kontraindikation** dar. Wie in Abschnitt 2.3 erläutert, werden Methoden häufig auf einer fast „technischen Ebene" kombiniert, z.B. um Instrumente zu entwickeln. Daher ist es sicher nicht verfehlt anzunehmen, dass Mixed Methods nicht nur bei einem gleichzeitigen Verfolgen von entdeckenden und begründenden Zielen indiziert sind, sondern auch im Rahmen *reiner* Entdeckungs- oder Begründungszusammenhänge, in denen z.B. Instrumente entwickelt werden sollen. Auch die hier analysierten Studien zeigen deutlich, dass ein Großteil keine Zielpluralität verfolgt, sondern dass es um erklärende Ziele geht, die mit der Methodenkombination den Zweck der „Entwicklung" verfolgen (siehe Abschnitt 2.4 sowie die Tabelle im Anhang).

(2) Gegenstand und Struktur des Forschungsproblems
Eine zweite Gruppe von Indikationskriterien wird in den Merkmalen des Forschungsproblems, d.h. dem **Untersuchungsgegenstand** und dem **Informationsbedarf** (Stand der Forschung) gesehen (vgl. Atteslander 2000, S. 38 f.; Bortz/Döring 2006, S. 50 ff.). Dieses Kriterium wird teilweise auch (etwas unscharf) als sogenannte Gegenstandsangemessenheit der Methoden bezeichnet. Damit ist gemeint, dass die verwendeten Methoden zum Forschungsgegenstand „passen" müssen (vgl. Flick 2002, S. 16 ff.; Bortz/Döring 2006, S. 50 ff.). Als relevante Merkmale des Forschungsproblems werden z.B. die Kenntnis erklärungsmächtiger Einflussvariablen, die Eindeutigkeit von Kausalitätsbeziehungen, das Ausmaß, in dem der Gegenstandsbereich strukturell determiniert ist oder die Bedeutung von Historizität und Problemkontext diskutiert (vgl. Flick 2002, S. 394 ff.; Kelle 2007, S. 57 ff.). Darüber hinaus wird auch das Vorwissen über den Gegenstand als ein wichtiger Indikationsgrund betrachtet, da hinreichend genaue Vorstellungen über den Gegenstandsbereich Voraussetzung dafür bildet, dass diese überhaupt in den Hypothesen auftauchen und getestet werden können (vgl. Bortz/Döring 2006, S. 50). Die Indikation qualitativer Forschungsdesigns wird beispielsweise darin gesehen, dass es sich um eine völlig **neuartige Forschungsfrage** bzw. Problemstellung handelt, für die zum Untersuchungszeitpunkt nur sehr **wenig Vorwissen** existiert, insbesondere in Form anwendbarer Theorien aber auch beispielsweise vorliegender empirischer Evidenz(en), deren soziale Strukturen erst in **konkreten Interaktionssituationen** geschaffen werden und für deren Bearbeitung der **Problemkontext** eine wesentliche Rolle spielt (vgl. Eisenhardt 1989, S. 548; Locke 2001, S. 95 ff.; Kelle 2007, S. 77; Eisenhardt/Graebner 2007, S. 26). Die strategische Prozessforschung bildet hierfür ein betriebswirtschaftliches Beispiel (vgl. Van de Ven/Huber 1990; Van de Ven/Poole 1990).

Die Aussagen zur Rolle von einzelnen Merkmalen des Forschungsproblems für die Indikation von Forschungsdesigns sind jedoch **inhaltlich problematisch**, da die einzelnen Merkmale nicht präzise und eindeutig auf ein Forschungsdesign verweisen. Historizität oder Problemkontext können beispielsweise sowohl in quantitativen als auch in qualitativen Designs (in unterschiedlicher Weise) explizit Berücksichtigung finden. Besser geeignet erscheint es daher, nicht einzelne Merkmale, sondern die **Strukturiertheit der Forschungsprobleme** als Indikationskriterium heranzuziehen. Die These ist hierbei, dass die durch den Gegenstand und das Wissen über ihn definierte Problemstruktur eine Indikation für Forschungsdesigns bildet. Forschungsprobleme können **wohl-** oder **schlecht-strukturiert** sein. Sie sollen einerseits dann als schlecht-strukturiert bezeichnet werden, wenn (1) die zugrunde liegenden Probleme **schlecht-definiert** sind, d.h., wenn sie unvollständig formuliert sind bzw. Komponenten umfassen, die vage und nicht intersubjektiv eindeutig formuliert sind. Beispielsweise liegen zunächst keine oder nur sehr offen formulierte Zielvorstellungen vor: Das Problem weist „offene Beschränkungen" auf, die typischerweise bei Forschungsproblemen auftreten werden, bei denen eine hohe Situativität sozialer Strukturen besteht, für deren Definition nicht auf raum-zeitlich universelle Merkmale zurückgegriffen werden kann. Schlecht-definierte Forschungsprobleme beziehen sich zudem häufig auf Gegenstände, über die wenig (theoretisches) Wissen existiert, welches eine exakte Problembeschreibung und die Entwicklung von Hypothesen erschwert. Forschungsprobleme sollen andererseits dann als schlecht-strukturiert bezeichnet werden, sofern (2) **keine Programme** (z.B. in Form von Algorithmen) existieren, mit denen die Probleme routinemäßig gelöst werden können.

Existiert nun für ein wohl-definiertes Forschungsproblem ein Lösungsalgorithmus, so kann dies ceteris paribus als ein Indikationsgrund für **quantitative Forschungsdesigns** interpretiert werden, in denen standardisierte, statistische Analysemethoden angewendet werden. Liegt dagegen ein schlecht-definiertes Forschungsproblem vor und existiert hierfür keine Lösungsroutine, so erscheinen Forschungsdesigns indiziert, die sich der Struktur des Forschungsproblems öffnen, indem sie die Komplexität und vage Struktur in ihre Verarbeitungsprozeduren einfließen lassen. Schlecht-strukturierte Probleme können daher ceteris paribus einen Indikationsgrund für **qualitative Designs** bilden.

Bei der obigen Argumentation wurde vereinfachend entweder von wohl- oder von schlecht-strukturierten Problemen ausgegangen. Es ist jedoch realitätsnäher davon auszugehen, dass der Strukturierungsgrad eine stetige Variable bildet und daher Situationen bestehen können, in denen dieser auch eine **mittlere Ausprägung** besitzt. Dies kann aus zwei Gründen der Fall sein: (1) Es besteht die Möglichkeit, dass nur **ein Teil der Problemstellung** schlecht-definiert ist, andere Teile dagegen können vielleicht als strukturell determiniert bezeichnet werden. Liegen solche Problemstellungen vor, so ist davon auszugehen, dass Teile der Fragestellung, z.B. eine Voruntersuchung, mit qualitativen Methoden untersucht und somit die „offenen Beschränkungen" geschlossen werden, während andere Teile sich aufgrund ihrer besseren Strukturiertheit von vornherein oder auch auf der Grundlage der Ergebnisse der ersten Teilfragen im Folgenden für ein quantitative Methoden eignen.

(2) Andererseits könnte ein mittlerer Strukturierungsgrad für Forschungsprobleme angenommen werden, deren soziale Strukturen mit Kelle (2010) als **„kontingent"** bezeichnet werden können, d.h., sie sind weder durch Gesetzmäßigkeiten strukturell determiniert

noch durch konkrete Interaktionssituationen rein situativ. Liegen solche Problemstellungen vor, so vernachlässigen oder unterbelichten „Mono Method-Forschungen" entweder die Regelmäßigkeiten oder die Kontextualität in den sozialen Strukturen. **Mixed Methods-Designs** können daher als indiziert für solche kontingente Gegenstandsbereiche angesehen werden.

Als illustratives Beispiel speziell für die zweite These kann aus den analysierten Quellen zur Strategieforschung der Beitrag von Glaister et al. 2003 dienen. Die Autoren untersuchen im Rahmen einer simultanen (QUAL+QUAN) Mixed Methods-Studie, inwiefern in internationalen Joint Ventures aus britischen und europäischen Unternehmen das Venture-Management „autonome" Geschäftsentscheidungen trifft und wodurch der Autonomiegrad beeinflusst ist. Die Autoren begründen ihre Methodenwahl u.a. damit, dass das zentrale Konstrukt der Autonomie nicht objektiv und kontext- bzw. kulturunabhängig ist. Daher wird in dieser Studie zunächst mit **kontextspezifischen Perzeptionsdaten** gearbeitet, die über qualitative Interviews in allen beteiligten Institutionen (zwei Mutterunternehmen und Venture-Management) erhoben werden. Andererseits werden die **situationsübergreifenden Regelmäßigkeiten** in der Ausübung und Erklärung von Autonomie durch die Verwendung standardisierter Fragebögen mit autonomiebezogenen Statements zu einem breiten Spektrum von möglichen Venture-Management-Entscheidungen erfasst und untersucht.

(3) Die Rolle der Wissenschaftstheorie
Neben den Merkmalen des Untersuchungsobjekts und den jeweiligen Erkenntniszielen betrifft ein dritter Aspekt, der teilweise im Zusammenhang mit der Indikation von Methoden angebracht wird, die Frage nach **wissenschaftstheoretischen Positionen** bzw. nach dem Fit zwischen ontologischen und epistemologischen Annahmen und dem Design von Studien (vgl. etwa Bryman 2008, S. 22 ff.; Creswell 2003, S. 6 ff.; Guba/Lincoln 2005, S. 191 ff.). Die in der Literatur zu findende These hierbei ist, dass auf Basis einer positivistischen Wissenschaftstheorieauffassung und der entsprechenden Realitätswahrnehmung quantitative Forschungsdesigns bzw. auf Basis einer konstruktivistischen Auffassung qualitative Forschungsdesigns indiziert sind. Diese, speziell in der angloamerikanischen Forschungsmethodenliteratur durchaus verbreitete Zuordnung von wissenschaftstheoretischen Positionen zu Methoden ist jedoch verfehlt und überzeichnet. Die verschiedenen wissenschaftstheoretischen Positionen sind zwar zum Teil zueinander inkommensurabel (z.B. in Bezug auf die Annahme der Existenz einer vom Subjekt unabhängigen Realität), diese Inkommensurabilitäten bestehen jedoch nicht zwischen Methoden, sondern sie werden nur auf diese übertragen. Weder positivistische noch konstruktivistische Positionen indizieren ein bestimmtes Forschungsdesign (vgl. hierzu umfassend Haase 2007). Stattdessen formulieren sie eher empirische Korrelationen zu verwendeten Methoden und zeigen somit Artefakte der praktizierten Forschung, die wahrscheinlich eher institutionalistisch, wissenschaftssoziologisch oder -historisch besser erklärbar sind.

Interessanterweise ist speziell dieser Bezug zur Wissenschaftstheorie der am deutlichsten ausgeprägte in der Mixed Methods-Literatur. Mit Bezug auf den **Pragmatismus** wird dort die These vertreten, dass beide „Idealmodelle" jeweils inhärente Stärken und Schwächen besitzen und Forscher dementsprechend die Stärken beider Ansätze nutzen sollten, um soziale Phänomene besser verstehen und gleichzeitig erklären zu können (vgl. Dewey

1938; Greene/Caracelli 2003; Johnson/Onwuegbuzie 2004; Johnson et al. 2007; Crotty 1998; Brannen 2004; Srnka/Koeszegi 2007). Allerdings ergibt sich aus dieser Perspektive heraus dann keine eindeutige Indikation für Mixed Methods – vielmehr wird integrativen Designs implizit per se ein Informations- bzw. Erklärungsvorteil zugeschrieben. Auf der Grundlage der obigen Ausführungen zur Rolle der Wissenschaftstheorie ist deshalb auch die These fragwürdig, dass pragmatistische Wissenschaftsauffassungen eine Indikation für Mixed Methods bilden. Freilich ist es ebenso plausibel, dass Konstruktivisten methodenintegrativ arbeiten, wenn sie z.B. nach Regelmäßigkeiten von Interpretationen „suchen" (ohne zu behaupten, diese seien „real").

In diesem Kapitel wurde erläutert, dass sich die Mixed Methods-Forschung bislang erstaunlich wenig zu der Frage äußert, wann solche Designs indiziert sind. Dies erstaunt insbesondere deshalb, da in der Methodenforschung allgemein relativ deutliche Aussagen zur Eignung von quantitativen vs. qualitativen Designs getroffen werden. Auf der Grundlage dieser „allgemeinen Indikationskriterien" wurde deshalb versucht, Hinweise auf die Indikation von Mixed Methods-Designs abzuleiten. Die hier vertretene These ist, dass Mixed Methods indiziert sind, wenn ceteris paribus (a) eine Erkenntniszielpluralität innerhalb eines Forschungsprojekts besteht und (b) Forschungsprobleme bearbeitet werden sollen, deren Strukturierungsgrad eine mittlere Ausprägung besitzen. Es ist bei der Beurteilung der Kriterien wichtig darauf hinzuweisen, dass sie zwar jeweils ceteris paribus Indikationskriterien bilden, dass von ihnen jedoch in der Regel **keine Kontraindikationen** ausgehen, d.h. auch wenn sie jeweils Hinweise *für* ein Design geben, so schließen sie damit jedoch nicht zwingend das jeweils andere Design aus.

## 4 Zusammenfassung und Implikationen

Die vorliegende Analyse hatte zum Ziel, die Verbreitung von Mixed Methods-Designs in der empirischen Strategieforschung zu untersuchen. Aufgrund des mittlerweile großen inhaltlichen sowie theoretischen Facettenreichtums innerhalb der Disziplin wurde davon ausgegangen, dass sich auch die methodische und methodologische Entwicklung des Feldes in den letzten Jahren stark ausdifferenziert hat.

Insgesamt hat die Analyse gezeigt, dass in dem gewählten Zeitraum und in den ausgewählten Quellen die Nutzung von Mixed Methods-Designs nur in **begrenztem Umfang** erfolgt. Dies erscheint zunächst als ein unerwartetes Ergebnis, da man Problemstellungen der Strategieforschung entsprechend der vorangehend vorgestellten Indikationsmerkmale durchaus als typischen „Kandidaten" für Mixed Methods-Designs auffassen kann: Die Strategieforschung ist einerseits traditionell darauf ausgerichtet, die Geheimnisse erfolgreichen und weitsichtigen Handelns bzw. die „laws of the market place" (vgl. Porter 1979) aufzudecken und damit zu möglichst generalistischen Erklärungsaussagen zu gelangen (vgl. Buzzel/Gale 1989; Fritz 1992). Andererseits ist sie in ganz besonderer Weise mit Variablen konfrontiert, die einen starken idiosynkratischen Bezug zur Situation aufweisen und häufig in komplexer Weise untereinander und zu Drittgrößen interdependent sind. Strategien in Unternehmen lassen sich beispielsweise häufig nicht allein aus einer Reihe von internen und externen Einflussfaktoren erklären. Stattdessen erfordert ihre Erklärung darüber hinaus die Kenntnis der Historie (Pfadabhängigkeiten) (vgl. Schreyögg et al. 2003) und der spezifischen Lebenswelt der Organisation (vgl. Kirsch 1997), der kognitiven Strukturen der beteiligten Aktoren (vgl. Wrona 2008) etc. Ferner lassen sich Strategien nicht allein aus einer Inhaltsperspektive erklären, sondern auch Merkmale des strategischen Prozesses, aus welchem derartige Inhalte wie Strategien hervorgehen, sind zu berücksichtigen. Die Strategieforschung ist daher ein Bereich der Managementforschung, der stark zwischen DN-Erklärungen und idiografischem Sinnverstehen oszilliert. Derartige Problemstellungen erscheinen somit als prädestiniert für die Verwendung von Mixed Methods-Designs.

Die verglichen mit der Gesamtzahl an strategierelevanten Beiträgen (371) eher geringe Anzahl an Mixed Methods-Studien (54) überrascht letztlich jedoch nicht, da viele der renommierten Journals qualitative Vorgehensweisen nicht als sinnvolles Fundament wissenschaftlichen Arbeitens erachten (vgl. Birkinshaw 2004; Welch/Welch 2004). Dies mag zur Folge haben, dass Forscher ihre quantitativen Ergebnisse zu Lasten der (durchaus möglicherweise vorhandenen) qualitativen Daten und Analysen betonen. Zudem gilt die Strategieforschung insgesamt als traditionell quantitativ, d.h. auf das Testen von Hypothesen gerichtet, wenngleich ihre Wurzeln qualitativ waren (vgl. Hitt et al. 1998). Dennoch kann im Verlauf der letzten Jahre ein Anstieg der Häufigkeit an Mixed Methods-Studien in den untersuchten Journals festgestellt werden (vgl. Abb. 7). Insbesondere in den Jahren 2005 bis 2007 zeigte sich ein deutlicher Zuwachs dieser Vorgehensweise im Vergleich zu den Vorjahren.

In Bezug auf die Studien, die ein Mixed Methods-Design verfolgen, zeigte sich ferner, dass durchaus **unterschiedliche** Mixed Methods-Designs und -Zwecke in der empirischen Strategieforschung Anwendung finden. Allerdings ist weder die Variationsbreite wirklich groß, noch wurden alle möglichen Designs genutzt. Es dominierte klar das Vor-

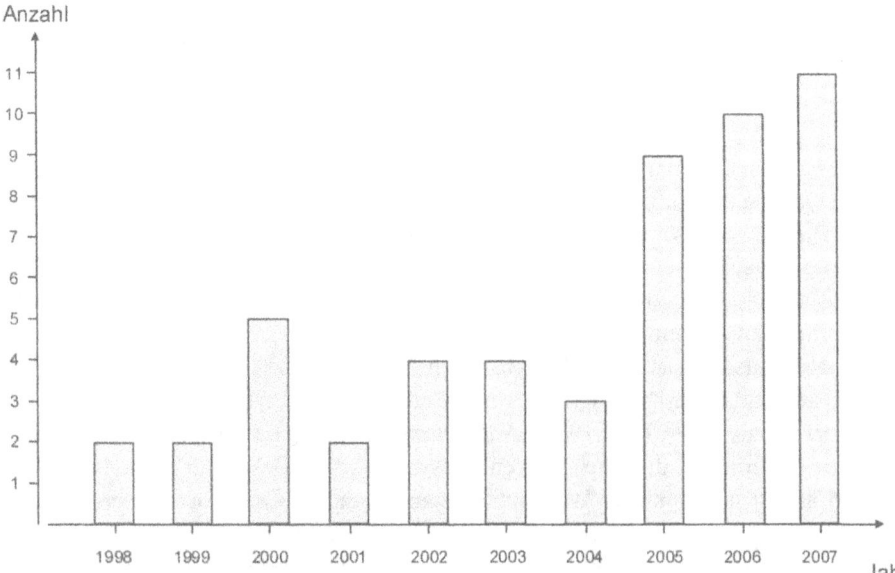

**Abb. 7.** Anzahl an Mixed Methods-Studien im Zeitverlauf

studienmodell qual→QUAN, bei dem der qualitative Teil dazu dient, die eigentliche quantitative Untersuchung vorzubereiten, z.b. durch zusätzliche fallbasierte Evidenz bei der Entwicklung von Hypothesen oder durch offene Interviews zur Absicherung des Fragebogens. Sieht man in den verschiedenen Designmöglichkeiten jeweils die unterschiedlichen Zwecke, die mit ihnen erreicht werden können, so kann man feststellen, dass die derzeitige methodenintegrative Strategieforschung längst nicht alle Möglichkeiten nutzt, die die Mixed Methods-Forschung bietet.

Ungeachtet der Häufigkeit und Entwicklung von Mixed Method-Untersuchungen fiel während der Analyse auf, dass die meisten berücksichtigten Studien, die in der hier zugrunde gelegten Definition als Mixed Method-Studien identifiziert wurden, sich selber nicht so bezeichnen, d.h. der Begriff „Mixed Methods" taucht nur in den seltensten Fällen in den Beiträgen auf. Dieser Befund deckt sich mit dem Ergebnis von Molina-Azorin (vgl. Molina-Azorin 2007, S. 57). Unterstellt man, dass dies nicht aus strategischen Gründen geschieht (z.b. um sich so deutlicher als quantitativ zu positionieren und die Publikationschancen in Journals zu erhöhen, welche sehr stark quantitativ orientiert sind), so könnte ein Grund hierfür in dem häufig verwendeten Vorstudiendesign liegen, bei dem die qualitative Vorstudie klar durch die quantitative Hauptuntersuchung dominiert wird. Offensichtlich wird also – in dem Teil der hier analysierten Strategieforschung – durchaus methodenintegrativ gearbeitet, jedoch ohne dass die Verfasser sich hierbei explizit Gedanken über die Tatsache machen, dass sie ein Mixed Methods-Design verfolgen. Dies soll nicht als grundsätzlich negativ hervorgehoben werden, da die untersuchten Quellen aus subjektiver Perspektive der Autoren des vorliegenden Beitrags von dem Methodenmix durchaus profitiert haben. Allerdings kann man sich deutlich variantenreichere Designs vorstellen, wie sie die einschlägigen Quellen der Mixed Methods-Forschung beschreiben (vgl. z.B. Creswell et al. 2003). Eine Implikation dieser Analyse lautet daher, dass die empirische Strategieforschung sich **deutlich stärker methodenintegrativen Designs zuwenden** sollte. Das heißt freilich nicht, dass empirische Studien nun regelmäßig gemischt sein sollen. Vielmehr sollte stärker über die Möglichkeiten – und auch Grenzen – von Mixed Methods reflektiert werden.

Die empirischen Arbeiten in der vorliegenden Review wurden auch im Hinblick auf die Frage analysiert, ob sich auf ihrer Basis Aussagen über die **Indikation** von Mixed Methods ableiten lassen. Diese Frage wird bislang in der Methodenforschung kaum aufgegriffen. Es wurden hierzu die wesentlichen Merkmale der Indikation von quantitativen und qualitativen Methoden erläutert und auf der Basis von theoretischen und empirischen Plausibilitätsüberlegungen verschiedene Thesen zur Indikation methodenintegrativer Designs entwickelt. Eine zentrale Argumentationsfigur war dabei gerichtet auf die Strukturiertheit von Problemstellungen und ihre Konsequenzen für die Methodenwahl. Akzeptiert man die oben erläuterte Einschätzung, dass methodenintegrative Designs gut für Situationen geeignet sind, in denen man von „kontingenten Strukturen" ausgeht, so wird man für einen großen Teil der empirischen Strategieforschung genau solche Forschungsbedingungen vorfinden. Es treten immer wieder Situationen auf, in denen die vorliegenden Erklärungsmuster aufgrund eines fundamentalen Wandels z.B. von Umweltbedingungen zu hinterfragen sind, ohne dass jedoch diese Erklärungsmuster völlig obsolet würden. Branchenstrukturen verändern sich oder verschmelzen mit angrenzenden Industrien, neue Technologien verändern Spielregeln des Wettbewerbs, Globalisierung und

Deregulierung erweitern den potenziellen Handlungsraum von Unternehmen usw. Die Erklärung bzw. das Verstehen der Konsequenzen für die Strategieforschung wird hier von methodenintegrativen Designs profitieren, die explorative und konfirmatorische Elemente integrieren.

Das Wissen über mögliche methodenintegrative Designs, ihre Vor- und Nachteile sowie ihre möglichen Indikationen kann Strategieforscher bereits in der Konzeptionsphase ihrer Untersuchung zu umfassenderen und ggf. auch innovativeren Forschungsfragen leiten. Auch eine zu vermutende epistemologisch inspirierte „Selbstbeschränkung" auf vermeintlich „passende" Designs könnte überwunden werden, so dass der Optionenraum möglicher Forschungsdesigns und damit auch der Fortschritt und die Heterogenität ihrer Outcomes erhöht würde. In diesem Sinne war es auch Ziel dieses Beitrags, über die Möglichkeiten von methodenintegrativen Forschungsdesigns zu informieren und damit zu einer Grundlage beizutragen, auf derer sich Forscher bewusster für oder gegen gemischte Designs entscheiden und „taken for granted-Annahmen" überwinden können.

## 5 Anhang: Überblick über die analysierten Mixed Methods-Studien

| Autor(en) | Jahr | Forschungs-design | Zweck(e) | Thema |
|---|---|---|---|---|
| Arend | 2006 | qual→QUAN | Entwicklung (Fragebogen) | Einfluss der Vorwärtsintegration auf die von KMUs |
| Bailey/Johnson/ Daniels | 2000 | qual→QUAN | Entwicklung (Fragebogen) | Strategieentstehungsprozess (Bericht über die Messeigenschaften eines Instrumentes zur Einschätzung von sechs Dimensionen des Strategieentstehungsprozesses) |
| Baum/Wally | 2003 | qual→QUAN | Entwicklung (Fragebogen) | Untersuchung der Auswirkungen der Geschwindigkeit des strategischen Entscheidungsprozesses auf den Unternehmenserfolg |
| Birkinshaw/ Braunerhjelm/ Holm et al. | 2006 | QUAN→qual | Tiefe | Analyse der Relokationsentscheidung von den 40 größten schwedischen internationalen Unternehmen in Bezug auf ihre Geschäftsbereiche bzw. das Headquarter |
| Birkinshaw/ Bresman/Hakanson | 2000 | QUAL+QUAN | Breite | Bericht über den Integrationsprozess nach internationalen Akquisitionen schwedischer internationaler Unternehmen |
| Branzei/Ursacki-Bryant/Vertinsky | 2004 | qual→QUAN | Entwicklung (Fragebogen) | Strategieformierungsprozesse in chinesischen Unternehmen in Bezug auf umweltschutzbezogene Maßnahmen |
| Budwahr | 2000 | quan→QUAL | Breite und Tiefe | Analyse der Praxis der Integration von HRM in die Unternehmensgesamtstrategie und die Übertragung von Verantwortung für HRM auf Linienmanager in 6 britischen Industrien |
| Cacciatori/ Jacobides | 2005 | QUAL+QUAN | Breite | Erklärung auf Basis eines induktiven Bezugsrahmen weshalb Industrien sich nach langen Phasen der Spezialisierung vertikal reintegrieren (am Beispiel der britischen Bauindustrie) |
| Cantwell/Mudambi | 2005 | QUAN+qual | Breite | Betrachtung des Umfangs an F&E in Tochtergesellschaften mit unterschiedlichen Rollen |
| Capron | 1999 | qual→QUAN | Entwicklung (Fragebogen) | Betrachtung des langfristigen Erfolgs von horizontalen Akquisitionen im produzierenden Gewerbe in Europa und Amerika |
| Child | 2002 | QUAL+QUAN | Breite | Analyse von 20 chinesisch-britischen internationalen Joint Ventures und Ableitung unterschiedlicher Konfigurationen |
| Clark | 2004 | QUAL+quan | Breite | Untersuchung des Aktivitätsgrades des Managements in Strategieinitiierungen am Beispiel strategischer Restrukturierungsprozesse in 4 großen tschechischen Unternehmen |
| Cousins/Lawson | 2007 | qual→QUAN | Entwicklung (Fragebogen) | Erforschung von Käufer-Lieferanten-Beziehungen in Bezug auf Sourcingstrategien, Beziehungscharakteristika und Unternehmenserfolg |
| Dyer/Hatch | 2006 | qual→QUAN→qual | Entwicklung (Fragebogen)/Tiefe | Analyse des Einflusses von Netzwerkressourcen auf den Unternehmenserfolg am Beispiel des Automobilmarktes |

| Autor | Jahr | Methode | Studientyp | Beschreibung |
|---|---|---|---|---|
| Elbanna/Child | 2007a | (quan+qual)→QUAN | Entwicklung (Fragebogen)/Breite | Entwicklung eines spezifischen Modells der Effizienz von strategischen Entscheidungsprozessen in Ägypten |
| Elbanna/Child | 2007b | (quan+qual)→QUAN | Entwicklung (Hypothesen, Fragebogen)/Breite | Entwicklung eines spezifischen Modells der Effizienz von strategischen Entscheidungsprozessen in Ägypten |
| Filatotchev/Toms | 2003 | QUAL→QUAN | Breite | Betrachtung des Einflusses von Diversität, Eigentümerstrukturen und Vorstandszusammensetzung auf die Art und Weise, wie Unternehmen auf industrieweite Krisen reagieren |
| Fox-Wolfgramm/ Boal/Hunt | 1998 | quan→QUAL | Entwicklung (Sample) | Anpassungsmaßnahmen von Defender- und Prospector-Banken an regulatorische Veränderungen |
| Glaister/Hughes | 2008 | QUAL+QUAN | Breite | Analyse des Zusammenhangs zwischen der Formulierung von Unternehmensgesamtstrategien und der Besteuerung in internationalen Unternehmen Großbritanniens |
| Glaister/Husan/ Buckley | 2003 | QUAL+QUAN | Entwicklung (Fragebogen)/Breite | Untersuchung der Herangehensweisen an Entscheidungsprozesse in internationalen Joint Ventures aus transaktionskostentheoretischer und ressourcenbasierter Perspektive |
| Gong/Shenkar/Luo et al. | 2007 | QUAN→qual | Tiefe | Thematisierung der Mediatorrolle der Kooperation zwischen den Partnern und der Vertragserfüllung auf die Beziehung zwischen der Zahl der Joint Venture Partner und des Joint Venture Erfolgs in internationalen Kooperationen |
| Gulati/Lawrence/ Puranam | 2005 | qual→QUAN | Entwicklung (Fragebogen) | Betrachtung der Anpassungsfähigkeiten in vertikalen Integrationsstrukturen in Bezug auf die Beschaffung bei amerikanischen Automobilherstellern |
| Heimeriks/Duysters | 2007 | QUAN→qual | Tiefe | Thematisierung von Möglichkeiten, wie Unternehmen den Erfolg von strategischen Allianzen erhöhen können |
| Hitt/Dacin/Levitas et al. | 2000 | qual→QUAN→qual | Entwicklung (Fragebogen)/Tiefe | Vergleich der Kooperationspartnerauswahl von Unternehmen aus aufkommenden Ländern (Mexiko, Polen, Rumänien) und Industrieländern (Kanada, Frankreich, USA) |
| Homburg/Bucerius | 2006 | qual→QUAN | Entwicklung (Fragebogen) | Untersuchung, ob die Integrationsgeschwindigkeit in M&As wirklich ein Erfolgsfaktor ist in Abhängigkeit von der Verbundenheit der zusammengeführten Unternehmen |
| Katsikeas/Samiee/ Theodosiou | 2006 | qual→QUAN | Entwicklung (Hypothesen, Fragebogen) | Analyse der Erfolgsauswirkungen einer internationalen Standardisierung der Marketingstrategie für einzelne Produkt(linien) in britischen Tochtergesellschaften internationaler Unternehmen aus Japan, USA, Deutschland |
| Kavanagh/ Ashkanasy | 2006 | QUAN→QUAL | Tiefe | Untersuchung des Effekts von Leadership des Change Managements auf die Akzeptanz von kulturellen Veränderungen am Beispiel eines Mergers aus drei großen Organisationen des öffentlichen Sektors |
| Lavie/Lechner/ Singh | 2007 | QUAN→qual | Tiefe | Untersuchung der Verteilung des Nutzens von Partnern einer Allianz aus mehreren Partnern in Abhängigkeit der Einbringung und des Einstiegszeitpunkts der Partner |
| Li/Zhang | 2007 | qual→QUAN | Entwicklung (Fragebogen) | Analyse, inwiefern bestimmten Managementressourcen, wie politisches Netzwerken oder funktionale Erfahrung, wertvoll für neue Ventures in sich entwickelnden Ländern wie China sind |
| Lui/Ngo | 2005 | QUAN+qual | Breite | Entwicklung eines Handlungsmodells und Anwendung dieses Modells auf Kooperationsprozesse zwischen Unternehmen aus dem Bereich des Anlagenbau |
| Lumpkin/Dess | 2006 | qual→QUAN | Entwicklung (Sample)/Breite | Exploration der Bedeutung von Simplicity (Hauptfokus auf eine strategische Aktivität) als Moderator der Strategie-Erfolgs-Beziehung auf der Ebene von Wettbewerbsstrategien |
| Luo | 2001 | qual→QUAN→qual | Entwicklung (Fragebogen)/Breite | Betrachtung der Entstehung und der Erfolgswirkung von persönlichen Beziehungen von Joint Venture-Partnern in internationalen Joint Ventures |
| Luo | 2002 | qual→QUAN | Entwicklung (Fragebogen) | Analyse des Zusammenhangs zwischen Vertragsausgestaltungen und Kooperationsarten in Bezug auf den Erfolg von internationalen Joint Ventures |
| Luo | 2007 | qual→QUAN | Entwicklung (Fragebogen) | Untersuchung der Frage, inwiefern der Opportunismus einzelner Joint Venture-Partner von der Umweltturbulenz in Entwicklungsländern (am Beispiel China) abhängt |
| Macher/Boerner | 2006 | qual→QUAN | Entwicklung (Hypothesen) | Investigation der Bedeutung von Erfahrungs-, Skalen- und Verbundeffekten auf den Erfolg von Entwicklungsanstrengungen |
| Martens/Jennings/ Jennings | 2007 | QUAL→QUAN | Entwicklung (Hypothesen)/Breite | Untersuchung der Auswirkungen des Storytelling auf die Sicherung des Kapitalzugangs am Beispiel von IPOs in High-Tech-Industrien |
| McEvily/Marcus | 2005 | QUAL→QUAN | Entwicklung (Fragebogen) | Betrachtung des externen Erwerbs wettbewerbsrelevanter Ressourcen in Allianzen |

| | | | | |
|---|---|---|---|---|
| Muthusamy/White | 2005 | qual→QUAN | Entwicklung (Fragebogen) | Untersuchung der Effekte sozialer Austauschprozesse zwischen Allianzpartnern auf das Ausmaß an Wissenstransfer in strategischen Allianzen |
| Papadakis/Barwise | 2002 | qual→QUAN | Entwicklung (Fragebogen)/Tiefe | Analyse der Einflussnahme der Charakteristika des CEO und des Top Management Teams auf die Ausgestaltung des strategischen Entscheidungsprozesses |
| Papadakis | 1998 | QUAL+QUAN | Tiefe | Betrachtung der Frage, ob ein Zusammenhang besteht zwischen dem Unternehmenserfolg und den Charakteristika des Prozesses, in dem über strategische Investitionen entschieden wird |
| Parmigiani | 2007 | qual→QUAN | Entwicklung (Fragebogen) | Untersuchung von Beschaffungsstrategien, die ein gleichzeitiges Produzieren und Zukaufen ein und des selben Gutes vorsehen |
| Pehrsson | 2006 | qual→QUAN→qual | Entwicklung (Fragebogen)/Tiefe | Untersuchung der Frage, über welche Dimensionen Top Manager Verbundenheit wahrnehmen und welchen Erfolgseffekt sie mit unterschiedlichen Arten der Verbundenheit assoziieren |
| Rowley/Greve/Rao et al. | 2005 | qual→QUAN | Entwicklung (Fragebogen) | Analyse der sozialen und sonstigen Vorboten des Ausstiegs von Unternehmen aus strategischen Netzwerk-Subgruppen („cliques") am Beispiel kanadischer Investmentbanken |
| Shervani/Frazier/ Challagalla | 2007 | qual→QUAN | Entwicklung (Fragebogen, Sample) | Untersuchung der Anwendbarkeit der Transaktionskostentheorie unter besonderer Berücksichtigung des moderierenden Einflusses der Marktmacht von Unternehmen |
| Simons/Roberts | 2008 | qual→QUAN | Entwicklung (Sample) | Einfluss der Industrievorerfahrung auf die Art und Qualität der angebotenen Produkte neu eintretender Wettbewerber am Beispiel der israelischen Weinindustrie |
| Sine/Haveman/ Tolbert | 2005 | qual→QUAN | Entwicklung (Fragebogen, Hypothesen) | Untersuchung des Einflusses von Institutionen auf die Diversität von Unternehmen in einem Sektor (am Beispiel des Energiesektors) |
| Song/Di Benedetto/ Zhao | 1999 | qual→QUAN | Entwicklung (Fragebogen) | Betrachtung der Unterschiede in den Pioniervorteilen zwischen produzierenden Unternehmen und Dienstleistern in einer länderübergreifenden Studie |
| Sorenson/McEvily/ Ren et al. | 2006 | QUAN→qual | Tiefe | Thematisierung der Breite der von Unternehmen bearbeiteten Nische und deren Auswirkungen auf den Erfolg und die Frequenz von Produktentwicklungen/-einführungen und Ausstiegsentscheidungen |
| Sorge/Brussig | 2003 | QUAL+QUAN | Breite | Test einer interaktionistischen Variante der Ko-Evolutionstheorie durch Betrachtung des Effekts unterschiedlicher Konfigurationen von „strategic choice" & „environmental determinism" auf die Profitabilität & Beschäftigung |
| Steensma/Tihanyi/ Lyles et al. | 2005 | qual→QUAN→qual | Entwicklung (Fragebogen)/Tiefe | Untersuchung der sich ändernden Rolle von Joint Venture Partnern in Bezug auf den Venture-Erfolg in sich ökonomisch und institutionell entwickelnden Ländern am Beispiel Ungarns |
| Stiles | 2001 | (QUAL+quan)→QUAL | Breite/Tiefe | Untersuchung des Einflusses des Vorstands auf die vom Unternehmen verfolgte Strategie und deren Entstehung |
| Uhlenbruck/ De Castro | 2000 | qual→QUAN | Entwicklung (Fragebogen) | Betrachtung der Besonderheiten von Markteintritten in Osteuropa über Akquisitionen vor dem Hintergrund wichtiger Stakeholder, wie Regierungen und dem besonderen Risiko von FDI in ehemals kommunistischen Ländern |
| Yan/Child | 2002 | QUAL+QUAN | Breite | Analyse von chinesisch-britischen Joint Ventures in Bezug auf die Einflussgrößen der voon dem jeweiligen Venture-Partner angestrebten Zielsetzung |
| Zollo/Singh | 2004 | qual→QUAN | Breite/Tiefe | Erfolgsauswirkungen von Integrationsentscheidungen im Zuge von Akquisitionen in Bezug auf das Ausmaß der Integration und das Auswechseln des mitakquirierten Managementteams |

**Danksagung:** Die Autoren danken Maren Breuer für ihre Mitarbeit an einer früheren Fassung des Beitrags.

# Endnote

1 Anmerkung: Übersicht ohne das nicht vollständig erfasste Jahr 2008.

# Literatur

Arend RJ (2006) SME-supplier alliance activity in manufacturing. Contingent benefits and perceptions. In: Strategic Management Journal 27(8):741–763

Atteslander P (2000) Methoden der empirischen Sozialforschung. 9. Aufl. Walter de Gruyter, Berlin, New York 2000

Bailey A, Johnson G, Daniels K (2000) Validation of a multi-dimensional measure of strategy development processes. In: British Journal of Management 11(2):151–162

Bamberger I, Wrona T (2004) Strategische Unternehmensführung. Strategien, Systeme, Prozesse, Vahlen, München 2004

Barr PS (2004) Current and potential importance of qualitative methods in strategy research. In: Ketchen Jr DJ, Bergh DD (Hg) Research methodology in strategy and management, Amsterdam, S 165–188

Baum JR, Wally S (2003) Strategic decision speed and firm performance. In: Strategic Management Journal 24(11):1107–1129

Birkinshaw J (2004) Publishing qualitative research in international business. In: Marschan-Piekkari R, Welch C (Hg) Handbook of qualitative research methods for international business, Edward Elgar, Cheltenham, S 570–584

Birkinshaw J, Braunerhjelm P, Holm U et al. (2006) Why do some multinational corporations relocate their headquarters overseas? In: Strategic Management Journal 27(7):681–700

Birkinshaw J, Bresman H, Hakanson L (2000) Managing the post-acquisition integration process. How the human integration and task integration processes interact to foster value creation. In: Journal of Management Studies 37(3):395–425

Bortz J, Döring N (2006) Forschungsmethoden und Evaluation für Human- und Sozialwissenschaftler. 4. Aufl. Springer, Berlin/Heidelberg

Brannen J (2004) Working qualitatively and quantitatively. In: Seale C, Gobo G, Gubrium JF et al. (Hg) Qualitative research practice, Sage Publications, London, S 312–326

Branzei O, Ursacki-Bryant TJ, Vertinsky I et al. (2004) The formation of green strategies in Chinese firms. Matching corporate environmental responses and individual principles. In: Strategic Management Journal 25(11):1075–1095

Bryman A (2006) Mixed methods, Sage, Thousand Oaks

Bryman A (2008) Social research methods. 3. Aufl. Oxford University Press, Oxford

Budhwar PS (2000) Strategic integration and devolvement of human resource management in the UK manufacturing sector. In: British Journal of Management 11(4):285

Buzzel RD, Gale BT (1989) Das PIMS-Programm – Strategie und Unternehmenserfolg, Gabler, Wiesbaden

Cacciatori E, Jacobides MG (2005) The dynamic limits of specialization. Vertical integration reconsidered. In: Organization Studies 26(12):1851–1883

Cantwell J, Mudambi R (2005) MNE competence-creating subsidiary mandates. In: Strategic Management Journal 26(12):1109–1128

Capron L (1999) The long-term performance of horizontal acquisitions. In: Strategic Management Journal 20(11):987–1018

Cassell C, Symon G (2006) Essential guide to qualitative methods in organizational research, Sage, London

Cassell C, Symon G, Buehring A et al. (2006) The role and status of qualitative methods in management research. An empirical account. In: Management Decision 44(2):290–303

Child J (2002) A configurational analysis of international joint ventures. In: Organization Studies 23(5):781–815

Clark E (2004) Power, action and constraint in strategic management. Explaining enterprise restructuring in the Czech Republic. In: Organization Studies 25(4):607–627

Cousins PD, Lawson B (2007) Sourcing strategy, supplier relationships and firm performance. An empirical investigation of UK organizations. In: British Journal of Management 18(2):123–137

Creswell JW (1994) Research design. Qualitative and quantitative approaches, Sage, Thousand Oaks

Creswell JW (2003) Research design. Qualitative, quantitative and mixed methods approaches. 2. Aufl. Sage, Thousand Oaks

Creswell JW, Plano Clark VL (2007) Designing and conducting mixed methods research, Sage, Thousand Oaks

Creswell JW, Plano Clark VL, Gutmann ML et al. (2003) Advanced mixed methods research design. In: Tashakkori A, Teddlie C (Hg) Handbook of mixed methods in social & behavioral research, Sage, Thousand Oaks, S 209–240

Crotty M (1998) The foundations of social research. Meaning and perspective in the research process, Sage, London
Currall SC, Hammer TH, Baggett LS et al. (2006) Combining qualitative and quantitative methodologies to study group processes. An illustrative study of a corporate board of directors. In: Johnson P, Clark M (Hg) Business and management research methodologies, Sage Publications, Thousand Oaks 4:53–84
Currall SC, Towler AJ (2003) Research methods in management and organizational research. Toward integration of qualitative and quantitative techniques. In: Tashakkori A, Teddlie C (Hg) Handbook of mixed methods in social and behavioral research, Sage Publications, Thousand Oaks, London, New Delhi, S 513–526
Dewey J (1938) Logic. The theory of inquiry, Henry Holt, New York
Dyer JH, Hatch NW (2006) Relation-specific capabilities and barriers to knowledge transfers. Creating advantage through network relationships. In: Strategic Management Journal 27(8):701–719
Edmondson AC, McManus SE (2007) Methodological fit in management field research. In: Academy of Management Review 32(4):1155–1179
Eisenhardt KM (1989) Building theories from case study research. In: Academy of Management Review 14(4):532–550
Eisenhardt KM, Graebner ME (2007) Theory building from cases. Opportunities and challenges. In: Academy of Management Journal 50(1):25–32
Elbanna S, Child J (2007a) The influence of decision, environmental and firm characteristics on the rationality of strategic decision making. In: Journal of Management Studies 44(4):561–590
Elbanna S, Child J (2007b) Influences on strategic decision effectiveness. Development and test of an integrative model. In: Strategic Management Journal 28(4):431–453
Erzberger C, Kelle U (2003) Making inferences in mixed methods. The rules of integration (Hg) Handbook of mixed methods in social and behavioral research, Sage, Thousand Oaks, S 457–488
Fahey L, Christensen K (1986) Evaluating the research on strategy content. In: Journal of Management 12(2):167-183
Filatotchev I, Toms S (2003) Corporate governance, strategy and survival in a declining industry. A study of UK cotton textile companies. In: Journal of Management Studies 40(4):895-920
Fink A (2005) Conducting research literature reviews. From the internet to paper, Sage Publications, Thousand Oaks 2005
Flick U (2002) Qualitative Sozialforschung. 6. Aufl. Rowohlt, Reinbek bei Hamburg 2002
Flick U (2004) Triangulation. Eine Einführung, VS Verlag für Sozialwissenschaften, Wiesbaden 2004
Foscht T, Angerer T, Swoboda B (2007) Mixed Methods. Systematisierung und Untersuchungsdesigns. In: Buber R, Holzmüller HH (Hg) Qualitative Marktforschung, Gabler, Wiesbaden 2007, S 249-259
Fox-Wolfgramm SJ, Boal KB, Hunt JG (1998) Organizational adaptation to institutional change. A comparative study of first-order change in prospector and defender banks. In: Administrative Science Quarterly 43(1):87-126
Fritz W (1992) Marktorientierte Unternehmensführung und Unternehmenserfolg. Grundlagen und Ergebnisse einer empirischen Forschung, Schäffer-Poeschel, Stuttgart 1992
Gephart RP (2004) Qualitative research and the Academy of Management Journal. In: Academy of Management Journal 47(4):454-462
Glaister KW, Hughes JF (2008) Corporate strategy formulation and taxation. Evidence from UK firms. In: British Journal of Management 19(1):33-48
Glaister KW, Husan R, Buckley PJ (2003) Decision-making autonomy in UK international equity joint ventures. In: British Journal of Management 14(4):305-322
Gong Y, Shenkar O, Luo Y et al. (2007) Do multiple parents help or hinder international joint venture performance. The mediating roles of contract completeness and partner cooperation. In: Strategic Management Journal 28(10):1021-1034
Greene JC, Caracelli VJ (2003) Making paradigmatic sense of mixed methods practice. In: Tashakkori A, Teddlie C (Hg) Handbook of mixed methods in social & behavioral research, Sage Publications, Thousand Oaks, California 2003, S 91-110
Greene JC, Caracelli VJ, Graham WF (1989) Toward a conceptual framework for mixed -method evaluation designs. In: Educational Evaluation and Policy Analysis 11(3):255-274
Guba EG, Lincoln YS (2005) Paradigmatic controversies, contradictions, and emerging confluences. In: Denzin NK, Lincoln YS (Hg) The Sage handbook of qualitative research, Thousand Oaks 2005, S 191-215.
Gulati R, Lawrence PR, Puranam P (2005) Adaptation in vertical relationships. Beyond incentive conflict. In: Strategic Management Journal 26(5):415-440
Gummesson E (2000) Qualitative methods in management research, Sage Publications, London 2000.

Gummesson E (2006) Qualitative research in management. Addressing complexity, context and persona. In: Management Decision 44(2):167-179
Haase M (2007) Untersuchungsgegenstand und Informationsbedarf. Zur Relevanz von Erkenntnis- und Wissenschaftstheorie für die Methodenwahl. In: Kritische Reflexionen empirischer Forschungsmethodik. Diskussionsbeiträge des Fachbereichs Wirtschaftswissenschaft der Freien Universität Berlin, Betriebswirtschaftliche Reihe (5):38-64
Hart C (1998) Doing a literature review. Releasing the social science research imagination, Sage, Thousand Oaks 1998
Heimeriks KH, Duysters G (2007) Alliance capability as a mediator between experience and alliance performance. An empirical investigation into the alliance capability development process. In: Journal of Management Studies 44(1):25-49
Hennig-Thurau T, Walsh G, Schrader U (2004) VHB-Jourqual. Ein Ranking von betriebswirtschaftlich-relevanten Zeitschriften auf der Grundlage von Expertenurteilen. In: Zeitschrift für betriebswirtschaftliche Forschung 56(9):520-545
Hitt MA, Boyd BK, Li D (2004) The state of strategic management research and a vision of the future. In: Ketchen Jr DJ, Bergh DD (Hg) Research methodology in strategie and management, Amsterdam (1):1-31
Hitt MA, Dacin MT, Levitas E et al. (2000) Partner selection in emerging and developed market contexts. Resource-based and organizational learning perspectives. In: Academy of Management Journal 43(3):449-467
Hitt MA, Gimeno J, Hoskisson RE (1998) Current and future research methods in strategic management. In: Organizational Research Methods (1):6-44
Homburg C, Bucerius M (2006) Is speed of integration really a success factor of mergers and acquisitions. An analysis of the role of internal and external relatedness. In: Strategic Management Journal 27(4):347-367
Hoskisson RE, Hitt MA, Wan WP et al. (1999) Theory and research in strategic management. Swings of a pendulum. In: Journal of Management 25(3):417-456
Hurmerinta-Peltomäki L, Nummela N (2006) Mixed methods in international business research. A value-added perspective. In: Management International Review 46(4):439-459
Johnson BR, Onwuegbuzie AJ (2004) Mixed methods research. A research paradigm whose time has come. In: Educational Researcher 33(7):14-26
Johnson BR, Onwuegbuzie AJ, Turner LA (2007) Toward a definition of mixed methods research. In: Journal of Mixed Methods Research 1(2):112-133
Johnson P, Buehring A, Cassell C et al. (2006) Evaluating qualitative management research. Towards a contingent criteriology. In: International Journal of Management Reviews 8(3):131-156
Kamlah A, Reichenbach M (1983) Hans Reichenbach. Gesammelte Werke. Band 4. Erfahrung und Prognose. Vieweg Verlagsgesellschaft, Braunschweig
Katsikeas CS, Samiee S, Theodosiou M (2006) Strategy fit and performance consequences of international marketing standardization. In: Strategic Management Journal 27(9):867-890
Kavanagh MH, Ashkanasy NM (2006) The impact of leadership and change management strategy on organizational culture and individual acceptance of change during a merger. In: British Journal of Management 17(1):81-S103
Kelle U (2007) Die Integration qualitativer und quantitativer Methoden in der empirischen Sozialforschung. Theoretische Grundlagen und methodologische Konzepte, VS Verlag, Wiesbaden
Kelle U (2010) „Kontingente Strukturen" – Theoretische Grundlagen der Integration qualitativer und quantitativer Methoden. In: Wrona T, Fandel G (Hg) Mixed Methods – Konzeptionelle Überlegungen, Zeitschrift für Betriebswirtschaft, Special Issue 4:17–42
Ketchen Jr DJ, Bergh DD (Hg) (2004) Research methodology in strategy and management, Elsevier, Amsterdam
Kirsch W (1997) Wegweiser zur Konstruktion einer evolutionären Theorie der strategischen Führung. Kapitel eines Theorieprojektes, Verlag Barbara Kirsch, Herrsching
Kirsch W, Seidl D, van Aaken D (2009) Unternehmensführung. Eine evolutionäre Perspektive, Schäffer-Poeschel, Stuttgart
Lavie D, Lechner C, Singh H (2007) The performance implications of timing of entry and involvement in multipartner alliances. In: Academy of Management Journal 50(3):578-604
Li H, Zhang Y (2007) The role of managers' political networking and functional experience in new venture performance. Evidence from China's transition economy. In: Strategic Management Journal 28(8):791-804
Locke K (2001) Grounded theory in management research, Sage, London et al.

Lui SS, Ngo HY (2005) An action pattern model of inter-firm cooperation. In: Journal of Management Studies 42(6):1123–1153
Lumpkin GT, Dess GG (2006) The effect of ‚simplicity' on the strategy-performance relationship. A note. In: Journal of Management Studies 43(7):1583–1604
Luo Y (2001) Antecedents and consequences of personal attachment in cross-cultural cooperative ventures. In: Administrative Science Quarterly 46(2):177–201
Luo Y (2002) Contract, cooperation, and performance in international joint ventures. In: Strategic Management Journal 23(10):903–919
Luo Y (2007) Are joint venture partners more opportunistic in a more volatile environment? In: Strategic Management Journal 28(1):39–60
Macher JT, Boerner CS (2006) Experience and scale and scope economies. Trade-offs and performance in development. In: Strategic Management Journal 27(9):845–865
Martens ML, Jennings JE, Jennings PD (2007) Do the stories they tell get them the money they need? The role of entrepreneurial narratives in resource acquisition. In: Academy of Management Journal 50(5):1107–1132
Mayring, P (2001) Kombination und Integration qualitativer und quantitativer Analyse. In: Forum Qualitative Sozialforschung. Forum Qualitative Social Research 2(1)
McEvily B, Marcus A (2005) Embedded ties and the acquisition of competitive cababilities. In: Strategic Management Journal 26(11):1033–1055
Molina-Azorin JF (2007) Mixed methods in strategy research. Applications and implications in the resource-based view. In: Research methodology in strategy and management 4:37–73
Morgan D (1998) Practical strategies for combining qualitative and quantitative methods. Applications to health research. In: Qualitative Health Research 8(3):362–376
Morse JM (1991) Approaches to qualitative-quantitative methodological triangulation. In: Nursing Research 40(2):120–123
Morse JM (2003) Principles of mixed methods und multimethod research design. In: Tashakkori A, Teddlie C (Hg) Handbook of mixed method in social and behavioral research, Sage, Thousand Oaks, S 189–208
Muthusamy SK, White MA (2005) Learning and knowledge transfer in strategic alliances. A social exchange view. In: Organization Studies 26(3):415–441
Nag R, Hambrick DC, Chen MJ (2007) What is strategic management, really? Inductive derivation of a consensus definition of the field. In: Strategic Management Journal 28(9):935–955
Oppermann M (2000) Triangulation. A methodological discussion. In: The International Journal of Tourism Research 2(2):141–146
Papadakis VM (1998) Strategic investment decision processes and organizational performance. An empirical examination. In: British Journal of Management 9(2):115–132
Papadakis VM, Barwise P (2002) How much do CEOs and top managers matter in strategic decision-making? In: British Journal of Management 13(2):83–95
Parmigiani A (2007) Why do firms both make and buy. An investigation of concurrent sourcing. In: Strategic Management Journal 28(3):285–311
Patton MQ (1990) Qualitative evaluation and research methods, Sage, Newbury Park
Pehrsson A (2006) Business relatedness and performance. A study of managerial perceptions. In: Strategic Management Journal 27(3):265–282
Phelan S, Ferreira M, Salvador R (2002) The first twenty years of the Strategic Management Journal. In: Strategic Management Journal 23:1161–1168
Plano Clark VL, Creswell JW (2007) The mixed methods reader, Sage, Thousand Oaks
Porter ME (1979) The structure within industries and companies performance. In: Review of Economics and Statistics 61(2):214–227
Rowley TJ, Greve HR, Rao H et al. (2005) Time to break up. Social and instrumental antecedents of firm exits from exchange cliques. In: Academy of Management Journal 48(3):499–520
Sale JEM, Lohfeld LH, Brazil K (2002) Revisiting the quantitative-qualitative debate. Implications for mixed-methods research. In: Quality & Quantity 36(1):43–53
Scandura TA, Williams EA (2000) Research methodology in management. Current practices, trends, and implications for future research. In: Academy of Management Journal 43(6):1248–1264
Schendel D, Hofer C (1979) Strategic management. A new view of business planning and policy, Little Brown & Company, Boston
Schreyögg G, Sydow J, Koch J (2003) Organisatorische Pfade. Von der Pfadabhängigkeit zur Pfadkreation? In: Schreyögg G, Sydow J (Hg) Strategische Prozesse und Pfade (Managementforschung 13), Gabler, Wiesbaden, S 257–294

Shervani TA, Frazier G, Challagalla G (2007) The moderating influence of firm market power on the transaction cost economics model. An empirical test in a forward channel integration context. In: Strategic Management Journal 28(6):635–652

Simons T, Roberts PW (2008) Local and non-local pre-founding experience and new organizational form penetration. The case of the Israeli wine industry. In: Administrative Science Quarterly 53(2):235–265

Sine WD, Haveman HA, Tolbert PS (2005) Risky business. Entrepreneurship in the new independent-power sector. In: Administrative Science Quarterly 50(2):200–232

Song XM, Di Benedetto CA, Zhao YL (1999) Pioneering advantages in manufacturing and service industries. Empirical evidence from nine countries. In: Strategic Management Journal 20(9):811–836

Sorenson O, McEvily S, Ren CR et al. (2006) Niche width revisited. Organizational scope, behavior and performance. In: Strategic Management Journal 27(10):915–936

Sorge A, Brussig M (2003) Organizational process, strategic content and socio-economic resources. Small enterprises in East Germany 1990-94. In: Organization Studies 24(8):1261–1282

Srnka KJ, Koeszegi ST (2007) From words to numbers. How to transform qualitative data into meaningful quantitative results. In: Schmalenbach Business Review (SBR) 59(1):29–57

Steckler A, McLeroy KR, Goodman RM et al. (1992) Toward integrating qualitative and quantitative methods. An introduction. In: Health Education Quarterly 19(1):1–8

Steensma HK, Tihanyi L, Lyles MA et al. (2005) The evolving value of foreign partnerships in transitioning economies. In: Academy of Management Journal 48(2):213–235

Steinke I (1999) Kriterien qualitativer Forschung. Ansätze zur Bewertung qualitativ-empirischer Sozialforschung, Juventa, Weinheim, München

Stiles P (2001) The impact of the board on strategy. An empirical examination. In: Journal of Management Studies 38(5):627–650

Tashakkori A, Teddlie C (1998) Mixed methodology. Combining qualitative and quantitative approaches, Sage, Thousand Oaks

Tashakkori A, Teddlie C (2003a) Handbook of mixed method in social and behavioral research, Sage, Thousand Oaks

Tashakkori A, Teddlie C (2003b) The past and future of mixed methods research from data triangulation to mixed model designs. In: Tashakkori A, Teddlie C (Hg) Handbook of mixed methods in social and behavioral research, Sage, Thousand Oaks 2003, S 671–701

Teddlie C, Tashakkori A (2003) Major issues and controversies in the use of mixed methods in the social and behavioral sciences. In: Tashakkori A, Teddlie C (Hg) Handbook of mixed methods in social and behavioral research, Sage, Thousand Oaks, S 3–50

Teddlie C, Tashakkori A (2009) Foundations of mixes method research. Integrating quantitative and qualitative approaches in the social and behavioural sciences, Sage, Thousand Oaks

Uhlenbruck K, De Castro JO (2000) Foreign acquisitions in central and Eastern Europe. Outcomes of privatization in transitional economies. In: Academy of Management Journal 43(3):381–402

Van de Ven A, Huber GP (1990) Longitudinal field research methods for studying processes of organizational change. In: Organization Science 1(3):213–219

Van de Ven AH, Poole MS (1990) Methods for studying innovation development in the Minnesota innovation research program. In: Organization Science 1(3):313–336

Welch DE, Welch LS (2004) Getting published. The last great hurdle? In: Marschan-Piekkari R, Welch C (Hg) Handbook of qualitative research methods for international business, Edward Elgar, Cheltenham, S 551–569

Welge MK, Al-Laham A (2008) Strategisches Management. Grundlagen – Prozess – Implementierung. 5. Aufl. Wiesbaden

Wrona T (2008) Kognitive Strategieforschung. State of the Art und aktuelle Entwicklungen. In: Wrona T (Hg) Strategische Managementforschung. Aktuelle Entwicklungen und internationale Perspektiven, Gabler, Wiesbaden 2008, S 41–83

Wrona T (2009) Forschungsmethoden im Internationalen Management. Eine kritische Analyse. In: Oesterle MJ, Schmid S (Hg) Internationales Management, Forschung – Lehre – Praxis, München 2009, S 223–249

Yan Y, Child J (2002) An analysis of strategic determinants, learning and decision-making in Sino-British joint ventures. In: British Journal of Management 13(2):109–122

Zollo M, Singh H (2004) Deliberate learning in corporate acquisitions. Post-acquisition strategies and integration capability in U.S. bank mergers. In: Strategic Management Journal 25(13):1233–1256

## Mixed methods in strategy research – A review of the application and indication of mixed method designs

**Abstract:** Apart from the ideal models of purely quantitative and qualitative research, so called "mixed method" designs are being discussed increasingly in recent times. Starting from the assumption that due to their specific characteristics the issues that strategy research deals with constitute ideal "candidates" for such integrative designs, the present article investigates and discusses the use of mixed methods in strategy research from 1998 to 2008. On the basis of six important journals, 54 mixed method studies are identified and analysed along relevant dimensions. The results display a heterogeneous picture of mixed method designs in strategy research, although designs in which quantitative studies build on qualitative pilot studies still dominate. The paper closes with some reflections on the indication of mixed designs, a topic which has so far barely been addressed in the literature.

**Keywords:** Meta-analysis · mixed methods · strategy research · indication of method(s)

# Mixed Methods-Designs: Die Multidimensionale Skalierung (MDS) als Technik an der Schnittstelle qualitativer und quantitativer Forschung

**Katharina J. Auer-Srnka, Michele Griessmair**

**Zusammenfassung:** Der Forderung nach mehr qualitativer Forschung, um neues Wissen zu generieren, steht die Diskussion über das Fehlen bzw. die Kompatibilität mit quantitativen Gütekriterien gegenüber. Um diese Diskrepanz zu überwinden, befürwortet eine zunehmende Anzahl an Forschern den Einsatz von Mixed Methods-Ansätzen. Im vorliegenden Beitrag wird die Multidimensionale Skalierung (MDS) im integrierten Design als Alternative zur (quantitativen) Inhaltsanalyse vorgestellt. Die Vorgehensweise und Vorteile der Quantifizierung qualitativen Materials anhand der MDS werden im Rahmen einer exemplarischen Studie zum Thema „Wahrnehmung von Senioren in der Werbung" sowie einer Gegenüberstellung der Ergebnisse der MDS mit denen einer Inhaltsanalyse derselben Daten aufgezeigt. Die MDS erlaubt dabei eine offene, vom Forscher weitgehend unabhängige Vorgehensweise und verzichtet auf den Einsatz von trainierten Kodierern. Im Gegensatz zu quantitativ ausgelegten Inhaltsanalysen wird metrisches Datenniveau generiert, welches nicht nur Vorteile für anschließende statistische Auswertungen bietet, sondern auch eine mehrdimensionale Darstellung des qualitativen Materials erlaubt. Wie gezeigt wird, haben diese Aspekte auch Implikationen für Gütekriterien.

**Schlüsselwörter:** Multidimensionale Skalierung (MDS) · (quantitative) Inhaltsanalyse · Mixed Methods · Wahrnehmung von Senioren in der Werbung

**JEL Classification:** M31 · M37

---

Prof. Dr. Katharina J. Auer-Srnka (✉)
Institut für Betriebswirtschaftslehre, Lehrstuhl für Marketing, Universität Wien, Brünner Straße 72, 1210 Wien, Österreich
E-Mail: katharina.srnka@univie.ac.at

Mag. Michele Griessmair (✉)
Institut für Betriebswirtschaftslehre, Lehrstuhl für Organisation und Planung, Universität Wien, Brünner Straße 72, 1210 Wien, Österreich
E-Mail: michele.griessmair@univie.ac.at

## 1 Einleitung

In der wissenschaftlichen Literatur hält seit gut 25 Jahren eine heftige Diskussion über die Notwendigkeit der Entwicklung neuer Theorien und Konzepte in der betriebswirtschaftlichen Forschung (Deshpande 1983; Healy/Perry, 2000; Srnka 2007) sowie die Relevanz des im wissenschaftlichen Betrieb gewonnen Wissens für die Wirtschaftspraxis (Tomczak 1992; Varadarajan 2003) an. Im Mittelpunkt steht dabei die Forderung eines nachhaltigen Erkenntnisbeitrags der wissenschaftlichen Forschung durch Weiterentwicklung der theoretischen Wissensbasis. In dieser Diskussion werden quantitative Forschungsmethoden mit Schlagwörtern wie deduktiv, konfirmatorisch, hypothesenprüfend und theoriegeleitet verbunden, wohingegen qualitative Forschung mit Begriffen wie induktiv, explorativ, hypothesengenerierend und datengetrieben assoziiert wird (siehe Lamnek 2005). Die Stärke qualitativer Forschung wird demzufolge in der vielfach geforderten Generierung neuen Wissens bzw. der Eröffnung neuer Perspektiven für bestehende Theorie- und Konzeptgebäude gesehen (Flick 1999; Locke 2001; Bortz/Döring 2006). „Durch das Aufspüren bislang wenig beachteter Eigenschaften oder Einflussgrößen fördern sie die Generierung neuer Konzepte, Hypothesen oder auch so genannter gegenstandsbezogener Theorien" (Wrona 2005, S. 194). Daraus resultiert zuletzt immer öfter die Forderung nach mehr qualitativer Forschung in den betriebswirtschaftlichen Disziplinen (Morgan/Smircich 1980; Tomczak 1992; Laurent 2000). An dieser Stelle muss angemerkt werden, dass dies die gründlichere Prüfung von bereits existierenden Theorien nicht ausschließt und sich die beiden Ansätze vielmehr ergänzen als sich entgegenstehen. Der Forderung nach mehr qualitativer Forschung steht jedoch oft eine skeptische Haltung gegenüber, welche aus mangelnder methodischer Strenge und Fehlen formaler Gütekriterien, die qualitativen Forschungsmethoden gemeinhin zugeschrieben werden, resultiert (Calder 1977; Lilford/Braunholtz 2003; Richards 2004).

Um die Diskrepanz zwischen induktivem, theoriegenerierendem Vorgehen einerseits und quantifizierbaren Ergebnissen mit entsprechenden Gütekriterien andererseits zu überwinden, befürwortet eine zunehmende Anzahl an Forschern den Einsatz sogenannter Mixed Methods-Ansätze (Creswell et al. 2003; Mertens 2003; Tashakkori/Teddlie 2003b), die in der systematischen Kombination von qualitativen und quantitativen Methoden innerhalb eines Forschungsdesigns bestehen. Während bei sequentiellen Mixed Methods-Designs die qualitativen und quantitativen Studien getrennt durchgeführt werden und eine Zusammenführung der Ergebnisse erfolgt, werden in integrierten Designs dieselben Daten hermeneutisch und statistisch ausgewertet (Bazaley 2004). Verschiedene Varianten von Mixed Methods-Designs wurden in der Literatur ausführlich beschrieben (Creswell et al. 2003; Mertens 2003; Tashakkori/Teddlie 2003a; Srnka/Koeszegi 2007). In der betriebswirtschaftlichen Forschungspraxis beschränkt sich die Integration der qualitativen Dimension in traditionelle Designs überwiegend auf qualitative Vorstudien, die typischerweise einer quantitativen Haupterhebung vorgelagert sind, bzw. auf die inhaltsanalytische Auswertung qualitativer Daten, die im Rahmen einer hypothesenprüfenden Studie erhoben wurden (Auer-Srnka 2009). Komplexere Verfahren, die umfangreichere weiterführende Analysen ermöglichen, fehlen bislang.

Im vorliegenden Beitrag wird der Einsatz der Multidimensionalen Skalierung (MDS) als eine nützliche Form des integrierten Mixed Methods-Designs präsentiert und anderen Verfahren der quantitativen Auswertung qualitativer Daten gegenübergestellt. Als ursprünglich dem quantitativen Paradigma entstammende Methode, weist die MDS eine weitgehend systematische, standardisierte und vom Forscher losgelöste empirische Vorgehensweise mit entsprechenden Gütekriterien auf, deren Fehlen bzw. Kompatibilität mit quantitativen Kriterien in der qualitativen Forschung von vielen diskutiert wird (Perreault/Leigh 1989; Wrona 2005; Brühl/Buch 2006). Gleichzeitig erlaubt sie eine induktive Herangehensweise an das Datenmaterial, wie sie für theoriegenerierende qualitative Forschung zentral ist (Glaser/Strauss 1967; Wrona 2005). Zudem werden – im Gegensatz zu klassischen Ansätzen der Quantifizierung von qualitativem Datenmaterial – Daten auf metrischem (nicht nominalem) Niveau generiert. Dies bietet für etwaige anschließende statistische Auswertungen wesentliche Vorteile. Darüber hinaus ist es möglich, die Einschränkung einer eindeutigen Zuordnung der zu klassifizierenden Stimuli (Texteinheiten, offene Antworten, etc.) zu wechselseitig exklusiven Kategorien aufzuheben (z.B. eine Werbeanzeige ist entweder emotional oder kognitiv, nicht aber beides). Stimuli variieren oft im Grad, in dem sie mehreren Kategorien zugehörig sein können (Rust/Cooil 1994; Varki et al. 2000). Dem wird durch MDS Rechnung getragen. Schlussendlich ermöglicht die multidimensionale Betrachtung dieser Methode auch, die induktiv gewonnenen Kategorien schon im Zuge des Interpretationsprozesses zueinander in Beziehung zu setzen.

## 2 Die MDS im integrierten Forschungsdesign

MDS umfasst eine Reihe von Techniken zur Analyse von Proximitätsdaten, die in der Regel dadurch gewonnen werden, dass Respondenten die Ähnlichkeit oder Unähnlichkeit von Stimuli einschätzen (de Leeuw/Heiser 1982). Die Kategorisierung der Stimuli entlang bipolarer Dimensionen aufgrund ihrer (Un-)Ähnlichkeit, wie sie bei MDS vorgenommen wird, entspricht dabei einem wesentlichen Aspekt der menschlichen Wahrnehmung (Green/Carmone 1970). So geht etwa Kelly (1955) davon aus, dass persönliche Konstrukte bipolar sind und Menschen Sinn bilden, indem sie gleichzeitig Ähnlichkeiten und Unähnlichkeiten wahrnehmen (Fransella/Bannister 1977; Lichtenthal/Goodwin 2006). Auf Basis dieser (Un-)Ähnlichkeiten werden mittels MDS zugrunde liegende Beziehungsstrukturen zwischen den Stimuli aufgedeckt und in einem mehrdimensionalen Raum dargestellt (Pinkley et al. 2005). Die MDS zeigt sich als Methode an der Schnittstelle zwischen quantitativer und qualitativer Forschung im Mixed Method-Ansatz im Vergleich zu methodischen Alternativen dabei als besonders geeignet. Nach einer Abgrenzung gegenüber ähnlichen multivariaten Verfahren wird auf diese Vorzüge im Vergleich zur (quantitativen) Inhaltsanalyse eingegangen.

### 2.1 Abgrenzung der MDS zu alternativen multivariaten Verfahren

In einem ersten Schritt weist die Art und Weise, wie die Inputdaten generiert werden, große Ähnlichkeiten zu qualitativen Vorgehensweisen auf. So werden in der Grounded Theory (Glaser/Strauss 1967) Kategorien entwickelt, indem das qualitative Material in (Sinn-)Einheiten gegliedert und z.B. mit Hilfe der Schneide-Lege-Technik oder computergestützten Auswertungsverfahren aufgrund von Ähnlichkeiten zu übergeordneten Kategorien aggregiert wird. Analog hierzu sortieren in der MDS Respondenten das in

(Sinn-)Einheiten gegliederte qualitative Material aufgrund der wahrgenommenen Ähnlichkeit. Die daraus resultierende Ähnlichkeitsmatrix (Distanzmatrix) dient als Input für die MDS, anhand welcher übergeordnete Dimensionen identifiziert werden. Damit entspricht die grundsätzliche Zielsetzung und Vorgehensweise der MDS – d.h. die Identifikation von übergeordneten Kategorien oder Dimensionen aus konkreten, fallbezogenen Stimuli aufgrund von Ähnlichkeiten – qualitativen Ansätzen.

Zudem gehört die MDS im Gegensatz zu strukturentdeckenden multivariaten Methoden, welche eine ähnliche Zielsetzung verfolgen, zu den attribut-freien Ansätzen (Hair et. al 1998). So verlangen die Faktoren- oder Clusteranalyse, dass die Respondenten die Stimuli im Hinblick auf a priori definierte Attribute bewerten. Die MDS erfordert hingegen lediglich eine Bewertung von (Un-)Ähnlichkeiten ohne inhaltliche Festlegung der Eigenschaften, die diese (Un-)Ähnlichkeit konstituieren. Dieser offene, induktive Aspekt entspricht einem zentralen Prinzip der qualitativen Forschung (Wrona 2005). Dieser wird durch die Faktoren- oder Clusteranalyse nur bedingt erfüllt, da eine Aggregation anhand der vom Forscher vorgegebenen Attribute vorgenommen wird, welche das explorative Potential erheblich einschränkt. Ein weiterer sich daraus ergebender Vorteil der MDS ist, dass diese die Entdeckung, Quantifizierung und Bezeichnung der Wahrnehmungskategorien von Personen erlaubt, auch wenn diese von den Respondenten nicht explizit werden können. Während ein (Un-)Ähnlichkeitsvergleich von Stimuli für die Respondenten relativ einfach ist, haben diese oft Schwierigkeiten, ihre Wahrnehmung und Urteile im Hinblick auf spezifische Kategorien zu konzeptualisieren oder die Dimensionen zu identifizieren, die diesen zugrunde liegen (Pinkley 1990; Pinkley et al. 2005).

Neben den inhaltlichen Vorteilen der MDS gegenüber methodischen Alternativen im Mixed Method-Design, die sich aufgrund der Offenheit und der Ähnlichkeit zu qualitativen Ansätzen ergeben, besitzt sie im gegenwärtigen Anwendungskontext auch „technische" Vorteile. Die (metrische) MDS weist insbesondere zur Hauptkomponentenanalyse starke Ähnlichkeiten auf und die Frage, welche Methode wann angewandt werden soll, ist in vielen Fällen nicht eindeutig beantwortbar (vgl. Borg/Staufenbiel 1989). Während die Hauptkomponentenanalyse jedoch von Skalarprodukten ausgeht, behandelt die MDS die Inputdaten als Distanzen. Handelt es sich bei den Eingangsdaten wie im gegenwärtigen Fall also um die Nähe der Items im subjektiven Wahrnehmungsraum, so ist die MDS der Hauptkomponentenanalyse gegenüber vorzuziehen (Rabinowitz 1975). Die MDS stellt weiters geringere Datenanforderungen, was insbesondere bei explorativen Analysen als Vorteil betrachtet werden kann (Borg/Groenen 2005, S. 524f). Es ist sogar möglich, die MDS auf der Ebene einzelner Respondenten einzusetzen (Pinkley et al. 2006, S. 249). Schlussendlich werden die Ergebnisse der Hauptkomponentenanalyse im Gegensatz zur MDS selten geometrisch betrachtet (Borg/Groenen 2005, S.525). Wie in der exemplarischen Studie gezeigt wird, ist dies insbesondere bei der Interpretation der Dimensionen äußerst hilfreich.

## 2.2 Vorteile der MDS gegenüber anderen Ansätzen der Quantifizierung qualitativen Materials

Trotz der Eignung für induktiv-explorative Analysen von qualitativem Material und der Ähnlichkeit zu qualitativen Ansätzen wurde die MDS bisher kaum in der Mixed Method-

Forschung angewandt. Eine Ausnahme bildet beispielsweise die Studie von Bahl und Milne (2006). Dabei wurden sechs Personen in narrativen Interviews identifizierte Kauferfahrungen erneut vorgelegt, welche diese anhand von Paarvergleichen nach ihrer Ähnlichkeit beurteilten. Die Ähnlichkeitsbewertungen wurden anschließend anhand der MDS für die jeweilige Person ausgewertet und in Kombination mit den Interviews interpretiert. Während Bahl und Milne (2006) die MDS als interpretative Ergänzung einer hermeneutischen Analyse von narrativen Interviews verwendet haben, wird in der gegenwärtigen Arbeit der Einsatz der MDS als Alternative zur klassischen Inhaltsanalyse insbesondere im Hinblick auf die Kodierung und Quantifizierung von qualitativem Material aufgezeigt. Die MDS im integrierten Forschungsdesign unterscheidet sich sowohl im Hinblick auf die Vorgehensweise als auch erzielten Ergebnissen maßgeblich von der Inhaltsanalyse, welche die gängigste Methode der Quantifizierung von qualitativem Material darstellt. Im Folgenden werden die zentralen Vorteile der MDS im integrierten Design anhand der Punkte Offenheit und Induktion, multidimensionale, metrische Betrachtung sowie Gütekriterien diskutiert und von gängigen alternativen Ansätzen abgegrenzt.

*Offenheit und Induktion:* Wie bereits dargelegt, bedarf es bei der MDS keiner vorab festgelegten Attribute, um die zugrunde liegenden Dimensionen zu identifizieren (siehe z.B. Backhaus et al. 2008; Hair et al. 1998). Wird dieser offene, induktive Zugang von manchen Autoren auch durchaus skeptisch betrachtet (Carroll/Green 1997), so stellt er gleichermaßen einen Vorteil der MDS gegenüber alternativen Zugängen der Quantifizierung qualitativen Materials dar. Im Gegensatz zur deduktiv ausgerichteten Inhaltsanalyse, bei welcher a priori zumindest grundlegende Kategorien auf Basis bestehender Theorie definiert werden (Bolton/ Bronkhorst 1991; Srnka/Koeszegi 2007), werden bei der MDS die Dimensionen induktiv aus den Daten gewonnen. Damit entspricht sie der grundlegenden Idee der datengetriebenen Theorieentwicklung, wie sie z.B. im Rahmen der Grounded Theory (Glaser/Strauss 1967) gefordert wird. Diese Offenheit, welche „(e)in zentrales Prinzip qualitativer Forschung bildet" (Wrona 2005, S. 193), ermöglicht es auch, neue Konzepte, Hypothesen oder gegenstandsbezogene Theorien zu entwickeln. Ein weiterer Vorteil der MDS im integrierten Forschungsdesign besteht darin, dass der Forscher an weiten Teilen des Forschungsprozesses nicht beteiligt ist. Der Forscher gibt weder Kategorien vor noch ist er selber bzw. trainierte Kodierer an der Klassifizierung der Stimuli beteiligt; vielmehr wird die Klassifikation von Laien aus der Untersuchungsgruppe vorgenommen. Dadurch reduziert sich das Ausmaß an Vorwissen, welches die Analyse bzw. Ergebnisse implizit oder explizit in eine bestimmte Richtung lenken kann. Dies hat auch Implikationen für Gütekriterien, wie später dargelegt wird.

*Metrisches Datenniveau:* Einer der wesentlichen Vorteile der quantitativen Inhaltsanalyse ist, dass die Daten umgehend für nachfolgende statistische Analysen herangezogen werden können (Kolbe/Burnett 1991). Literaturüberblicke zeigen, dass eine beachtliche Anzahl an Forschern in verschiedensten Bereichen die Inhaltsanalyse für quantitative Auswertungen verwenden (z.B. Hughes/Garrett 1990; Varki et al. 2000). Die statistischen Analysen der daraus resultierenden Daten sind aber „*relatively straightforward*" (Bolton/ Bronkhorst 1991, S. 278), da diese im Regelfall auf Nominalskalenniveau sind und entsprechend den Anforderungen vieler statistischer Verfahren nicht genügen (Perreault/ Young 1980). Obwohl es bei der Inhaltsanalyse bspw. in bestimmten Fällen möglich ist, durch Aggregation auf Kategorienebene ein höheres Skalenniveau zu erzielen (Kolbe/

Burnett 1991; Srnka/Koeszegi 2007), weist die MDS diesbezüglich einen eindeutigen Vorteil gegenüber anderen Verfahren der Quantifizierung qualitativen Materials auf, da sie jedem einzelnen Stimulus Werte auf dem Intervallskalenniveau zuweist. Dadurch steht dem Forscher ein umfangreicheres methodisches Repertoire zur Verfügung, welches für tiefergehende Analysen eingesetzt werden kann.

*Multidimensionale Betrachtung:* Während das Datenniveau einerseits technische Aspekte der Analyse betrifft, hat es andererseits auch Implikationen für die grundlegenden Eigenschaften der Stimuli. Bei quantitativen Inhaltsanalysen wird in der Regel davon ausgegangen, dass die einzelnen Stimuli wechselseitig exklusiven Kategorien zuordenbar sind. Rust und Cooil (1994) heben jedoch hervor, dass viele Stimuli eigentlich „fuzzy" sind, d.h. sie variieren im Grad, in welchem sie mehreren verschiedenen Kategorien zugehörig sind (Varki et al. 2000). So führen z.B. Rust und Cooil (1994) an, dass Werbeanzeigen nicht nur entweder kognitiv oder emotional sein können, sondern beides in variierender Ausprägung. Bei klassischen Verfahren der Quantifizierung von qualitativem Material würden die Stimuli einer Kategorie zugeordnet werden und der Konsens der unabhängigen Kodierern als reliables Urteil gelten (vgl. z.B. Olekalns et al. 2003; Shabbir et al. 2007; Weingart et al. 1999). Bei Stimuli, die gleichzeitig mehreren Kategorien zu einem unterschiedlichen Grad zugehörig sind, kann es einerseits Reliabilitätsprobleme aufgrund der Uneinigkeit der Kodierern geben, andererseits gehen bei der Zuordnung zu einer Kategorie auch wichtige Informationen verloren. Im Gegensatz dazu werden beim Einsatz der MDS zur Analyse von qualitativem Datenmaterial die Stimuli nicht wechselseitig exklusiven Kategorien zugeordnet, sondern als Punkte entlang $n$ unabhängiger Dimensionen in einem multidimensionalem Raum dargestellt. Jeder Stimulus wird entlang dieser metrischen Dimensionen klassifiziert, wobei die Ausprägung auf den jeweiligen Dimensionen angibt, inwieweit ein Stimulus den verschiedenen Dimensionen zugehörig ist. Dadurch kann berücksichtigt werden, dass Stimuli ‚fuzzy' sind und durch mehrere Kategorien abgebildet werden. So z.B. müsste bei der oben erwähnten Analyse von Werbeanzeigen anhand quantitativer Inhaltsanalyse davon ausgegangen werden, dass sie entweder kognitiv oder emotional sind, wohingegen der Einsatz von MDS dem mehrdimensionalen Charakter von Werbeanzeigen Rechnung tragen würde.

Diese multidimensionale, metrische Betrachtung erlaubt es auch, die verschiedenen Dimensionen zu einander in Beziehung zu setzen. Durch die Zuordnung der Stimuli zu wechselseitig exklusiven Kategorien bei der quantitativen Inhaltsanalyse können diese nur isoliert voneinander betrachtet werden. Im Gegensatz dazu sind die Dimensionen bei der MDS zwar auch unabhängig, jedoch liegen die Stimuli im $n$-dimensionalen Raum, der durch die Dimensionen aufgespannt wird. Dadurch können bereits bei der Interpretation Querverbindungen zwischen den Dimensionen hergestellt werden. So kann man, indem z.B. Cluster von Stimuli zwischen den Dimensionen betrachtet werden, die übergeordnete Bedeutung der Dimensionen in einem theoretischen Gesamtkontext ebenso herausarbeiten wie die spezifische Bedeutung der in dem von ihnen aufgespannten Raum liegenden Stimuli.

*Gütekriterien:* Die Anwendung von „klassischen" Gütekriterien auf qualitative Forschung und deren Eignung sowie mögliche Alternativen werden in der Literatur breit diskutiert (vgl. z.B. Brühl/Buch 2006; Wrona 2005). In der quantitativen Auswertung von qualitativen Daten betrifft diese Diskussion vor allem die Generierung des Kategorienschemas sowie die Zuordnung der Stimuli zu den Kategorien durch den Forscher oder trainierte Kodierer (Bolton/Bronkhorst 1991). Während im deduktiven Fall das Kategorienschema a priori auf Basis bestehender Theorie entwickelt wird (Bolton/Bronkhorst 1991; Srnka/Koeszegi 2007), werden bei der induktiven Vorgehensweise die Kategorien im Zuge des Kodierens aus den Daten entwickelt (z.B. Shabbir et al. 2007). In beiden Fällen basiert die Kategorisierung, wie es dem qualitativen Forschungsprozess inhärent ist, jedoch auf Urteilen und Interpretation des Forschers oder trainierten Kodierern (Perreault/Leigh 1989). Die Interpretation kann dabei durchaus fehlerbehaftet sein, wie z.B. Hall und Rist (1999) im Kontext der Dokumentenanalyse feststellen. So kann eine systematische Verzerrung nicht nur Ergebnis eines inadäquaten Kodierschemas, unvollständiger Definitionen der Kategorien oder inkonsistenter Kodieranweisungen sein, sondern auch aus dem Vorwissen der Forscher bzw. Kodierer über Theorie, Hypothesen und Forschungszweck sowie aus kulturellen Spezifika oder anderen subjektiven Einflüssen resultieren (Bernard 2006; Bolton/Bronkhorst 1991; Hall/Rist 1999; Perreault/Leigh 1989). Inwieweit die Übereinstimmung von zwei oder mehreren Kodierern das zu untersuchende Phänomen erfasst oder einer Verzerrung unterliegt, ist dabei kaum festzustellen (Rust/ Cooil 1994). Insgesamt stellen Rust und Cooil (1994) sowie Perreault und Leigh (1989) fest, dass es in der qualitativen Forschung, im Gegensatz zur quantitativen, kein ausgereiftes theoretisches Rahmenwerk zur Feststellung von Validität und Reliabilität gibt. Sogar Cohens (1960) Kappa, das wohl am meisten verwendete Maß zur Feststellung der Inter-Kodierer-Reliabilität, weist beachtliche Schwächen auf (für eine ausführliche Diskussion siehe Brennan/Prediger 1981; Rust/Cooil 1994; Varki et al. 2000).

Beim Einsatz der MDS im integrierten Forschungsdesign werden hingegen keine inhaltsbezogenen Kategorien a priori aus der Theorie abgeleitet oder durch Interpretation während des Kodierprozesses aus den Daten entwickelt. Die Kategorien werden vielmehr in einem zweiten Schritt von den (Un-)Ähnlichkeitseinschätzungen der Respondenten abgeleitet. Diese offene, induktive Herangehensweise garantiert Gegenstandsbezogenheit, als maßgebliches Validitätskriterium der qualitativen Forschung (Mayring 2002b), da die Daten nicht in ein vordefiniertes theoretisches Konzept gezwängt werden. Gleichzeitig wird dabei der Einfluss des Forschers minimiert, da dieser am Prozess verhältnismäßig weitgehend unbeteiligt ist. Ebenso besitzen die Respondenten kein Vorwissen über theoriegeleitete Kategorien, Hypothesen oder den Forschungszweck, sondern bewerten lediglich die (Un-)Ähnlichkeit zwischen den präsentierten Stimuli. Dadurch wird eine möglicherweise daraus resultierende Verzerrung vermieden sowie ein erhöhtes Maß an Objektivität, d.h. eine Minimierung subjektiver Einflüsse des Forschers (Wrona 2005; Brühl/Buch 2006), erzielt. Als eigentlich quantitative Methode ist die Vorgehensweise der Analyse mit MDS zudem weitgehend standardisiert und strukturiert (z.B. Havlena et al. 1989; Holbrook 2001; Lambert et al. 2002) und bietet damit die erforderliche Transparenz (Auerbach/Silverstein 2003) und intersubjektive Nachvollziehbarkeit im Sinne der prozeduralen Reliabilität (Wrona 2005).

Ein weiterer zentraler Unterschied zu klassischen Verfahren der Quantifizierung von qualitativen Daten, der zur Gegenstandsnähe beiträgt, ist darin zu sehen, dass die Ergebnisse nicht auf den Urteilen des Forschers bzw. zwei oder mehreren trainierten Kodierern basieren (z.B. Weingart et al. 1999; Olekalns et al. 2003; Adair/Brett 2005; Shabbir et al. 2007), sondern auf den spontanen (Un-)Ähnlichkeitsbewertungen von einer größeren

Anzahl an Teilnehmern, die aus der Untersuchungsgruppe selbst rekrutiert werden. Die zugrunde liegenden Dimensionen, die durch die MDS identifiziert werden, reflektieren somit die mentalen Schemata der untersuchten Gruppe und nicht Interpretationen des Untersuchers oder trainierten Kodierern, die Stimuli bestehenden Kategorien zuordnen. Für das Kriterium der Gegenstandsnähe ist dies insofern von Relevanz, als dass Personen nicht notwendigerweise in einer „objektive Welt" agieren, wie sie von Forschern interpretiert wird, sondern wie sie sie persönlich wahrnehmen (Ellis 1962; Mahoney 1974; Lazarus 1989).

Der Einsatz von mehreren Respondenten und das metrische Datenniveau ermöglichen es auch, Goodness-of-Fit Maße wie z.b. Stress oder RSQ (z.B. Kruskal/Wish 1977; Borg/Groenen 2005) zu berechnen. Wie Perreault und Leigh (1989) hervorheben, stellt jede Uneinigkeit zwischen unabhängigen Kodierern ein Problem für die Reliabilität dar, da es aufgrund des nominalen Datenniveaus nicht möglich ist, ein zusammengesetztes Maß mit entsprechendem Messfehler für spätere Analysen zu bilden. Im Gegensatz dazu bilden die Ergebnisse der MDS nicht die Einigung von Kodierern ab, sondern vielmehr den „Mittelwert" der Wahrnehmung der Respondenten und dazugehörigem Messfehler, der sich in den Goodness-of-Fit Maßen äußert. Sofern die Respondenten eine heterogene Wahrnehmung bzgl. der (Un-)Ähnlichkeiten zwischen den präsentierten Stimuli haben, schlägt sich dies in schlechten Goodness-of-Fit Maßen nieder. Zudem bietet die MDS Möglichkeiten, um heterogene Respondentengruppen bei der Analyse zu berücksichtigen (vgl. Pinkley et al. 2005).

## 3 Exemplarische Studie – Wahrnehmung von Senioren in der Werbung

Die oben genannten Vorteile sowie die Vorgehensweise beim Einsatz der MDS im integrierten Design werden anhand einer Studie zum Thema Wahrnehmung von Senioren in der Werbung sowie einem anschließenden Vergleich mit einer Inhaltsanalyse derselben Daten dargelegt. Senioren, insbesondere die „Best Ager" zwischen 51 und 65 Jahren, werden zunehmend als ein attraktives Marktsegment betrachtet (Court et al. 2007). Sie machen nicht nur einen wachsenden Anteil an der Gesamtbevölkerung aus (United Nations 2002, 2006; United Nations Population Fund 2002), sondern verfügen auch über eine hohe Konsumneigung sowie die dazugehörigen finanziellen Mittel (Pettigrew et al. 2005). Entsprechend wichtig ist es für das Marketing, diese Gruppe zielgerecht anzusprechen (Greco 1988; Stephens 1991; Peterson 1992; Greco et al. 1997; Carrigan/Szmigin 1999b; Szmigin/Carrigan 2001b). Zielgerechtes Ansprechen erfordert jedoch zu wissen, wie Konsumenten ihr Marketing-Umfeld wahrnehmen, da ihre Reaktionen maßgeblich davon abhängen (Shabbir et al. 2007). Senioren werden zwar zunehmend in der Werbung adressiert, interessanterweise gibt es jedoch kaum Studien darüber, wie deren Darstellung in der Werbung von Konsumenten wahrgenommen wird (vgl. z.B. Robinson et al. 2004; Shukla 2007; Robinson/Gustafson/Popovich 2008). Ziel der folgenden Untersuchung war es deshalb zu eruieren, wie die Darstellung von Senioren als Models in der Werbung wahrgenommen wird.

## 3.1 Datensammlung und Aufbereitung für die MDS

Entsprechend der offenen, explorativen Vorgehensweise wurde für die Erhebung des in Folge auszuwertenden Datenmaterials die Technik der freien Assoziationen („Free Elicitation Technique") (Lutz/Swazy 1977; Olson/Muderrisoglu 1979; Mitchell/Olson 1981) angewandt, da über die dadurch gewonnen spontanen Assoziationen eine große Bandbreite an verschiedensten Aspekten über das untersuchte Phänomen erfasst werden kann (Steenkamp/Van Trijp 1997). Der genaue Fragewortlaut war *„Was fällt Ihnen spontan ein, wenn Sie an ‚ältere Menschen in der Werbung' denken?"*. Die spontanen Assoziationen wurden in einer aus 240 Personen bestehenden Quotenstichprobe nach Geschlecht (49,6% Frauen; 50,4% Männer) und Alter (bis 25 Jahre 31,3 %; 26-50 Jahre 27,1%; 51-65 Jahre 41,7 %) abgefragt. Insgesamt wurden 435 Assoziationen generiert. In weiterer Folge wurden übereinstimmende bzw. sehr ähnliche Assoziationen zusammengefasst. Da die Distanzmatrix aufgrund von Ähnlichkeitsbewertungen generiert wird, ist es ausreichend, wenn idente oder sehr ähnliche Aussagen nur einmal eingehen und damit die Belastung der Befragten reduziert wird. So z.B. kamen Aussagen wie „Reisen und Urlaub", „Geld" oder „Gesundheit" jeweils mehrfach vor. Bei der Zusammenfassung von sehr ähnlichen Assoziationen, wurde der ursprüngliche Wortlaut soweit wie möglich beibehalten, um Verzerrungen durch Reformulierungen zu vermeiden. Beispielsweise wurde „strahlen Ruhe aus" und „Ausstrahlen von Ruhe", „nicht angesprochen" und „spricht mich nicht an" oder „Pensionsvorsorge" und „Altersvorsorge" zusammengefasst. Aussagen wie z. B. „auf jugendlich getrimmt" und „auf jugendlich getrimmt -> das ist Blödsinn", „Vitalität" und „Vitalität trotz Alter" oder „übertriebene Lebensfreude" und „übertriebene Lustigkeit" sind hingegen getrennt in die Analyse eingegangen, da sich bei diesen Assoziationen trotz ähnlichen Inhalts durchaus eine unterschiedliche Konnotation ergeben kann. Dies resultierte in 343 Assoziationen, die als Basis für die (Un-)Ähnlichkeitsbewertungen für die MDS herangezogen wurden.

Für die Erhebung der (Un-)Ähnlichkeitsbewertungen, die zur Erstellung der Distanzmatrix für die MDS dienen, stehen eine Reihe an Verfahren zur Verfügung, von welchen keines den anderen unter sämtlichen Umständen eindeutig überlegen ist und i.d.R. als äquivalent betrachtet werden können (Henry/Stumpf 1975; McIntyre/Ryans 1977; Humphreys 1982; Malhotra et al. 1988; Young/Hamer 1994). In klassischen Anwendungen wird jedoch von einer Stimuli-Anzahl zwischen 7 und 18 ausgegangen (Henry/Stumpf 1975; McIntyre/Ryans 1977; Bijmolt/Wedel 1999), während beim Einsatz der MDS im integrierten Design mehrere hundert Stimuli involviert sein können. Die einzige Methode zur Erhebung der (Un-)Ähnlichkeitsbewertungen, die eine derart große Item-Anzahl ohne Reliabilitäts- bzw. Validitätsprobleme aufgrund der Überforderung der Respondenten (Day 1975; Malhotra et al. 1988) zulässt, ist die Subjective Clustering Method (auch Confusion Data Method) (Green/Carmone 1970). Bei dieser sortieren die Respondenten die Stimuli aufgrund der wahrgenommen Ähnlichkeit zu Stapeln. Die Häufigkeit, mit der Stimuli von den verschiedenen Respondenten gemeinsam in einen Stapel sortiert werden, gilt dabei als Maß der Ähnlichkeit unter den Stimuli und wird herangezogen, um die Distanzmatrix zu generieren.

Für die gegenwärtige Studie wurde eine im Hinblick auf Alter und Geschlecht heterogene Gruppe von 42 Respondenten herangezogen. Auch wenn sich gezeigt hat, dass 25

Respondenten ausreichend sind, werden in der Regel über 30 eingesetzt (Bijmolt/Wedel 1999; Büyükkurt/Büyükkurt 1990). Die Respondenten wurden angewiesen, die 343 auf Kärtchen gedruckten Assoziationen aufgrund der wahrgenommen Ähnlichkeit zu Stapeln zu sortieren. Die Stapel sollten dabei in sich so homogen wie möglich und untereinander so heterogen wie möglich sein. Die Teilnehmer sind dabei so vorgegangen, dass sie aus einem randomisierten Stapel der spontanen Assoziationen zwei Kärtchen gezogen haben. Wenn sie die darauf gedruckten Assoziationen für ähnlich erachten, sollten sie einen Stapel damit bilden, ansonsten zwei. Dann haben sie die nächste Assoziation gezogen und diese einem bereits existierendem Stapel zugeordnet oder einen neuen gebildet. Dieser Vorgang wurde so lange wiederholt, bis alle Kärtchen zu Stapeln geordnet waren. Während des Sortierens wurden die Respondenten angewiesen, die Stapel immer wieder auf Konsistenz zu prüfen und wenn notwendig umzusortieren. In einem letzten Schritt wurden sie dazu aufgefordert, jeden Stapel zu bezeichnen und kurz zu beschreiben, warum sie die Assoziationen in diesem Stapel untereinander für ähnlich und unähnlich zu den anderen Stapeln hielten. Des Weiteren sollten sie auf einer Skala von 1 bis 7 einschätzen, inwieweit sie die in den jeweiligen Stapeln enthaltenen Assoziationen für positiv oder negativ erachten. Auch wenn sie nicht dezidiert ausgewertet werden, können diese Informationen hilfreich bei der Interpretation der durch die MDS generierten Dimensionen sein. Auf Basis der Häufigkeiten gemeinsamen Zuordnens zu einem Stapel wird die Distanzmatrix generiert.

### 3.2 Analyse der Distanzmatrix und Goodness-of-Fit

Eine Reihe an Algorithmen und spezielle Programme wurden für die Analyse von MDS-Daten entwickelt (für einen Überblick siehe Carroll/Green 1997; Bijmolt/Wedel 1999), wobei gängige Algorithmen auch in gebräuchlichen Analysepaketen wie SPSS oder SAS implementiert sind. Für die vorliegende Analyse wurde ALSCAL (Alternating Least Square Algorithm) herangezogen. Eine wichtige Entscheidung bei der Analyse anhand der MDS betrifft die Anzahl der Dimensionen. Ähnlich wie bei der Faktoren- oder Clusteranalyse bietet auch die MDS kein Kriterium, um die „richtige" Anzahl der Dimensionen zu bestimmen. Zwar werden in der Literatur Ansätze wie MSPACE und der Screeplot vorgeschlagen (Spence/Graef 1974; Kruskal/Wish 1977; Young/Hamer 1994), die beide auf dem Goodness-of-Fit basieren, diese werden in der Literatur allerdings durchaus auch kritisch betrachtet (Wu 2006). So sollte beim Einsatz der MDS im integrierten Design im Hinblick auf die qualitativen Kriterien der Offenheit und Gegenstandsnähe insbesondere die Bedeutung der verschiedenen Dimensionen, die mittels eines systematischen Prozesses der Interpretation ermittelt werden, der Auswahl zugrunde liegen.

Formale Kriterien zur Ermittlung des Goodness-of-Fit wie Stress oder RSQ (z.B. Borg/Groenen 2005) bieten jedoch wichtige Auskünfte über die Güte der von der MDS erzeugten Konfiguration der $n$-dimensionalen Lösungen und sollten zusätzlich zu deren inhaltlicher Aussagekraft berücksichtigt werden. Stress-Maße reflektieren die Differenz zwischen den durch die MDS generierten Interpunktdistanzen und den korrespondierenden effektiven Distanzen, wobei niedrigere Stress-Werte einen besseren Fit darstellen. RSQ misst hingegen den Anteil an Varianz der Input-Daten, der durch die skalierten Daten erklärt wird. Es ist jedoch zu beachten, dass die Stress-Werte mit der Anzahl an Stimuli zunehmen (MacCallum/Cornelius 1977). Dies sollte bei der Bewertung der

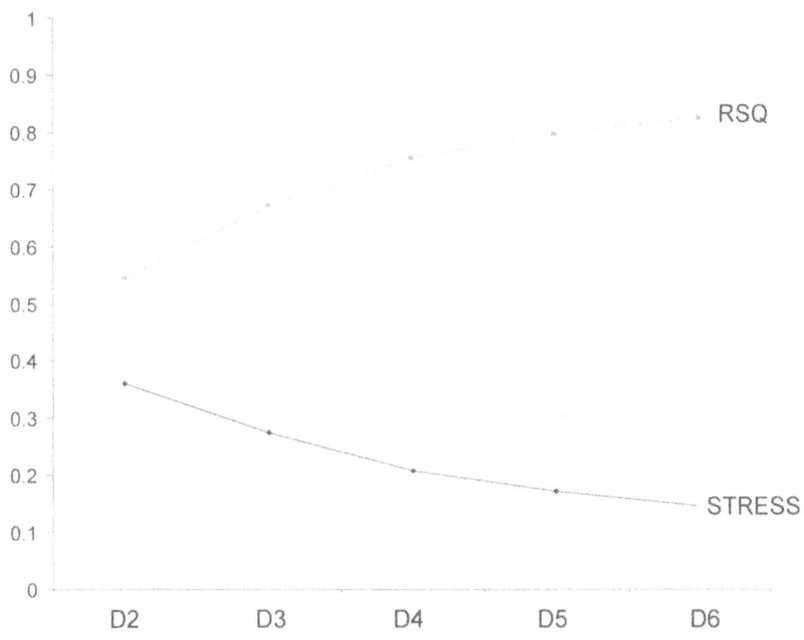

**Abb. 1.** Goodness- of-Fit Maße der 2- bis 6-dimensionalen Lösungen

Stress-Werte beim Einsatz der MDS im integrierten Design berücksichtigt werden, da wesentlich mehr Stimuli als die üblichen 7 bis 18 in klassischen Anwendungen betrachtet werden. Folgende Abbildung 1 zeigt die Entwicklung der Stress-Werte sowie RSQ für zwei- bis sechs-dimensionale Lösungen der gegenwärtigen Studie.

In den meisten Studien wird eine zwei-dimensionale Lösung gewählt (Bijmolt/Wedel 1999) und auch im gegenwärtigen Fall würde eine zwei-dimensionale Lösung einen ausreichenden, wenn auch geringen Goodness-of-Fit aufweisen (Stress=0,36; RSQ=0,55). Allerdings bietet die sechs-dimensionale Lösung nicht nur eine wesentlich höherer Varianzaufklärung (RSQ=0,83) und einen besseren Stresswert (Stress=0,15), sondern zeigt sich auch im Zuge einer systematischen Interpretation als die inhaltlich aussagekräftigste Lösung, um die Wahrnehmung von Senioren in der Werbung zu charakterisieren. Zudem wurde überprüft, inwieweit die sechs-dimensionale Lösung von den Items, die in die Analyse aufgenommen werden, abhängig und im Hinblick auf die Inputdaten stabil ist. Hierfür wurden zufällig 10% der Assoziationen aus der Distanzmatrix eliminiert und die Berechnungen sowie der in Folge beschriebenen Interpretationsprozess erneut durchgeführt. Es zeigt sich, dass die dadurch ermittelte Lösung mit der ursprünglichen konsistent war, d.h. inhaltlich dieselben Dimensionen ermittelt wurden.

3.3 Interpretation der Dimensionen

Wie bereits erwähnt, wird der induktive, offene Aspekt der MDS von manchen Autoren skeptisch betrachtet (Carroll/Green 1997). Entsprechend wurden auch hier formale Interpretationshilfen vorgeschlagen, wie z.B. Regression der Koordinaten auf in Beziehung stehende Variablen, Property Fitting oder Cognitive Differentiation Analysis (Kruskal/Wish 1977; Perkins/Reynolds 1995). Es ist jedoch zu beachten, dass dadurch der induktive-explorative Beitrag eingeschränkt wird, da die Interpretation der Dimensionen auf Außenkriterien konditioniert wird und dies die Perspektive mitunter einengt. In der gegenwärtigen Studie wird deshalb ein rein datengetriebener Ansatz im Sinne der Grounded Theory (Glaser/Strauss 1967) angewandt. Im Folgenden wird dieser Prozess anhand zwei der sechs Dimensionen beispielhaft aufgezeigt. Der Interpretationsprozess ist dabei an die Vorgehensweise der Grounded Theory (Glaser/Strauss 1967) angelehnt, welche oft auch als „Methode des kontinuierlichen Vergleichens" („Constant Comparative Method") oder als „Iterative Spirale" bezeichnet wird (Shabbir et al. 2007). Im gegenwärtigen Fall erfolgt ein iterativer Vergleich zwischen der Kontrastierung der Extremwerte der Dimensionen, einer multidimensionalen Betrachtung der Stimuli sowie regelmäßigen Konsistenzchecks, um die Bedeutung der Dimensionen herauszuarbeiten. Anschließend werden die so induktiven gewonnenen Ergebnisse in den Wissensstand der relevanten Literatur integriert. Der Prozess wird im Folgenden sequentiell beschrieben, gestaltet sich in praxi jedoch zirkulär.

*Kontrastierung der Extremwerte:* Der Interpretationsprozess beginnt mit der Kontrastierung der Stimuli, die auf den gegenüberliegenden Endpunkten der Dimensionen liegen. Stimuli, die auf einer bestimmten Dimension hoch laden (sowohl positiv als auch negativ) und niedrig auf anderen Dimensionen, sind besonders repräsentativ für die jeweilige Dimension (Pinkley et al. 2005). Tab. 1 zeigt einen Auszug der spontanen Assoziationen zu Senioren in der Werbung mit den dazugehörigen durch die MDS ermittelten Werten auf den sechs Dimensionen, welche zuvor rotiert (Varimax) und normalisiert wurden. Die Koordinaten geben an, wie stark die Assoziation auf der jeweiligen Dimension lädt und mit ihr assoziiert ist. Um die Interpretation zu vereinfachen, wurden Werte betragsmäßig ≤ 0,3 durch (–) ersetzt.

**Tab. 1.** Auszug an Assoziationen und durch MDS ermittelte Koordinaten

| Nr. | Assoziation | D1 | D2 | D3 | D4 | D5 | D6 |
|---|---|---|---|---|---|---|---|
| (…) | | | | | | | |
| 5 | Aktivität | (–) | (–) | (–) | –1 | (–) | (–) |
| 7 | alt aber fit | (–) | (–) | (–) | –0,981 | (–) | (–) |
| 8 | alt heißt nicht "tot" | 0,394 | –0,312 | –0,435 | –0,632 | –0,302 | (–) |
| (…) | | | | | | | |
| 22 | Antifalten-Creme | (–) | 0,967 | (–) | (–) | (–) | (–) |
| 23 | arm | (–) | (–) | (–) | (–) | (–) | 0,970 |
| 24 | attraktiv | (–) | (–) | (–) | –0,663 | 0,484 | –0,353 |
| (…) | | | | | | | |
| 27 | auf jung getrimmt | –0,989 | (–) | (–) | (–) | (–) | (–) |
| 28 | jugendlich getrimmt => das ist ein Blödsinn! | –1 | (–) | (–) | (–) | (–) | (–) |
| 29 | außergewöhnlich | (–) | –0,303 | –0,482 | –0,466 | 0,526 | (–) |
| (…) | | | | | | | |
| 44 | Brillenwerbung | (–) | 0,971 | (–) | (–) | (–) | (–) |
| 45 | Burlecitin | (–) | 0,965 | (–) | (–) | (–) | (–) |
| 46 | charmant | (–) | (–) | (–) | (–) | 0,936 | (–) |
| (…) | | | | | | | |

Wie Tab. 1 zeigt, weisen Assoziationen wie z.B. „alt heißt nicht ‚tot'", „attraktiv" oder „außergewöhnlich" durchschnittlich hohe Werte auf mehreren Dimensionen auf. Für die anfängliche Interpretation anhand der Kontrastierung von Extremwerten sind sie daher eher ungeeignet. Im Gegensatz dazu besitzen die Assoziationen „auf jung getrimmt" und „jugendlich getrimmt => das ist ein Blödsinn!" sowie „Antifalten-Creme", „Brillenwerbung" und „Burlecitin" sehr hohe Werte auf einer Dimension, gleichzeitig aber sehr niedrige Werte auf sämtlichen anderen Dimensionen. Derartige Stimuli sind besonders charakteristisch für die jeweilige Dimension und durch die Gegenüberstellung der positiven und negativen Extremwerte kann die Bedeutung der jeweiligen Dimension herausgearbeitet werden. Stimuli, die weniger stark auf der betrachteten Dimension laden, sind zwar nicht so aussagekräftig für die Interpretation wie die entsprechenden Extremwerte, sollten aber mit der identifizierten Bedeutung übereinstimmen. So weisen z.B. die Assoziationen „alt heißt nicht ‚tot'" und „attraktiv" nur durchschnittlich hohe Werte auf Dimension 4 auf, sind aber durchaus konsistent mit den Assoziationen „Aktivität" und „alt aber fit", welche charakteristisch für diese Dimension sind.

Zur Demonstration des konkreten Vorgehens bei der Extremwertkontrastierung sowie der anschließenden Konsistenzchecks in der multidimensionalen Betrachtung sollen zwei Dimensionen (Dimension 1 und 3), die besonders anschauliche Ergebnisse liefern, herausgegriffen werden. Tab. 2 zeigt die Extremwerte dieser beiden Dimensionen.

**Tab. 2.** Stimuli für Extremwertvergleich der Dimensionen 1 und 3

| Dimension 1 | | Dimension 3 | |
|---|---|---|---|
| jugendlich getrimmt => das ist ein Blödsinn | –1,00 | finde ich gut | –0,81 |
| Jugendlichkeit um jeden Preis | –0,99 | endlich Ältere in der Werbung! | –0,79 |
| Pseudo-Jugendlichkeit | –0,98 | ältere Menschen können auch ansprechen | –0,78 |
| Geben sich übertrieben jung | –0,98 | schön, dass auch ältere Menschen i. d. Werbung zu sehen sind | –0,78 |
| Scheinwelt | –0,97 | ist für mich normal | –0,77 |
| Vortäuschung der Jugendlichkeit | –0,96 | nicht nur junge Menschen – endlich! | –0,75 |
| Verherrlichung | –0,93 | immer mehr, Gottseidank! | –0,75 |
| realitätsferne Werbung | –0,93 | sollte mehr sein | –0,69 |
| Unglaubwürdigkeit | –0,92 | wird in Zukunft mehr | –0,65 |
| ... | | ... | |
| Teil des Lebens | 0,45 | Luxusgüter | 0,52 |
| ihre Bedürfnisse sind wichtig | 0,53 | große, kaufkräftige Käuferschicht wird angesprochen | 0,54 |
| wichtig für andere | 0,55 | patente Käuferschicht | 0,63 |
| ältere Menschen sind auch Wirtschaftsfaktor | 0,55 | Genussmenschen | 0,69 |
| zu wenig beachtet als Zielkunden | 0,56 | Geld für schöne Dinge | 0,88 |
| wichtiger Personenkreis | 0,57 | hoher Lebensstandard | 0,89 |
| Gesellschaft schenkt ihnen Beachtung | 0,57 | genug Geld zur Verfügung | 0,91 |
| gehören dazu | 0,61 | Wohlstand | 0,93 |
| wichtiger Teil der Gesellschaft | 0,71 | Geld | 0,95 |

Dimension 1 kontrastiert Senioren als wichtiger Teil der Gesellschaft mit dem illusionären Bild der Jugendlichkeit, welches in der Werbung vermittelt wird. Die spontanen Assoziationen, die diese Dimension charakterisieren, reichen von „wichtiger Teil der Gesellschaft" (0,7054), „wichtiger Personenkreis" (0,5671) und „Teil des Lebens" (0,4494) an einem Endpunkt bis hin zu „Jugendlichkeit um jeden Preis" (-0.9912), „Scheinwelt" (-0,9658) und „Vortäuschung der Jugendlichkeit" (-0,9621) am anderen Ende. Bei Dimension 3 beziehen sich die spontanen Assoziationen zur Wahrnehmung der Senioren in der Werbung an einem Pol auf deren Rolle als spezifische Zielgruppe für „High-End"-Konsum („Wohlstand" (0,9302), „hoher Lebensstandard" (0,8878), „Geld für schöne Dinge" (0,8821) oder „Luxusgüter" (0,5179)). Dieses sehr eingeschränkte Rollenbild wird mit Assoziationen wie „ist für mich normal" (-0,7715), „ältere Menschen können auch ansprechen" (-0,7777), „schön, dass auch ältere Menschen i. d. Werbung zu sehen sind" (-0,7753) oder „nicht nur junge Menschen – endlich!" (-0,7544) der allgemeinen Akzeptanz als Zielgruppe gegenübergestellt.

*Multidimensionale Konsistenzchecks:* Die vorläufige Charakterisierung, wie sie oben dargestellt ist, muss mit der multidimensionalen Betrachtung übereinstimmen. Es sind daher Konsistenzchecks der einzelnen Dimensionen mit den anderen Dimensionen durchzuführen. Hierzu werden die Stimuli, die in den von den Dimensionen aufgespannten Bereichen liegen, systematisch betrachtet. Idealerweise formen sie Cluster zwischen den Dimensionen, welche die mehrdimensionale Bedeutung reflektieren. Aufgrund der Komplexität mehrdimensionaler Lösungen empfiehlt es sich, in diesem Analyseschritt jeweils nur zwei Dimensionen gleichzeitig zu betrachten, wobei der Prozess für sämtliche Dimensionskombinationen durchgeführt wird. Abb. 2 zeigt exemplarisch die vier Quadranten des zwei-dimensionalen Raums, der durch die Dimensionen 1 und 3 aufgespannt wird.

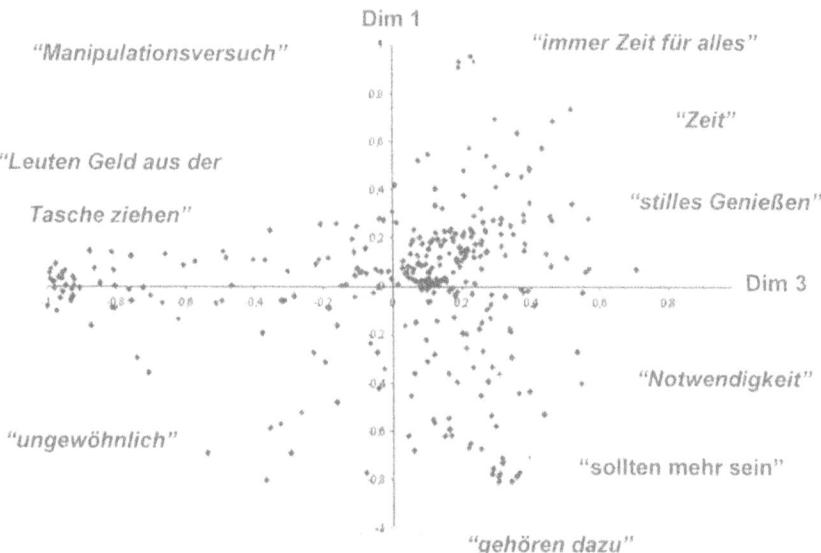

**Abb. 2.** Beispiel für multidimensionale Konsistenzchecks – Dimensionen 1&3

Die Assoziationen, die im oberen rechten Quadranten liegen, korrespondieren mit der vorläufigen Interpretation dieser Pole. Aussagen wie „Zeit" (0,5165/0,7340), „immer Zeit für alles" (0,3974/0,4905) oder „stilles Genießen" (0,3974/0,3454) sind konsistent mit Akzeptanz von Senioren als auch „High-End"-Konsum. Ebenso entsprechen die Assoziationen im unteren rechten Quadranten („sollten mehr sein" (0,4539/-0,6896), „Notwendigkeit" (0,4490/-0,7378), „gehören dazu" (0,6075/-0,4917), oder „zu selten" (0,3972/-0,7063)) sowohl der generellen Akzeptanz von Senioren als auch deren Akzeptanz als Zielgruppe für Werbung. Nur wenige Assoziationen liegen in den linken Quadranten, d.h. weisen sowohl hohe negative Werte auf der Abszisse als auch hohe positive oder negative Werte auf der Ordinate auf, was auf die fehlende Kompatibilität von einem illusionären Bild der Jugendlichkeit sowohl mit der Akzeptanz von Senioren als Zielgruppe als auch „High-End"-Konsum hindeutet. Die wenigen Aussagen in diesen Quadranten wie „ungewöhnlich" (-0,5359/-0,6908), „Leuten Geld aus der Tasche ziehen" (-0,5084/0,4050) oder „Manipulationsversuch" (-0,8787/0,2076) sind jedoch wiederum mit der vorläufigen Interpretation stimmig.

*Integration in bestehende Literatur & Theorie:* In diesem iterativen Prozess der Kontrastierung der Endpunkte, multidimensionaler Betrachtung und Konsistenzchecks wird die Interpretation der Dimensionen verfeinert, verändert oder revidiert. Widersprüche und Nichtinterpretierbarkeit der Dimensionen können dabei eine Konsequenz einer unangemessenen dimensionalen Lösung sein. Wurde eine konsistente Bedeutung der Dimensionen ermittelt, sollte eine systematische Anknüpfung an die bestehende Literatur und Theorie erfolgen, um die induktiv gewonnenen Ergebnisse in diese zu integrieren (Richards/Richards 1998; Meinefeld 2004). Dies entspricht auch dem Grundgedanken einer kommunikativen Validierung, wie sie in der klassischen qualitativen Forschung angewandt wird. Während dabei die Transkripte und teilweise die Interpretation den interviewten Personen zu einem Abgleich erneut vorgelegt werden (Wrona 2009), wird im gegenwärtigen Fall die Interpretation der Dimensionen mit bereits bestehenden Erkenntnissen der Forschung kontrastiert, um Vollständigkeit, Übereinstimmungen und Differenzen zu evaluieren. Im gegenwärtigen Beispiel der Dimensionen 1 und 3 finden sich die Pole „Akzeptierte Senioren" und „Akzeptierte Werbezielgruppe" in der Diskussion über die Akzeptanz der Senioren in der Gesellschaft (Aday et al. 1991; Bond et al. 2008) als auch als Werbe-Zielgruppe (Szmigin/Carrigan 2001; Moschis 2003) wieder. Die Ergebnisse zeigen, dass dies auch zentrale Aspekte in der Wahrnehmung von Senioren in der Werbung sind. Assoziationen, die sich in dem von diesen Polen aufgespannten Quadranten befinden, charakterisieren Senioren als integralen und wichtigen Teil der Gesellschaft, welcher sich auch in deren Akzeptanz als Werbezielgruppe äußert. Im Gegensatz dazu weisen die gegenüberliegenden Pole „High-End"-Konsumenten und „Illusionäre Jugend" nicht auf eine generelle Akzeptanz von Senioren hin, sondern charakterisieren die Darstellung von Senioren in der Werbung als idealisiertes Bild von Jugendlichkeit und Wohlstand. Es wird erwartet, dass Senioren einen überproportionalen Teil des Konsums, insbesondere bei Luxus- und Lifestyle-Produkten, ausmachen werden (Michman/Mazze 2006), was im Laufe des nächsten Jahrzehnts zur Entwicklung so genannter „Silbermärkte" vorwiegend in Mode-, Reise-, Wellness- und Finanzbranchen (Court et al. 2007) führen wird. Als Konsequenz werden Senioren als lohnende Zielgruppe für „High-End"-Konsum betrachtet (Moschis et al. 1997). Diese Entwicklungen haben aber auch beachtliche Kritik hervorgerufen. Senioren werden mit unrealistisch jungen und attraktiven Rollenbildern in der Werbung konfrontiert, welche negative Auswirkungen auf das Selbstbild insbesondere weiblicher Senioren hat (Singh 1993; Eagly 2001; Pettigrew et al. 2005). Diese Diskrepanz zeigt sich klar in den Ergebnissen der MDS, in welchen die Wahrnehmung von Senioren als akzeptierter Teil der Gesellschaft mit der „Illusionären Jugend" auf den gegenüberliegenden Polen der Dimension 1 kontrastiert wird. Die geringe Anzahl an Assoziationen, die zentral in den von diesen Dimensionen aufgespannten Quadranten liegen (siehe Abb. 2), weist zudem auf die Inkompatibilität des Vorspielens von illusionärer Jugend und akzeptierter Werbe-Zielgruppe hin.

Dieser Interpretationsprozess der Kontrastierung von Extremwerten, multidimensionaler Betrachtung und Konsistenzchecks mit anschließender Integration in bestehende Literatur und Theorie wurde für sämtliche Dimensionen vorgenommen. Abb. 3 gibt zur Veranschaulichung des Gesamtergebnisses einen Überblick über die identifizierten Dimensionen.

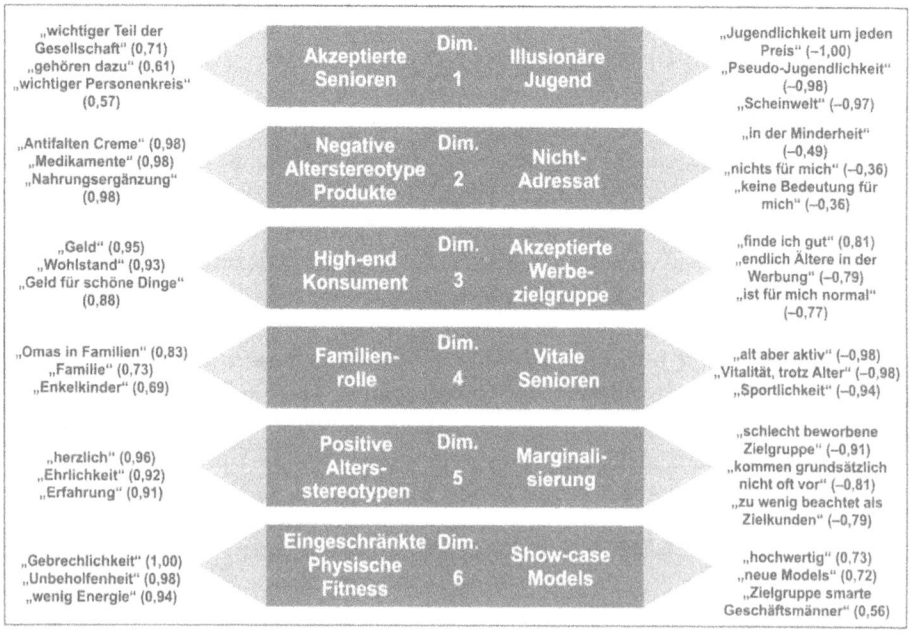

**Abb. 3.** Gesamtergebnis – Dimensionen

## 4 Vergleich der Ergebnisse der MDS mit den Ergebnissen einer Inhaltsanalyse

Die Ergebnisse der Inhaltsanalyse entstammen einer früheren Studie (Auer-Srnka et al. 2008), deren wenig zufrieden stellende Ergebnisse erst Ausgangspunkt für weiterführende methodische Überlegungen waren, die zur Wahl der MDS als Alternative und damit auch zum vorliegenden Beitrag geführt haben. In der früheren Studie wurden die erhobenen spontanen Assoziationen zu Senioren in der Werbung anhand der von Srnka und

Koeszegi (2007) vorgeschlagenen Methode inhaltsanalytisch ausgewertet (für Details zur Vorgehensweise wird auf diesen Beitrag verwiesen). Tab. 3 zeigt das daraus resultierende Kategorienschema, auf dessen Basis die Kodierung sowie Häufigkeitsauszählungen und anschließende Gruppenvergleiche vorgenommen wurden.

Tab. 3. Aus der inhaltsanalytischen Auswertung resultierendes Kategorien-Schema

| Hauptkategorie | Beschreibung | Subkategorie |
|---|---|---|
| 1. Bewertung von älteren Menschen als Zielgruppe der Werbung | Nennungen zu: älteren Menschen als Zielgruppe von Produkten bzw. Werbung; Bemühen von Unternehmen um diese Zielgruppe; Versuch, den Konsum in dieser Gruppe zu steigern zum eigenen Vorteil | 1.1 Neutrale Beschreibung von älteren Menschen als Zielgruppe |
| | | 1.2 Negative Bewertung von älteren Menschen als Zielgruppe |
| 2. Zielgruppenspezifische Ansprache durch das Marketing | Nennungen konkreter Produkte bzw. Werbungen | 2.2 Konkrete Produkte für „Ältere" |
| | | 2.3 Konkrete Spots/Anzeigen an „Ältere" |
| 3. Außergewöhnlichkeit älterer Models | Nennungen dazu, wie selten, atypisch etc. ältere Models in der Werbung sind | 3.1 Außergewöhnlichkeit älterer Models |
| 4. Authentizität älterer Models | Nennungen dazu, wie glaubwürdig, überzeugend, lebensnah, un/echt, un/natürlich, übertrieben, auf-jung-getrimmt, pseudo-lässig etc. ältere Models (dargestellt) sind | 4.1 Authentische Darstellung älterer Models |
| | | 4.2 Nicht-authentische Darstellung älterer Models |
| 5. Bewertung älterer Models | Nennungen, die sich auf neutrale, positive bzw. negative Aspekte konkreter (älterer) Models beziehen | 5.1 Neutrale Beschreib. älterer Models |
| | | 5.2 Positive Bewertung älterer Models |
| | | 5.3 Negative Bewertung älterer Models |
| 6. Haltung gegenüber älteren Menschen als Models in der Werbung | Nennungen zur persönlichen Haltung gegenüber älteren Menschen als Models in der Werbung | 6.1 Indifferente Haltung zu älteren Models |
| | | 6.2 Befürwortung älterer Models |
| | | 6.3 Ablehnung älterer Models |
| 7. Identifikation mit älteren Models | Nennungen, die auf Identifikation bzw. mangelnde Identifikation mit älteren Models hinweisen (z.B.: „ist / ist nicht meine Zielgruppe") | 7.1 Identifikation mit älteren Models |
| | | 7.2 Mangelnde Identifikation mit älteren Models |
| 8. Produkt-Kongruenz älterer Models | Nennungen zum inhaltlichen Zusammenhang zwischen Produkt und Model | 8.1 Model mit Produkt kongruent |
| | | 8.2 Model mit Produkt nicht kongruent |

Quelle: Auer-Srnka et al. 2008

## 4.1 Gegenstandsnähe und neue Erkenntnisse der MDS durch Offenheit und Induktion

Vergleicht man diese Ergebnisse inhaltlich, so zeigt sich, dass die Ergebnisse der Inhaltsanalyse stärker deskriptiv und inhaltlich weniger reichhaltig sind als die durch die MDS gewonnen Dimensionen. So beschränken sich die aus der Inhaltsanalyse resultierenden Kategorien auf die werblich angesprochene Zielgruppe sowie insbesondere die Wahrnehmung und Bewertung der Models. Die offene, induktive Vorgehensweise und der Einsatz einer größeren Anzahl an „naiven" Respondenten anstelle von trainierten Kodierern bzw. dem Forscher selber resultierten in einer höheren Gegenstandsbezogenheit und theoretischen Dichte der mittels der MDS identifizierten Dimensionen. Diese spiegeln neben verschiedenen Aspekten der Zielgruppe auch grundlegende gesellschaftliche Größen wie etwa Stereotype, Marginalisierung und Akzeptanz wieder. Die multidimensionale, metrische Darstellung und die daraus resultierende Möglichkeit, Querverbindungen zwischen den Dimensionen herzustellen, bieten zusätzliche Möglichkeiten, den verschiedenen Dimensionen übergeordnete Bedeutung zuzuordnen.

So wurden etwa Assoziationen, die in der Nennung von Produkten bestanden, in der Inhaltsanalyse in die neutrale Kategorie 2.2 „Konkrete Produkte für ‚Ältere'" klassifiziert und Assoziationen wie „Erfahrung", „Glaubwürdigkeit" oder „Reife" als „Positive Bewertung älterer Models" (Kategorie 5.2) charakterisiert. In den Ergebnissen der MDS laden diese Assoziationen hingegen hoch auf den Dimensionen 2 (Negative Altersstereotype Produkte vs. Nicht-Adressat) und 5 (Positive Altersstereotype vs. Marginalisierung). Den Produkten wird über die multidimensionale Betrachtung deren zusätzliche negativ-stereotype Bedeutung zugewiesen. Die stereotypen Darstellungen insgesamt werden zusätzlich in einen breiteren Kontext gesetzt, der sich auch in der einschlägigen Literatur findet. So wird in der Marketing-Literatur darauf hingewiesen, dass Senioren nicht nur vorwiegend über Defizienz-Produkte (z.B. Anti-Faltencreme, Haarfärbemittel, Arzneimittel, etc.) angesprochen werden (Carrigan/Szmigin 1999a, 1999b), sondern diese auch Ausdruck stigmatisierender altersbezogener Stereotype wie körperliche und geistige Schwäche sind (Gunter 1998). Positive Stereotype, die mit fortgeschrittenem Alter assoziiert werden, beziehen sich hingegen auf Eigenschaften wie Weisheit oder Gutmütigkeit (Kite/Johnson 1988; Kite et al. 1991). Eine multidimensionale Betrachtung der „Positiven Altersstereotype" zeigt, dass alle außer einer der 66 Assoziationen, die hoch (≥0.5) auf diesem Pol der Dimension 5 laden, auch negativ auf der Dimension 2 laden, was auf die Tendenz hindeutet, sich von positiven Stereotypen nicht angesprochen zu fühlen (vgl. auch Stephens 1991). Im Gegensatz zur Inhaltsanalyse, die eine neutrale oder rein positive Charakterisierung liefert, zeichnet die MDS hier ein differenzierteres Bild. Ebenso zeigt sich die in der Literatur geführte Diskussion über (positive wie negative) altersstereotype Darstellung in der Werbung deutlich in den Ergebnissen der MDS. Zusätzlich erlaubt die Kontrastierung mit den Gegenpolen und anderen Dimensionen über die reine Klassifikation von Produkten als „Konkrete Produkte für ‚Ältere'" (Kategorie 2.2), wie sie in der Inhaltsanalyse vorgenommen wurde, auch deren Konnotation datengetrieben herauszuarbeiten.

### 4.2 Metrisches Datenniveau durch Einsatz der MDS vs. nominales Datenniveau

Zusätzliche Informationen über den Untersuchungsgegenstand erhält man auch durch weitergehende statistische Analysen, was als zentraler Vorteil von quantitativ orientierten Inhaltsanalysen betrachtet wird (Hughes/Garrett 1990; Kolbe/Burnett 1991; Varki et al. 2000). Aufgrund des nominalen Skalenniveaus sind entsprechende Möglichkeiten bei der Inhaltsanalyse jedoch stark eingeschränkt (Bolton/Bronkhorst 1991; Perreault/Young 1980). Während multivariate Verfahren kaum einsetzbar sind, können bereits bei einfachen Verfahren Probleme auftreten, wie am folgenden Beispiel im direkten Vergleich der beiden

Studien verdeutlicht wird. Im Bezug auf die gegenwärtige Fragestellung ist es durchaus von Interesse zu eruieren, ob sich die Wahrnehmung von Senioren in der Werbung zwischen Männern und Frauen unterscheidet. Der Chi-Quadrat-Test für die durch Inhaltsanalyse generierten nominalen Daten kann in diesem Fall nicht durchgeführt werden, da eine zu große Anzahl an Zellen eine zu geringe erwartete Häufigkeit aufweisen. Dieses Problem kann insbesondere dann auftreten, wenn ein sehr detailliertes Kategorienschema angewandt wurde. Im Gegensatz dazu erlaubt das metrische Datenniveau des durch MDS ausgewerteten qualitativen Materials die Berechnung von t-Tests, wie in Tab. 4 dargestellt.

**Tab. 4.** t-Test Geschlecht nach Assoziationen

| | | n | MW | SD | sig. |
|---|---|---|---|---|---|
| Dim. 1 | männlich | 101 | 0,164 | 0,835 | 0,578 |
| | weiblich | 105 | 0,095 | 0,929 | |
| Dim. 2 | männlich | 101 | 0,201 | 1,271 | 0,379 |
| | weiblich | 105 | 0,049 | 1,183 | |
| Dim. 3 | männlich | 101 | 0,177 | 0,886 | 0,009 |
| | weiblich | 105 | –0,159 | 0,933 | |
| Dim. 4 | männlich | 101 | 0,093 | 0,923 | 0,026 |
| | weiblich | 105 | –0,204 | 0,972 | |
| Dim. 5 | männlich | 101 | –0,0904 | 1,139 | 0,025 |
| | weiblich | 105 | 0,257 | 1,062 | |
| Dim. 6 | männlich | 101 | –0,049 | 0,881 | 0,284 |
| | weiblich | 105 | –0,174 | 0,787 | |

Während die Inhaltsanalyse keine entsprechenden Analysen zuließ, zeigen die Ergebnisse der MDS, dass es in den Dimensionen 3, 4 und 5 signifikante Unterschiede zwischen Männern und Frauen bezüglich der Wahrnehmung von Senioren in der Werbung gibt. Die spontanen Assoziationen der Frauen zeichnen sich durch eine Tendenz in Richtung akzeptierte Werbezielgruppe, vitale Senioren und positive mit dem Alter assoziierte Stereotypen aus, wohingegen die Assoziationen der Männer vorwiegend durch „High-End"-Konsument, Familienrolle und Marginalisierung charakterisiert sind. Derartige Ergebnisse tragen weiter zum Verständnis des untersuchten Phänomens bei. Neben den hier dargestellten t-Tests im direkten Vergleich zur Inhaltsanalyse, sind auch andere, z.B. multivariate Verfahren möglich, die metrisches Datenniveau verlangen.

### 4.3 Multidimensionale Darstellung der MDS vs. wechselseitig exklusive Kategorienzuordnung

Die multidimensionale, metrische Darstellung ermöglicht es auch zu berücksichtigen, dass die Assoziationen nicht einer Kategorie zugeordnet werden, sondern mehreren Kategorien gleichzeitig zu einem unterschiedlichen Grad zugehörig sind. So wurden beispielsweise die spontanen Assoziationen, welche die Großelternrolle von Senioren zum Inhalt hatten, in der Inhaltsanalyse entweder den wechselseitig exklusiven Kategorien 5.1 „Neutrale Beschreibung älterer Models" oder 5.2 „Positive Bewertung älterer Models" zugeordnet. Wie Varki et al. (2000) und Rust und Cooil (1994) hervorheben, kann dies nicht nur Implikationen für die Reliabilität haben, sondern es gehen auch Informationen verloren. Tab. 5 zeigt die „fuzzy" Charakterisierung der Großelternrolle anhand der aus der MDS resultierenden Dimensionen.

**Tab. 5.** "Fuzzy Coding" von Assoziationen

|  | Dim 1 | Dim 2 | Dim 3 | Dim 4 | Dim 5 | Dim 6 |
|---|---|---|---|---|---|---|
| Omas in Familien | 0,46 | 0,00 | 0,08 | 0,83 | 0,36 | 0,05 |
| Häufig Großelternfunktion | 0,45 | –0,10 | 0,13 | 0,78 | 0,38 | 0,14 |
| Gutmütige(r) Oma/Opa | 0,38 | –0,08 | 0,18 | 0,57 | 0,67 | 0,14 |
| Enkelkinder | 0,52 | –0,11 | 0,34 | 0,69 | 0,36 | 0,06 |

Aus der uneindeutigen Zuordnung wird ersichtlich, dass diese Rolle durchaus akzeptiert ist (positive Werte auf Dimension 1) und auch nicht mit sich nicht adressiert fühlen assoziiert wird (niedrige Werte auf Dimension 2). Ebenso wenig werden sie mit „High-End"-Konsumenten oder als direkte Zielgruppe für Werbung in Verbindung gebracht (Dimension 3). Dies lässt sich dadurch erklären, dass Großeltern eher selten direkt angesprochen werden, sondern in die Rahmenhandlung, in der ein Produkt vorgestellt wird, eingebettet sind. Großeltern werden im Wahrnehmungsraum vor allem mit dem positiven Altersstereotyp (Dimension 5) in der Familienrolle (Dimension 4) in Verbindung gebracht. In dieser Rolle zeigen sie auch keine physischen Gebrechen oder üben die Funktion als attraktive Vorzeigemodelle (Dimension 6) aus. Derartige Informationen, wie sie aus der uneindeutigen Zuordnung und Abbildung durch mehrere Dimensionen resultieren, würden bei einer wechselseitig exklusiven Zuordnung zu einzelnen Kategorien, wie es in der klassischen Inhaltsanalyse der Fall ist (vgl. z.B. Weingart et al. 1999; Olekalns et al. 2003; Shabbir/Thwaites 2007), verloren gehen.

### 4.4 Erfüllung qualitativer und quantitativer Gütekriterien bei der MDS

Die oben genannten Punkte, welche die MDS als Methode an der Schnittstelle zwischen quantitativen und qualitativen Verfahren charakterisieren, haben auch Implikationen für die Gütekriterien. Die Gegenstandsbezogenheit, als zentrales Gütekriterium der qualitativen Forschung (Mayring 2002b), wird dadurch garantiert, dass weder Kategorien vorgegeben noch trainierte Kodierer eingesetzt werden. Dies ermöglicht es, das Phänomen unvoreingenommen zu betrachten und dabei die mentalen Schemata der untersuchten Gruppe zu berücksichtigen. Im Vergleich zur Inhaltsanalyse wird dies durch die reichhaltigeren Ergebnisse der MDS deutlich, wie am Beispiel der Stereotype veranschaulicht wurde.

Im Zuge der Beschreibung des Forschungsprozesses wurde auch gezeigt, dass der Forscher trotz der offenen, induktiven Herangehensweise im Vergleich zur Inhaltsanalyse weitgehend unbeteiligt ist. Dadurch wird ein höheres Maß an Objektivität im Sinne der Minimierung subjektiver Einflüsse (Wrona 2005; Brühl/Buch 2006) erzielt. Im Gegensatz zur Inhaltsanalyse, bei welcher der Forscher selber oder trainierte Kodierer die Kategorien entwickeln bzw. a priori definieren und die Items diesen auch zuordnen (z.B. Srnka/Koeszegi 2008; Weingart 2004) beschränkt sich der Forscher beim Einsatz der MDS im integrierten Design auf die Interpretation der bereits zu Dimensionen aggregierten Items. Der Prozess der Aggregation ist zudem standardisierter als vergleichbare Ansätze der Inhaltsanalyse wie z.b. die Schneide-Lege-Technik oder „In-Vivo-Kodierung". Dies führt zu erhöhter prozeduraler Reliabilität (Wrona 2005) bzw. Transparenz (Auerbach/Silverstein 2003).

In der exemplarischen Studie, insbesondere am Beispiel der Assoziationen zur Großelternrolle, wurde verdeutlicht, dass die Assoziationen, die in der Inhaltsanalyse einer Kategorie zugeordnet wurden, gleichzeitig durch mehrere Dimensionen charakterisiert werden. Durch diese multidimensionale, metrische Darstellung wird eine wesentliche Reliabilitätsproblematik der Inhaltsanalyse, d.h. die Uneinigkeit der Kodierer bei der Zuordnung zu wechselseitig exklusiven Kategorien (Rust/Cooil 1994; Varki et al. 2000), vermieden. Zusätzlich können auch Goodness-of-Fit Maße berechnet werden, welche in der gegenwärtigen Studie für die Güte der gewählten dimensionalen Konfiguration spricht. Diese wurde durch Rückführung in Bestehende Literatur und Elimination von Assoziationen aus der Distanzmatrix zusätzlich abgesichert. Insgesamt bietet die MDS mehrere Möglichkeiten der Gütebestimmung, die sowohl qualitativen als auch quantitativen Konzepten entsprechen.

## 5 Fazit

Perreault und Leigh (1989) sowie Hall und Rist (1999) geben einen Überblick über die Möglichkeiten des gewinnbringenden Einsatzes von Forschungsansätzen, die auf der Zuordnung von Items zu Kategorien aufgrund von Urteilen des Forschers oder Kodierern basieren. In beiden Fällen wird jedoch auch vor den möglichen Problembereichen und Einschränkungen gewarnt. Wie in diesem Beitrag gezeigt, kann die MDS als gewinnbringende Alternative eingesetzt werden, anhand welcher insbesondere aus dem Datenniveau und Einflüssen des Forschers resultierende Probleme vermieden werden können.

Dabei ist die MDS nicht nur auf spontane Assoziationen anwendbar, sondern kann für die Analyse sämtlicher durch Evozierungstechniken generierter Aussagen eingesetzt werden. Beispielhaft kann die Critical Incident Technik (Swan/Rao 1975) genannt werden, die im Marketing unter anderem zur Ermittlung von Zufriedenheits- und Unzufriedenheitsfaktoren angewandt wird (Bitner et al. 1990). Anstelle der üblicherweise inhaltsanalytischen Auswertung der kritischen Ereignisse, dient die MDS als Instrument zur Identifizierung der den Ereignissen zugrundeliegenden Zufriedenheits- bzw. Unzufriedenheits-Dimensionen. Ein weiteres im Marketing häufig eingesetztes Instrument der qualitativen Forschung sind Fokusgruppen (Nevid/Maria 1999). Wie von Noel und Nessim (1996, S. 601) hervorgehoben, lässt die kleine Stichprobengröße jedoch wenig Raum für statistische Analysen und der Untersucher ist gezwungen, die Ergebnisse zu analysieren und interpretieren. Im Rahmen des hier präsentierten Mixed Methods-Ansatzes können Fokusgruppen sowohl zur Generierung von Stimuli als auch der Distanzmatrix herangezogen werden. So z.B. können im Zuge von Fokusgruppen gesammelte Aussagen oder Diskussionspunkte den Gruppeteilnehmern erneut zum Ähnlichkeitsvergleich vorgelegt und anhand der MDS ausgewertet werden. Dies ermöglicht eine systematische Strukturierung der Diskussionsinhalte mit quantitativen Ergebnissen anhand der Fokusgruppenteilnehmer selbst. Eine weitere Einsatzmöglichkeit ist die Analyse von Dokumenten und Transkripten. Beispielsweise wurde die MDS schon angewandt, um die im Zuge von elektronischen Verhandlungen ausgetauschten E-Mails als auch spezifische Aussagen im Hinblick auf deren emotionale Konnotation zu analysieren (Griessmair/Koeszegi 2009).

Eine wichtige Voraussetzung, welche die Anwendungsmöglichkeiten der MDS im integrierten Design einschränkt, ist dabei allerdings, dass das qualitative Material in klar abgrenzbare Einheiten (z.B. Textelemente, Aussagen, Sinneinheiten, etc.) unterteilbar ist, welche von den Respondenten auf ihre (Un-)Ähnlichkeit hin bewertet werden können. Ziel der qualitativen Forschung ist jedoch oft das Herausarbeiten einer Fallstruktur im zeitlichen Verlauf, wie es z.b. bei heremeneutischer Analysen von narrativen Interviews der Fall ist (vgl. z.B. Lamnek 2005). Für derartige Fragestellungen, bei welchen die einzelnen Textpassagen im Kontext des Interviews interpretiert werden müssen, ist die MDS nur bedingt einsetzbar. Darüber hinaus ist die MDS im integrierten Design ein rein induktives Verfahren, wohingegen klassische Inhaltsanalysen flexibel sowohl induktiv als auch deduktiv eingesetzt werden können. Entsprechend kann die Inhaltsanalyse dazu angewandt werden, qualitatives Datenmaterial gezielt anhand eines theoretischen Rahmenwerks zu analysieren, wie z.B. Ärger und Fairness in Verhandlungen (van Kleef et al. 2004) oder bestimmte, a priori definierte Formen von Humor in der Werbung (Shabbir/Thwaites 2007). Die MDS kann hingegen nur rein explorativ eingesetzt werden und erlaubt erst in einem zweiten Schritt die Formulierung von konkreten Hypothesen aufgrund der induktiv generierten Dimensionen. Wie hier aufgezeigt, stellt die MDS im integrierten Design jedoch eine gewinnbringende Erweiterung des ‚methodischen Werkzeugkastens' (Hall/Rist 1999) mit breiten Anwendungsmöglichkeiten an der Schnittstelle zwischen qualitativer und quantitativer Forschung dar.

## Literatur

Adair WL, Brett JM (2005) The Negotiation dance: Time, culture, and behavioral sequences in negotiation. Organization Science 16(1):33–51
Aday RH, Sims CR, Evans E (1991) Youth's attitudes toward the elderly: The impact of intergenerational partners. Journal of Applied Gerontology 10(3):372–384
Auer-Srnka KJ (2009) Qualitative und kombinierte Methoden in der wissenschaftlichen Marketingforschung: Theoretische Betrachtung und Literaturanalyse. der markt – Journal of Marketing, Special Issue: Qualitative Marketing-Forschung - Konzeptionelle Entwicklung und Methodische Trends 48:7–20
Auer-Srnka, KJ, Meier-Pesti K, Griessmair M. (2008) Ältere Menschen als Zielgruppe der Werbung: Eine explorative empirische Studie zu Wahrnehmung und Selbstbild der „Best Ager" sowie stereotypen Vorstellungen vom „Alt-sein" in jüngeren Altersgruppen. der markt 47:100–117
Auerbach CF, Silverstein LB (2003) Qualitative Data: An introduction to coding and analysis, New York University Press, New York
Backhaus K, Erichson B, Plinke W, Weiber R (2008) Multivariate Analysemethoden, Springer, Berlin et al.
Bahl S, Milne GR (2006) Mixed methods in interpretative research: An application to the study of self concept. In: Belk RW (Hrsg) Handbook of Qualitative Research Methods in Marketing, Edward Elgar Publishing, Northampton MA:198–218

Bazaley P (2004) Issues in mixing qualitative and quantitative approaches to research. In: R Buber, J Gadner, L Richards (eds) Applying Qualitative Methods to Marketing Management Research, Plagrave Macmillan, Houndsmill: 141–156

Bernard HR (2006) Research methods in anthropology: Qualitative and quantitative approaches, 3rd edn., AltaMira Press, Walnut Creek CA

Bijmolt THA, Wedel M (1999) A comparison of multidimensional scaling methods for perceptual mapping. Journal of Marketing Research 36(2):277–285

Bitner MJ, Booms, BH, Tetreault M (1990) The service encounter: Diagnosing favorable and unfavorable incidents. Journal of Marketing 45:71–84

Bolton RN, Bronkhorst TM (1991) Quantitative analyses of depth interviews. Psychology & Marketing 8(4): 275–297

Bond J, Coleman PG, Peace S (2008) Ageing in society: An introduction to social gerontology, 2$^{nd}$ edn., Sage

Borg I, Groenen PJF (2005) Modern multidimensional scaling: Theory and applications, 2nd edn., Springer, New York NY

Borg I, Staufenbiel T (2007) Theorien und Methoden der Skalierung, Huber, Bern

Bortz J, Döring N (2006) Forschungsmethoden und Evaluation für Human- und Sozialwissenschaftler, 4. Ausg., Sptringer, Berlin

Brennan RL, Prediger DJ (1981) Coefficient Kappa: Some uses, misuses, and alternatives. Educational and Psychological Measurement 41:687–699

Brühl R, Buch S (2006) Einheitliche Gütekriterien in der empirischen Forschung? – Objektivität, Reliabilität und Validität in der Diskussion. ESCP-EAP Working Paper

Büyükkurt BK, Büyükkurt MD (1990) Robustness and small-sample properties of the estimators of probabilistic multidimensional scaling (PROSCAL). Journal of Marketing Research 27(2):139–149

Calder BJ (1977) Focus groups and the nature of qualitative marketing research. Journal of Marketing Research 14(August): 353–364

Carrigan M, Szmigin I (1999a) The portrayal of older characters in magazine advertising. Journal of Marketing Practice 5(6/7/8):248–261

Carrigan M, Szmigin I (1999b) The representation of older people in advertisements. Journal of the Market Research Society 41(3):311–326

Carroll JD, Green PE (1997) Psychometric methods in marketing research: Part II multidimensional scaling. Journal of Marketing Research 34(2):193–204

Cohen J (1960) A coefficient of agreement for nominal scales. Educational and Psychological Measurement 20: 37–46

Court D, Farrell D, Forsyth JE (2007) Serving aging baby boomers. The McKinsey Quarterly (November) www.mckinseyquarterlycom/Marketing/Strategy/Serving_aging_baby_boomers_2068

Creswell JW (2003) Research design: Qualitative, quantitative and mixed methods approaches, 2$^{nd}$ eds, Thousand Oaks, London

Creswell JW, Clark VLP, Gutmann ML, Hanson WE (2003) Advanced mixed methods research design. In: A Tashakkori, C Teddlie (eds) Handbook of mixed methods in social & behavioral research, Thousand Oaks, London: 209–240

Davies B (2003) The role of quantitative and qualitative research in industrial studies of tourism. International Journal of Tourism Research 5:97–111

Day GS (1975) The threats to marketing research. Journal of Marketing Research 12(4):462–467

de Leeuw J, Heiser WJ (1982) Theory of multidimensional scaling. In PR Krishnaiah, LN Kanal (eds) Handbook of Statistics, Classification, Pattern Recognition, and Reduction of Dimensionality, vol. 2, North Holland Publishing Company, Amsterdam: 285–316

Deshpande R (1983) "Paradigms Lost": On theory and method in research in marketing. Journal of Marketing 47(4):101–110

Eagly AH (2001) Social role theory of sex differences and similarities. In: J Worrell (ed) Encyclopedia of Women and Gender, Academic Press, San Diego: 1069–1078

Ellis A (1962) Reason and emotion in psychotherapy, Lyle Stuart, New York

Flick U (1999) Qualitative Forschung: Theorie, Methoden und Anwendung in Psychologie und Sozialwissenschaften, Rowohlt, Reinbeck b. Hamburg

Fransella F, Bannister D (1977) A manual for repertory grid technique, Academic Pres, London

Glaser BG, Strauss AL (1967) The discovery of grounded theory, Aldine de Gruyter, New York

Greco AJ (1988) The elderly as communicators: perceptions of advertising practitioners. Journal of Advertising Research 28(3):39–46

Greco AJ, Swayne LE; Johnson EB (1997) Will older models turn off shoppers?. International Journal of Advertising 16:27–36

Green PE, Carmone FJ (1970) Multidimensional scaling and related techniques in marketing analysis, Allyn & Bacon, Boston

Griessmair M, Koeszegi ST (2009) Exploring the Cognitive-Emotional Fugue in Electronic Negotiations. Group Decision and Negotiation 18(3):213–234

Gunter B (1998) Understanding the older consumer: The grey market, Routledge, London

Hair JF, Anderson RE, Tatham RL, Black WC (1998) Multivariate data analysis, Upper Saddle River NJ, Prentice-Hall

Hall AL, Rist RC (1999) Integrating multiple methods (or avoiding the precariousness of a one-legged stool). Psychology & Marketing 16(4):291–304

Havlena WJ, Holbrook MB, Lehmann DR (1989) Assessing the validity of emotional typologies. Psychology & Marketing 6(2):97–113

Healy M, Perry C (2000) Comprehensive criteria to judge validity and reliability of qualitative research within the realism paradigm. Qualitative Market Research 3:118–126

Henry WA, Stumpf RV (1975) Time and accuracy measures for alternative multidimensional scaling data collection methods. Journal of Marketing Research 12(2):165–170

Holbrook MB (2001) Market clustering goes graphic: The Weiss Trilogy and a proposed extension. Psychology & Marketing 18(1):67–85

Hughes MA, Garrett DE (1990) Intercoder reliability estimation approaches in marketing: A generalizability theory framework for quantitative data. Journal of Marketing Research 27(2):185–195

Humphreys MA (1982) Data collection effects on nonmetric multidimensional scaling solutions. Educational and Psychological Measurement 42(4):1005–1022

Kelly GA (1955) The psychology of personal constructs, vol. 1 & 2, Norton, New York

Kite ME, Deaux K, Miele M (1991) Stereotypes of young and old: Does age outweigh gender. Psychology & Aging 6(1):1927

Kite ME, Johnson EB (1988) Attitudes toward older and younger adults: A meta-analysis. Psychology & Aging 3:233–244

Koeszegi ST, Srnka KJ, Pesendorfer E-M (2006) Electronic negotiations – A comparison of different support systems. Die Betriebswirtschaft 66(4):441–464

Kolbe RH, Burnett MS (1991) Content-analysis research: An examination of applications with directives for improving research, reliability, and objectivity. Journal of Consumer Research 18(2):243–250

Kruskal JB, Wish M (1977) Multidimensional scaling, Sage Publications, Beverly Hills CA

Lambert BL, Donderi D, Senders JW (2002) Similarity of drug names: Comparison of objective and subjective measures. Psychology & Marketing 19(7/8):641–661

Lamnek S (2005) Qualitative Sozialforschung, 4. Ausg., Beltz, Weinheim et al.

Laurent G (2000) Improving the external validity of marketing models: A plea for more qualitative input. International Journal of Research in Marketing 17(2/3):177–182

Lazarus AA (1989) The practice of multimodal therapy, Johns Hopkins University Press, Baltimore

Lichtenthal JD, Goodwin SA (2006) Product attributes for business markets: Implications for selling and sales management. Psychology & Marketing 23(3):225–251

Lilford RJ, Braunholtz D (2003) Reconciling the quantitative and qualitative traditions – The bayesian approach. Public Money & Management (July): 203–208

Locke KD (2001) Grounded Theory in management research, Sage, London

Lutz RJ, Swazy JL (1977) Integrating cognitive structure and cognitive response approaches to monitoring communications effects. Advances in Consumer Research 4:363–371

MacCallum RC, Cornelius ET (1977) A Monte Carlo investigation of recovery of structure by ALSCAL. Psychometrika 42(3):401–428

Mahoney MJ (1974) Cognition and behaviour modification, Ballinger, Cambridge MA

Malhotra NK, Jain AK, Pinson C (1988) The robustness of MDS configurations in the case of incomplete data. Journal of Marketing Research 25(1):95–102

Mayring P (2001) Combination and integration of qualitative and quantitative analysis. Forum Qualitative Sozialforschung

Mayring P (2002a) Einführung in die qualitative Sozialforschung: Eine Anleitung zu qualitativem Denken, 5. Ausg, Beltz, Weinheim et al.

Mayring P (2002b) Qualitative content analysis - research instrument or mode of interpretation? In M Kriegelmann (ed) The Role of the researcher in qualitative psychology, Huber, Tübingen: 139–148

McIntyre SH, Ryans AB (1977) Time and accuracy measures for alternative multidimensional scaling data collection methods: Some additional results. Journal of Marketing Research 14(4):607–610

Meinefeld W (2004) Hypothesen und Vorwissen in der qualitativen Sozialforschung. In: Flick U, v Kardorff E, Steinke I (eds) Qualitative Forschung: Ein Handbuch, Rowohlt, Reinbek

Mertens DM (2003) Mixed Methods and the politics of human research: The transformative-emancipatory perspective. In: A Tashakkori, C Teddlie (eds) Handbook of mixed methods in social & behavioral Research, Sage, Thousand Oaks: 135–164

Mertens DM (2005) Research and evaluation in education and psychology: Integrating diversity with quantitative, qualitative, and mixed methods, London, Thousand Oaks

Michman RD, Mazze EM (2006) The affluent consumer: marketing and selling the luxury lifestyle, Praeger, Westport et al

Mitchell AA, Olson JC (1981) Are product attribute beliefs the only mediators of advertising effects on brand attitudes?. Journal of Marketing Research 18(3):318–322

Morgan G, Smircich L (1980) The case for qualitative research. The Academy of Management Review 5(4): 491–500

Moschis G (2003) Marketing to older adults: An updated overview and present knowledge and practice. Journal of Consumer Marketing 20(6):516–525

Moschis G, Lee E, Mathur A (1997) Targeting the mature market: opportunities and challenges. Journal of Consumer Marketing 14(4):282–293

Nevid, JS, Maria NLS (1999) Multicultural issues in qualitative research. Psychology & Marketing 16(4):305–325

Noel M, Nessim, H (1996) Benchmarking consumer perceptions of product quality with price: An exploration. Psychology & Marketing 13(6):591–604

Olekalns M, Brett JM, Weingart LR (2003) Phases transitions and interruptions: Modelling processes in multiparty negotiations. International Journal of Conflict Management 14 (3/4):191–211

Olson JC, Muderrisoglu A (1979) The stability of responses obtained by free elicitation: Implications for measuring attribute salience and memory structure. Advances in Consumer Research 6:269–275

Perkins WS, Reynolds TJ (1995) Interpreting multidimensional data with cognitive differentiation analysis. Psychology & Marketing 12(6):481–499

Perreault WDJ, Leigh L E (1989) Reliability of nominal data based on qualitative judgments. Journal of Marketing Research 26(2):135–148

Perreault WDJ, Young WY (1980) Alternating least squares optimal scaling: Analysis of nonmetric data in marketing research. Journal of Marketing Research 17(1):1–13

Peterson RT (1992) The depiction of senior citizens in magazine advertisements: A content analysis. Journal of Business Ethics 11(9):701–706

Pettigrew S, Mizerski K, Donovan R (2005) The three "big issues" for older supermarket shoppers. Journal of Consumer Marketing 22(6):306–312

Pinkley RL (1990) Dimensions of conflict frame: Disputant interpretations of conflict. Journal of Applied Psychology 75(2):117–126

Pinkley RL, Gelfand MJ, Duan L (2005) When, where, and how: The use of multidimensional scaling methods in the study of negotiation and social conflict. International Negotiation 10(1):79–96

Rabinowitz GB (1975) An introduction to non-metric multidimensional scaling. American Journal of Political Science 19:343–390

Richards L (2004) Qualitative software meets qualitative marketing: Are these tools the right tools?. In: Buber R, Gadner J, Richards L (eds) Applying Qualitative Methods to Marketing Management Research, Palgrave & Macmillan, Houndmills: 32–45

Richards TJ, Richards L (1998) Using computers in qualitative research. In: Denzin NK, Lincoln YS (eds) Collecting and interpreting qualitative materials, Thousand Oaks, London: 211–245

Robinson JD, Skill T, Turner JW (2004) Media usage patterns and portrayals of seniors. In: Nussbaum JF, Coupland J (eds) Handbook of communication and aging research, Lawrence Erlbaum, Mahwah NJ: 423–446

Robinson T, Gustafson R, Popovich M (2008) Perceptions of negative stereotypes of older people in magazine advertisements: comparing the perceptions of older adults and college students. Ageing and Society 28: 233–251

Rust RT, Cooil B (1994) Reliability measures for qualitative data: Theory and implications. Journal of Marketing Research 31(1):1–13

Shabbir H, Palihawadana D, Thwaites D (2007) Determining the antecedents and consequences of donor-perceived relationship quality – A dimensional qualitative research approach. Psychology & Marketing 24(3): 271–293

Shabbir H, Thwaites D (2007) The use of humor to mask deceptive advertising: It's no laughing matter. Journal of Advertising 36(2):75–85

Shukla P (2007) Television advertising and senior market: perceptions and reality. AIMS International Journal of Management 1(1):23–37

Singh D (1993) Adaptive significance of female physical attractiveness: Role of waist-to-hip ratio. Journal of Personality and Social Psychology 65(2):293–307

Spence I, Graef J (1974) The determination of underlying dimensionality of an empirically obtained matrix of proximities. Multivariate Behavioral Research 9(3):331–341

Srnka KJ (2007) Integration qualitativer und quantitativer Forschungsmethoden: Der Einsatz integrierter Forschungsdesigns als Möglichkeit der Theorieentwicklung in der Marketingforschung als betriebswirtschaftliche Disziplin. Marketing – Zeitschrift für Forschung und Praxis 29(4):247–260

Srnka KJ, Koeszegi ST (2007) From words to numbers: How to transform qualitative data into meaningful quantitative results. Schmalenbach Business Review 59(1):30–58

Steenkamp JB, Van Trijp HCM (1997) Attribute elicitation in marketing research: A comparison of three procedures. Marketing Letters 8(3):153–165

Stephens N (1991) Cognitive age: A useful concept for advertising?. Journal of Advertising 20:37–48

Swan JE, Rao JP (1975) The critical incident technique: A flexible method for the identification of salient product attributes. Journal of the Academy of Marketing Science 3:296–308

Szmigin I, Carrigan M (2001a) Learning to love the older consumer. Journal of Consumer Behaviour 1(1):22–34

Szmigin I, Carrigan M (2001b) Time consumption and the older consumer: An interpretative study of the cognitively young. Psychology & Marketing 18(10):1091–1116

Tashakkori A, Teddlie C (2003a) Mixed methodology: Combining qualitative and quantitative approaches, Thousand Oaks, London

Tashakkori A, Teddlie C (2003b) The past and future of mixed methods research: From data triangulation to mixed model designs. In: A Tashakkori, C Teddlie (eds) Handbook of Mixed Methods in Social & Behavioral Research, Thousand Oaks, London: 671–701

Tomczak T (1992) Forschungsmethoden in der Marketingwissenschaft – Ein Plädoyer für den qualitativen Forschungsansatz. Marketing ZFP 2:77–87

United Nations (2002) World population ageing 1950-2050, New York

United Nations (2006) World population prospects: The 2006 revision – Population ageing, www.unorg/esa/population/publications/wpp2006/wpp2006_ageing.pdf

United Nations Population Fund (2002) Population ageing and development: Operational challenges in developing countries, Population and Developmental Strategies 5, www.unfpaorg/upload/lib_pub_file/97_filename_PopDevStrat%205.pdf

Varadarajan PR (2003) Musings on relevance and rigor of scholarly research in marketing. Journal of the Academy of Marketing Science 31(4):368–376

Varki S, Cooil B, Rust RT (2000) Modelling fuzzy data in qualitative marketing research. Journal of Marketing Research 37(4):480–489

Weingart LR, Olekalns M, Smith PL (2004) Quantitative coding of negotiation behavior. International Negotiation 9:441–445

Weingart LR, Prietula MJ, Hyder EB, Genovese CR (1999) Knowledge and the sequential processes of negotiation: A markov chain analysis of response-in-kind. Journal of Experimental Social Psychology 35:366–393

White GM (2000) Representing emotional meaning: Category, metaphor, schema, discourse. In: Lewis M, Haviland-Jones JM (eds) Handbook of Emotions, Guildford Press, New York: 30–44

Wrona T (2005) Fortschritts- und Gütekriterien im Rahmen qualitativer Sozialforschung. In: Zeleweski S, Akca N (eds) Fortschritt in den Wirtschaftswissenschaften: Wissenschaftstheoretische Grundlagen und exemplarische Anwendungen, Deutscher Universitätsverlag, Wiesbaden: 189–216

Wu YCJ (2006) Skill requirements for logistics license in Taiwan. Supply Chain Management 11(5):415–424

Young FW, Hamer RM (1994) Theory and applications of multidimensional scaling. Erlbaum Associates, Hillsdale NJ

# Mixed Methods: Applying Multidimensional Scaling in Qualitative-Quantitative Research Designs

**Abstract:** The present paper discusses the merits of Multidimensional Scaling (MDS) in an integrated mixed methods-design as alternative to (quantitative) content analysis. The application and advantages of quantifying qualitative material with MDS are demonstrated in an exemplary study investigating the perceptions of seniors' role in advertising and a direct comparison with the results of a content analysis of the same data. MDS has the same inductive, data-driven potential as traditional qualitative data analysis techniques; however, it does not require trained coders and minimizes the researcher's involvement. Furthermore, it directly generates metric data at the item level. This provides advantages for subsequent statistical analyses as well as allowing a multidimensional representation of the qualitative material. As will be shown, these aspects have implications for validity and reliability.

**Keywords:** Multidimensional Scaling (MDS) · (quantitative) content analysis · mixed methods · perceptions of seniors' role in advertising

# Die Erfolgsformel –
# was Marketer wirklich nach oben bringt

WWW.GABLER.D

Michael M. Meier / Christine Wichert
**Die Erfolgsgeheimnisse
des Marketingmanagers**
Die ungeschriebenen Gesetze auf dem Weg zum CMO

2010. 237 S. Geb.
EUR 39,95
ISBN 978-3-8349-1484-2

Was macht einen Marketingmanager wirklich erfolgreich? Wieso haben CMOs durchschnittlich eine weniger als halb so lange Verweildauer im Unternehmen wie CEOs? Was heißt überhaupt Erfolg und wie erzielt man ihn? Welche fachlichen und persönlichen Erfolgsfaktoren muss man auf dem Weg nach oben entwickeln und wie positioniert man sich idealtypisch im Unternehmen? Welche Funktionen und Projekte sollte man besetzen und welche eher meiden? Wie verankert man die Marketingfunktion als wichtigen Werttreiber im Unternehmen? Auf diese Fragen finden Marketingmanager im Buch eine Antwort.

**Der Inhalt**
- Marketing und Marketeers: Definitionen und Situationsbeschreibung
- Warum Marketeers auf dem Weg nach oben oft scheitern
- Die Karriere-Kompetenzen des Marketeers
- Zur richtigen Zeit die richtige Idee: Erfolgsgeschichten
- Die Zukunft der Marketeers zwischen Krise und Wachstum
- Zwölf Erfolgsrezepte für Marketeers

**Die Autoren**
Dr. Michael M. Meier leitet die globale Consumer Electronics & Durables Practice bei Egon Zehnder International. Er unterstützt mittelständische Unternehmen und Großkonzerne insbesondere der Konsumgüterindustrie bei der Besetzung und Evaluierung von Top-Führungskräften.

Dr. Christine Wichert ist Geschäftsführerin der auf strategische Markenführung spezialisierten Beratung Logibrand GmbH. Sie ist international gefragte Referentin und doziert an Hochschulen in Basel, Liechtenstein, Luzern und St. Gallen.

www.wirtschaftslexikon.gabler.de
Jetzt online, frei verfügbar!

Einfach bestellen: buch@gabler.de   Telefon +49(0)611. 7878-626

**KOMPETENZ IN SACHEN WIRTSCHAFT**

**GABLER**

# Untersuchung von Nutzenpotentialen und Akzeptanzproblemen ambienter Technologien in Krankenhäusern
## Erfahrungsbericht eines Mixed Methods-Projekts

**Markus Bick, Tyge-F. Kummer**

**Zusammenfassung:** Der vorliegenden Beitrag beschreibt als Erfahrungsbericht eine von uns durchgeführte explorative Untersuchung bezüglich Ambient Intelligence in deutschen Krankenhäusern, die als Mixed Methods-Projekt durchgeführt wurde. Ambiente Technologien können die Prozesse in Krankenhäusern auf vielfältige Arten unterstützen und sowohl die Effizienz als auch die Effektivität der Behandlung steigern. Allerdings führen die damit verbundenen Systeme auch zu vollkommen neuen Überwachungsmöglichkeiten, woraus oftmals Akzeptanzschwierigkeiten folgen. Unter Verwendung eines Mixed Methods-Ansatzes werden sowohl die Nutzenpotentiale als auch die Wirkungszusammenhänge von Akzeptanzproblemen hinsichtlich ambienter Technologien in deutschen Krankenhäusern analysiert. In der empirischen Studie wird ein Mixed Methods-Design mit sequentieller Vorgehensweise (QUAL → QUAN) gewählt. Anschließend werden die jeweiligen Ergebnisse im Sinne des Forschungsdesigns miteinander in Beziehung gesetzt. Die einzelnen Schritte des Forschungsprojekts sowie die damit verbundenen Erfahrungen sind Gegenstand des vorliegenden Beitrags. Dabei wird insbesondere die Bedeutung eines Mixed Methods-Ansatzes für das Themenfeld Ambient Intelligence herausgestellt.

**Schlüsselwörter:** Mixed Methods · Akzeptanz · Ambient Intelligence · Partial Least Squares · Krankenhaus

**JEL-Classification:** I19 · O33 · Q55

---

Prof. Dr. Markus Bick (✉)
Juniorprofessur für Wirtschaftsinformatik, ESCP Europe Wirtschaftshochschule Berlin, Heubnerweg 6, 14059 Berlin, Deutschland
E-Mail: markus.bick@escpeurope.de;

Dipl.-Kfm. Tyge-F. Kummer (✉)
Juniorprofessur für Wirtschaftsinformatik, ESCP Europe Wirtschaftshochschule Berlin, Heubnerweg 6, 14059 Berlin, Deutschland
E-Mail: tyge.kummer@escpeurope.de

## 1 Einleitung

Ambient Intelligence und Pervasive Computing bieten erhebliche Potentiale zur Unterstützung von Prozessen in Organisationen (vgl. Ducatel et al 2001, o. V. 2003). Dennoch finden derartige Technologien im Krankenhausumfeld – insbesondere in Deutschland – derzeit kaum Verbreitung (vgl. Bick et al. 2008). Eine mögliche Ursache hierfür könnte in ihren spezifischen Charakteristika begründet sein: So werden für den Nutzer häufig unsichtbar Daten erhoben und weiterverarbeitet. Mithin bietet sich zur kritischen Analyse der Einsatzgebiete von Ambient Intelligence und damit verbundenen möglichen Akzeptanzschwierigkeiten in Krankenhäusern ein Mixed Methods-Ansatz an, zumal in den Bereichen Pflege und Vorsorge der Gesundheitssystemforschung der Einsatz entsprechender Forschungsdesigns stetig zunimmt (vgl. O'Cathain 2009, Forthofer 2002, Twinn 2002). Selbstverständlich reicht dies nicht zur Begründung der Methodenwahl aus; diese richtet sich vielmehr nach der Forschungsfrage. Die komplexe Frage der Akzeptanz von Informations- und Kommunikationstechnologien wird häufig entlang verschiedener Modelle (Abschnitt 3.2), wie dem Technology Acceptance Modell – TAM, quantitativ untersucht. Im Vordergrund steht vor allem die Analyse der Entscheidung für oder gegen die Nutzung einer neuen Technologie, insbesondere auf der Basis von Einschätzungen ihrer generellen Nützlichkeit und Bedienungsfreundlichkeit. Bisher wurde die Frage der Akzeptanz ambienter Technologien im Krankenhausumfeld und daraus resultierender Probleme nicht umfassend beantwortet.

Da die Akzeptanz von Technologien auch immer mit einem (individuellen) Nutzen verbunden ist, ist zunächst die Identifikation entsprechender Nutzenpotentiale erforderlich. Somit sind über die vorherrschende Art der (Technologie-)Akzeptanzforschung hinaus die verschiedenen Einsatzmöglichkeiten der Technologien mit dem medizinischen Personal aus dessen Sicht zu diskutieren.

Die Beantwortung der Frage nach den Nutzenpotentialen ambienter Technologien sowie der korrespondierenden Akzeptanzprobleme erfolgte konsequenterweise mit Hilfe eines Mixed Methods-Ansatzes. Somit ist der vorliegende Beitrag ein Erfahrungsbericht, wobei wir einem klassischen Mixed Methods-Design mit sequentieller Vorgehensweise (QUAL → QUAN) folgten (vgl. Teddlie/Tashakkori 2003b): In einem ersten Schritt wurden im Jahr 2007 qualitative Daten in Form von teilstrukturierten Experteninterviews erhoben, um besser auf die Aussagen der Befragten eingehen zu können (vgl. Bick et al. 2008). Dabei wurden die in den Krankenhäusern bestehenden potentiellen Einsatzgebiete moderner Informations- und Kommunikationstechnologien diskutiert und kritisch analysiert. Zudem konnten neue Nutzenpotentiale gemeinsam mit den Befragten identifiziert werden. Die Ergebnisse der Experteninterviews unterstreichen, dass hinsichtlich der Einschätzung der Nutzenpotentiale zahlreiche Einsatzgebiete von den Befragten negativ bewertet wurden, wodurch verstärkt Akzeptanzprobleme in den Vordergrund rückten. Dementsprechend wurden basierend auf den Ergebnissen der qualitativen Erhebung Hypothesen formuliert, die in einem weiteren Schritt zu verifizieren oder zu falsifizieren waren.

Aufgrund der mit dem Einsatz ambienter Technologien verbundenen impliziten Überwachungspotentiale wurden in einem zweiten Schritt im Jahr 2008 mögliche Ängste der Nutzer, die zu einer Ablehnung derartiger Technologien führen können, quantitativ untersucht (vgl. Kummer/Bick 2009). Demzufolge wurden solche Akzeptanzprobleme betrachtet, die vor der Einführung ambienter Technologien bestehen bzw. entstehen, und es wurde der Frage nachgegangen, ob diese Probleme einen Einfluss auf die Absicht zur Nutzung dieser Technologien haben. Die Hypothesen wurden mithilfe der Partial Least Squares (PLS)-Methode getestet. Da PLS zum Testen von Theorien herangezogen wird, die sich noch in einem frühen Entwicklungsstadium befinden, bot sich diese Methode an (vgl. Hair et al. 1998).

Der Erfahrungsbericht ist wie folgt aufgebaut: Zunächst wird eine kurze Einführung in den Untersuchungsgegenstand und die damit verbundenen begrifflichen und theoretischen Grundlagen gegeben (Abschnitt 2). Daran anschließend werden das Forschungsdesign sowie die Auswahl eines Mixed Methods-Ansatzes begründet (Abschnitt 3). Die beiden folgenden Abschnitte beschreiben jeweils die qualitative (Abschnitt 4) und die quantitative Erhebung (Abschnitt 5) und geben einen Einblick in die zentralen Ergebnisse der Studie. Der Beitrag schließt mit einer zusammenfassenden Diskussion aus der Perspektive des gewählten Mixed Methods-Ansatzes (Abschnitt 6).

## 2 Ambient Intelligence

In diesem Abschnitt wird zunächst der Begriff *Ambient Intelligence* definiert und von verwandten Begriffen abgegrenzt (Abschnitt 2.1). Ergänzend wird ein kurzer Überblick über die Technologien gegeben, die ambiente Systeme ermöglichen. Darauf aufbauend wird erläutert, wie ambiente Technologien im Gesundheitswesen eingesetzt werden können (Abschnitt 2.2). Dabei werden allgemeine Kategorien vorgeschlagen und gleichzeitig das Forschungsfeld eingegrenzt.

### 2.1 Definition

Der Begriff der Ambient Intelligence wurde ursprünglich von der European Union's Information Society Technologies Program Advisory Group (ISTAG) eingeführt (vgl. o. V. 1999). Dabei wurde eine technologische Entwicklung visionär beschrieben, bei der Informations- und Kommunikationssysteme in die Umwelt des Nutzers eingebettet sind und diesen nicht direkt sichtbar aus dem Hintergrund auf vielfältige Weise individuell unterstützen. Mehrere Objekte bilden dabei ein ambientes System, wobei das Verständnis eines Objektes sehr weit gefasst ist: Es kann von einem Sensor bis hin zu einem Laptop reichen. Ein ambientes System ist in der Lage, die Daten, die es aus der realen Welt aufnimmt, zu analysieren und darauf flexibel zu reagieren (vgl. Bohn et al. 2005, Regmagnino et al. 2005). Tab. 1 fast die wesentlichen Charakteristika ambienter Systeme zusammen. Ambi-

Tab. 1. Charakteristika ambienter Systeme nach Aarts (2004)

| vernetzt | Integration verschiedener Geräte zu einer ambienten Umgebung |
|---|---|
| **kontextspezifisch** | Erkennung der spezifischen Situation |
| **persönlich** | Orientierung an den individuellen Bedürfnissen des Nutzers |
| **adaptiv** | Flexible Anpassung der verfügbaren Geräte |
| **antizipativ** | Selbstständige Erkennung von Bedürfnissen |

ent Intelligence ist eng mit den Begriffen *Ubiquitous Computing* und *Pervasive Computing* verwandt und wird trotz inhaltlicher Unterschiede in der Literatur häufig synonym verwendet (vgl. Krcmar 2005).

Ambient Intelligence baut auf einer Vielzahl unterschiedlicher technologischer Entwicklungen auf, die erst in ihrer Summe ambiente Funktionen ermöglichen. Die folgende Auflistung orientiert sich an Krcmar (2005) und Fleisch (2001):

- *Rechenleistung*
  Dem Gesetz von Moore folgend verdoppelt sich die Anzahl der Transistoren alle 18 Monate (vgl. Moore 1965).

- *Miniaturisierung*
  Durch die stetigen Fortschritte in dem Bereich der Miniaturisierung können die eingebundenen Geräte kontinuierlich verkleinert werden.

- *Energiespeicherung*
  Die Entwicklung der Lithium-Ionen-Technologie ermöglichte es, Akkus zu verkleinern und gleichzeitig die Speicherkapazitäten zu erhöhen.

- *Vernetzung*
  Neue Netzwerke (wie Wireless LAN) wurden entwickelt und bestehende Netzwerke können effizienter eingesetzt werden, wodurch die Datentransfermengen erhöht werden können.

- *Materialien*
  Neue Materialien (wie speziell beschichtete Stoffe), die neuartige Funktionen ermöglichen, wurden entwickelt.

- *Sensoren*
  Durch Sensoren können Daten der Umwelt gesammelt und kommuniziert werden.

Diese technologischen Entwicklungen ermöglichten auch mobile Endgeräte, die im Zusammenhang mit Ambient Intelligence oftmals zur Systemsteuerung verwendet werden. Das mobile Gerät wird dabei innerhalb eines bestimmten ambienten Systems als Schnittstelle eingesetzt, um Datenein- und Datenausgaben zu realisieren.

## 2.2 Kategorien ambienter Unterstützung im Krankenhausumfeld

Im Arbeitsumfeld Krankenhaus können ambiente Technologien in zahlreichen Bereichen eingesetzt werden, um das Klinikpersonal, aber auch die Patienten zu unterstützen bzw. zu begleiten. Diese Anwendungsgebiete lassen sich in drei Bereiche kategorisieren (vgl. Bick et al. 2008): *Medizintechnische Geräte* (Abschnitt 2.2.1), *Telemedizin* (Abschnitt 2.2.2) sowie *Generelle Prozessunterstützung* (Abschnitt 2.2.3).

### 2.2.1 Medizintechnische Geräte

Die Geräte der Medizintechnik unterscheiden sich von anderen Investitions- und Konsumgütern durch ihren unmittelbaren, häufig invasiven Einsatz am Menschen. Häufig ist hiermit ein direkter Eingriff in die biologische Existenz des Betroffenen verbunden (vgl.

Backhaus 2004). Ambiente Systeme, die dieser Definition zuzuordnen sind, müssen die Behandlungs- bzw. die Therapiequalität erhöhen, neue Behandlungs- und Therapieverfahren ermöglichen oder der Prävention sowie Früherkennung dienen (vgl. Backhaus 2004). Beispiele für derartige Anwendungen sind Mikrosysteme, die in den Körper des Patienten implantiert werden, um dort den Hirndruck zu bestimmen (vgl. Ochsenbrücher et al. 2004). Da die Nutzungsmöglichkeiten solcher medizinischen Geräte sehr heterogen und direkt einer konkreten Behandlung zuzuordnen sind, kann eine Beurteilung nur über umfassende klinische Studien erfolgen.

*2.2.2 Telemedizin*

Im Bereich der Telemedizin steht die Übertragung von Patienteninformationen zum behandelnden Arzt oder zwischen Ärzten im Vordergrund. Informations- und Kommunikationstechnologien unterstützen die Übertragung medizinischer Informationen im Bereich der Diagnose, Behandlung und Forschung (vgl. Norris 2002). Der Gesundheitszustand des Patienten wird dabei über die Erhebung von Vitaldaten durch Sensoren überwacht. Als mögliches Szenario steht hier eine Effizienzsteigerung bei der Datenerhebung sowohl im Krankenhaus als auch bei Patienten zu Hause im Vordergrund, wobei letztere vom behandelnden Arzt mobil überwacht werden kann. Derartige Technologien werden bereits von verschiedenen Anbietern angeboten.

Durch den Einsatz ambienter Technologien kann die Telemedizin im Bereich der Datenerhebung entscheidend unterstützt werden. Statt der aufwendigen, selbstgesteuerten Ermittlung von Vitaldaten, erfolgt die Erhebung aus der Umgebung heraus, ohne dass die Patienten dadurch eingeschränkt werden (vgl. Barger et al. 2005, de Ruyter/Pelgrim 2007). Dieses sogenannte Patientenmonitoring kann in Krankenhäusern den Patienten eine freiere Bewegung ermöglichen oder Patientenverlegungen auf andere Stationen adäquat unterstützen (vgl. Bardram et al. 2006).

*2.2.3 Generelle Prozessunterstützung*

Im Gesundheitswesen und insbesondere im Arbeitsumfeld Krankenhaus beeinflussen eine Reihe von Besonderheiten die jeweiligen Arbeitsprozesse. So handelt es sich bei der Leistungserbringung um äußerst komplexe Dienstleistungen, die unter Verwendung eines hohen Maßes an Gruppenarbeit erbracht werden. Zudem ist das Arbeitsumfeld durch Flexibilität und Mobilität der Beschäftigten geprägt (vgl. Bardram et al. 2006).

Um vor allem die Arbeitsprozesse des medizinischen Personals zu unterstützen, können ambiente Technologien auf verschiedenste Arten eingesetzt werden. Aufgrund des im Gesundheitswesen vorliegenden Kostendrucks kann darauf abgezielt werden, die Behandlungseffizienz zu steigern, um somit die Kosten pro Patient zu senken. Gleichzeitig ermöglichen ambiente Technologien durch die Optimierung der korrespondierenden Prozesse auch eine Erhöhung der Behandlungsqualität. So stellt beispielsweise eine Optimierung des Materialmanagements sicher, dass stets die notwendigen Materialien, wie Tupfer oder Verbände verfügbar sind. Es stehen folglich Prozesse im Vordergrund, die sich nicht auf die Behandlung eines Krankheitsbildes reduzieren, sondern generell die Abläufe verbessern. Dabei handelt es sich um die Unterstützung sämtlicher repetitiver Aktivitäten, die das medizinische Personal durchführt. Diese umfassen unter anderem Problembereiche der Logistik, der Dokumentation, der Kommunikation und der Sicherheit.

## 3 Untersuchungsgegenstand

Obgleich das Konzept Ambient Intelligence inzwischen über zehn Jahre alt ist, bestehen noch immer in zahlreichen Bereichen erhebliche Forschungsdefizite. Einer dieser Bereiche ist die Wirkung ambienter Systeme und der damit verbundenen ethischen und sozialen Fragestellungen auf die Akzeptanz der Nutzer (vgl. Aarts/de Ruyter 2009). Gegenstand des Forschungsprojekts ist daher die Akzeptanz eines ambienten Systems im Krankenhausumfeld durch die potentiellen Nutzer. Dabei fokussieren wir auf die generelle Prozessunterstützung (Abschnitt 2.2.3), wobei Teilgebiete der Telemedizin (Abschnitt 2.2.2) miteinbezogen werden, wenn sich diese sinnvoll in eine Krankenhausumgebung integrieren lassen. Medizintechnische Geräte (Abschnitt 2.2.1) hingegen werden nicht näher betrachtet, da diese hinsichtlich ihrer Ausrichtung auf bestimmte Krankheiten im Rahmen umfassender klinischer Studien zu bewerten sind. Bedingt durch die Vielzahl an Tätigkeiten, die mit dem gewählten Fokus – generelle Prozessunterstützung – abgedeckt werden, konzentrieren wir uns im vorliegenden Beitrag insbesondere auf die mit der Medikation verbundenen Problemfelder sowie auf chirurgische bzw. stationäre Arbeitsbereiche im Krankenhaus.

Im Folgenden wird der Status Quo der Forschung zu diesem Gegenstandsbereich beschrieben. Neben einer generellen theoretischen Einordnung in Abschnitt 3.1 wird der aktuelle Stand der Akzeptanzforschung aufgezeigt (Abschnitt 3.2). Im Sinne der Zielsetzung des vorliegenden Beitrags wird zudem die Wahl eines sequentiellen Mixed Methods-Designs begründet (Abschnitt 3.3).

### 3.1 Theoretische Einordnung

Bei Technologien, die in einem betriebswirtschaftlichen Umfeld – wie einem Krankenhaus – eingesetzt werden, bestehen verschiedene Ebenen, die eine nachhaltige Implementierung und die damit Verbundene aktive Nutzung der beteiligten Personen beeinflussen (vgl. Bick et al. 2008). Es lassen sich vier Ebenen unterscheiden, die jeweils unterschiedliche Problembereiche und damit verbundene Forschungsfragen umfassen (Abb. 1).

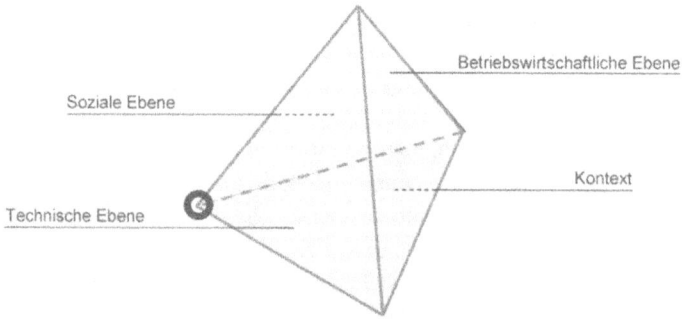

**Abb. 1.** Framework zur Einordnung des Forschungsgegenstands

Innerhalb der *technischen Ebene* werden die Möglichkeiten und Restriktionen einer Technologie betrachtet. Hier werden beispielweise Probleme der Integration in bestehende Systeme oder der Funktionalität untersucht. Die *betriebswirtschaftliche Ebene* hingegen betrifft Fragestellungen des ökonomischen Nutzens. So wird etwa die Wirtschaftlichkeit einer Technologie mittels Verfahren der Kostenrechnung oder auch der Investitionsrechnung bestimmt. Durch die *soziale Ebene* rücken die Menschen, die die Technologien nutzen bzw. nutzen werden, in den Vordergrund. Da das Arbeitsumfeld der beteiligten Menschen durch die Technologie verbessert werden soll, nehmen sie eine entscheidende Rolle ein. Hier werden zudem auch Fragen der Akzeptanz betrachtet, die zu einer Ablehnung oder einer Unterstützung bestimmter Technologien führen. Mit der *Kontextebene* wird die konkrete Situation des betreffenden Unternehmens – hier der untersuchten Krankenhäuser – beschrieben. Dabei ist eine Vielzahl an Faktoren zu berücksichtigen, wie die Größe des Unternehmens, die Unternehmenskultur sowie derzeitige relevante Projekte und Erfahrungen.

Verbindet man diese verschiedenen Ebenen miteinander, so entsteht das in Abb. 1 dargestellte Framework. Gegenstand des Forschungsprojekts ist der hervorgehobene Schnittpunkt, der die technische, die soziale und die Kontextebene miteinander verbindet. Ziel ist dabei eine Analyse der komplexen Schnittstellen zwischen Mensch, Aufgabe und Technik. Dies ist ein Feld, das nur unter Berücksichtigung der konkreten Akteure, ihren spezifischen Arbeitsumgebungen und der Arbeitsabläufe sinnvoll erschlossen werden kann. Denn auch wenn wichtige Parameter, wie die technische Ausstattung der Kliniken oder die definierten Aufgaben des Personals, feststehen, bedarf es einer Methodik, die nicht von modellhaften Idealen ausgeht, sondern die tatsächlichen klinischen Abläufe und die in der Praxis bestehende Komplexität der Interaktion von Mensch und Technik in Betracht zieht.

### 3.2 Akzeptanzmodelle

Trotz vielfältiger Anwendungsbeispiele für ambiente Technologien (vgl. o. V. 2006) bleibt die Frage der Akzeptanz dieser Technologien im Krankenhausumfeld sowie der daraus resultierenden Probleme weitestgehend unbeantwortet. Derzeit liegen keine Untersuchungen zur Akzeptanz ambienter Technologien im Gesundheitswesen vor. Einzig die Akzeptanz mobiler Technologien wurde betrachtet (vgl. Raitoharju 2007, Wu et al. 2007), wobei sich diese Studien vornehmlich auf Ärzte und nicht auf das Pflegepersonal konzentrieren. Dabei wurde die Benutzerakzeptanz neuer Technologien im Gesundheitswesen häufig unter Rückgriff auf das Technology Acceptance Model (TAM) bzw. TAM2 (vgl. Venkatesh/Davis 2000), die Theory of Planned Behavior (TBP) oder die Innovation Diffusion Theory (IDT) ermittelt (Tab. 2). Eine detaillierte Übersicht der Arbeiten in diesem Umfeld sowie der verwendeten Theorien ist u. a. in Raitoharju (2007) enthalten. Diese Modelle dienen innerhalb der Akzeptanzforschung als theoretisches Fundament.

TAM und TBP basieren beide auf der Theory of Reason Action (TRA) nach Fishbein/Ajzen (1975) und weisen daher inhaltliche Gemeinsamkeiten auf (vgl. Raitoharju 2007). Allerdings unterscheiden sich die Einflussfaktoren innerhalb der Modelle erheblich. Bei TAM wird die Nutzungsintention einer neuen Technologie durch die subjektiven Einschätzungen der Nützlichkeit sowie durch die subjektiv empfundene Bedienungsfreund-

Tab. 2. Übersicht ausgewählter Ansätze der Akzeptanzforschung

| Modell / Theorie | Zentrale Dimensionen | Zusammenfassung |
| --- | --- | --- |
| Technology Acceptance Model (TAM) (Davis 1989) | • Wahrgenommene Nützlichkeit<br>• Wahrgenommene Bedienbarkeit<br>• Nutzungsintention | Evaluierung der Akzeptanz mittels der subjektiven Einschätzung der Nutzer |
| Theory of Planned Behaviour (TBP) (Ajzen 1991) | • Verhaltenseinstellung<br>• Subjektive Norm<br>• Wahrgenommene Verhaltenskontrolle | Erklärungsansatz auf Basis der Einstellung eines Individuums sowie externer Umwelteinflüsse |
| Innovation Diffusion Theory (IDT) (Agarwal/Prasad 1998) | • Relativer Vorteil<br>• Komplexität<br>• Ausprobierbarkeit<br>• Beobachtbarkeit | Erklärungsansatz zur Verbreitung von Innovationen |

lichkeit erreicht (vgl. Davis 1989). TAM wurde in zahlreichen Bereichen eingesetzt, um die Akzeptanz von Technologien zu erklären. Dabei wurde das Modell auch oftmals um Erweiterungen ergänzt, die den Erklärungsgehalt vergrößern sollten (vgl. Agarwal/ Prasad 1999, Chen/Tan 2004 und Venkatesh/Davis 2000). Ong et al. (2004) erweitern TAM mit der wahrgenommenen Glaubwürdigkeit um eine Größe, die das Ausmaß erfasst, in der eine Person davon ausgeht, ein bestimmtes System sei frei von Bedrohungen für Sicherheit und Privatsphäre. Im medizinischen Bereich verwendeten insbesondere Hu (1999), Chau/Hu (2001), Chau/Hu (2002) und Yi et al. (2006) TAM bzw. dessen Erweiterungen.

Im Gegensatz dazu wird nach der TBP die Akzeptanz durch die Einstellung des Individuums sowie die wahrgenommene Einstellung Anderer (subjektive Norm) und die Möglichkeit, einen bestimmten Output durch den Einsatz von (wahrgenommenen) Fähigkeiten, Ressourcen oder Opportunitäten zu generieren (wahrgenommene Verhaltenskontrolle), untersucht. Beispiele für die Verwendung der TBP im Zusammenhang mit Informations- und Kommunikationstechnologien finden sich bei Brown/Venkatesh (2005) und Hsu/Chiu (2004). Im medizinischen Bereich sind hierbei insbesondere die Vergleiche verschiedener Modelle zu nennen (vgl. Chau/Hu 2001, Chau/Hu 2002), die die TBP direkt mit dem TAM vergleichen, sowie die Entwicklung integrierter Modelle, bei denen unter anderem sowohl Elemente aus TBP als auch TAM verwendet wurden (vgl. Yi et al. 2006).

Bei der IDT steht hingegen die Adaption von Innovationen im Vordergrund. Innovationen schließen sämtliche neue Produkte bzw. Dienstleistungen ein und sind nicht auf den technologischen Bereich beschränkt. Dem Ansatz folgend setzt sich eine Innovation schneller durch, wenn sich das Individuum einen Vorteil von der Nutzung verspricht, die Innovation eine geringe Komplexität aufweist und das Individuum die Möglichkeit hat, die Innovation selbst auszuprobieren oder auch vor dem Kauf anzuschauen. Zahlreiche Publikationen verwenden IDT im Zusammenhang mit Informations- und Kommunikationstechnologien, wie Agarwal/Prasad (1998), Chen et al. (2002) und Fichman (2001). Im medizinischen Bereich werden oftmals Elemente der IDT in integrierte Modelle überführt (vgl. Yi et al. 2006, Wu et al. 2007).

## 3.3 Motivation des Forschungsvorhabens

Die Vorteile und Nachteile qualitativer und quantitativer Forschung werden in der Literatur umfassend diskutiert (vgl. Jick 1979). Auch Einführungen in das Themenfeld Mixed Methods-Research finden vermehrt Verbreitung (vgl. Tashakkori/Teddlie 2003a, Teddlie/ Tashakkori 2008), weshalb auf eine allgemeine Einführung an dieser Stelle verzichtet wird. Da sich die Auswahl der adäquaten Forschungsmethode stets an der vorliegenden Forschungsfrage orientieren sollte, wird stattdessen dieser Aspekt in den Vordergrund gestellt.

Wie in Abschnitt 3.2 bereits erwähnt, besteht in der Akzeptanzforschung derzeit keine eindeutige Antwort auf die diesem Beitrag zugrundeliegende Forschungsfrage: *Welche Ängste bzw. Befürchtungen weisen einen Wirkungszusammenhang zur Nutzungsakzeptanz auf?* Um diese Forschungsfrage hinreichend zu beantworten, wurde ein klassisches Mixed Methods-Design mit sequentieller Abfolge der Forschungsmethoden (QUAL → QUAN) gewählt. Die gewählten Methoden und die damit verbundenen unterschiedlichen Perspektiven ergänzen sich gegenseitig, sodass sie – dem Konzept der Methodentriangulation folgend – nicht zuletzt die Schwächen der jeweils anderen Methode ausgleichen und die Validität der Ergebnisse verbessern. Abb. 2 stellt die Vorgehensweise innerhalb des Forschungsprojektes schematisch dar. Die einzelnen Bestandteile geben außerdem die Gliederung der Ausführungen der folgenden Abschnitte vor.

Da keine umfassenden Informationen vorliegen, welche Ängste und Befürchtungen in Bezug auf ambiente Technologien im Krankenhausumfeld existieren und wie diese konkret beschaffen sind, wurde zunächst ein qualitativer Feldzugang gewählt, um im Entdeckungszusammenhang ein Verständnis für die Arbeitsprozesse zu gewinnen und durch die Diskussion mit Personen aus dem Krankenhausumfeld Unterstützungspotentiale zu identifizieren. Zudem sollten die konkreten Ängste und Befürchtungen in diesem Zusammenhang erfasst werden, um ein tiefes Verständnis für die Problembeschaffenheit zu gewinnen und Hypothesen über die Wirkungszusammenhänge zu entwickeln. Als Zielgruppe standen hierbei das medizinische Personal, konkret Ärztinnen und Ärzte sowie Pflegekräfte in Führungspositionen, im Vordergrund (Abschnitt 4.1.1).

In dem darauf aufbauenden quantitativen Forschungsdesign wurden die Hypothesen für ein ausgewähltes Szenario – die Medikationsunterstützung – mittels eines Fragebogens getestet. Befragt wurden Pflegekräfte im zweiten und dritten Ausbildungsjahr, die Erfahrung in diesem Anwendungsbereich aufweisen (Abschnitt 5.1.1).

Die Vorteile dieser Vorgehensweise liegen darin, dass zwei unterschiedliche Methoden mit zwei unterschiedlichen Gruppen von Befragten in einem sequenziellen Forschungsablauf kombiniert werden. Aufgrund der Unterschiede hinsichtlich der jeweiligen Zielgruppe und Fragestellung wurden sowohl ein qualitativer als auch ein anschließender quantitativer Zugang gewählt. Während die qualitative Erhebung die Wirkungszusammenhänge mithilfe des Führungspersonals identifiziert, wird gleichzeitig eine Einschätzung für das weitere medizinische Personal eingeholt. Diese wird daraufhin mittels Berufsanfängerinnen und Berufsanfängern überprüft. Dadurch wird die Wahrscheinlichkeit eines Common-Method-Bias entscheidend verringert und die Validität der Ergebnisse erheblich erhöht (vgl. Podsakoff et al. 2003).

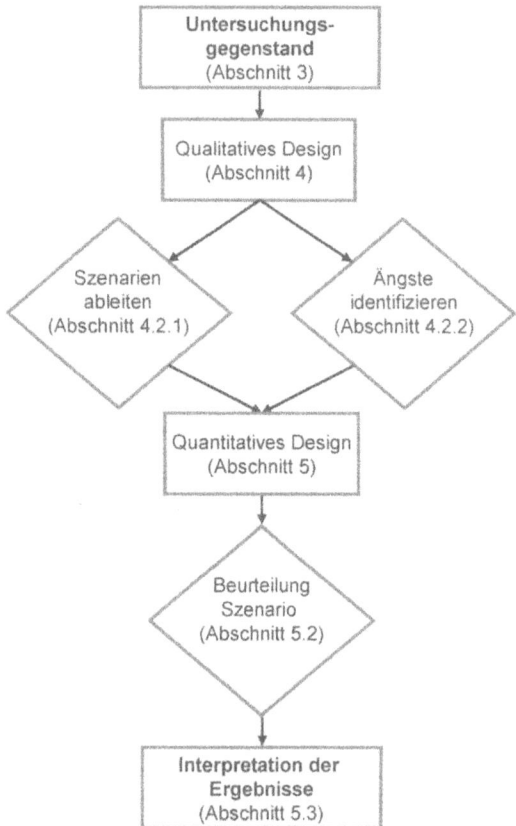

**Abb. 2.** Schematische Darstellung des Forschungsdesigns

Dem Forschungsdesign folgend können die jeweiligen Erhebungen durchaus auch getrennt betrachtet werden. Im Sinne eines Mixed Methods-Ansatzes besteht der zentrale Vorteil jedoch darin, die separat gewonnenen Ergebnisse miteinander in Beziehung zu setzen bzw. zu integrieren. In diesem Zusammenhang wird auch von Inferenz (vgl. Teddlie/Tashakkori 2003b), Konvergenz (vgl. Erzberger/Kelle 2002) bzw. Triangulation (vgl. Lamnek 2005, Erzberger/Kelle 2002) gesprochen.

## 4 Qualitative Datenerhebung

Die qualitative Datenerhebung erfolgte im Rahmen des Forschungsprojekts *Ambient Intelligence in Medical Environments and Devices (AIMED)*, welches vom 1.4.2007 bis zum 31.12.2007 durchgeführt und durch Mittel der TSB Technologiestiftung Innovationszentrum Berlin finanziert wurde (vgl. Bick et al. 2008). Ziel der qualitativen Datenerhebung war es, die in den Krankenhäusern bestehenden potentiellen Einsatzgebiete zu identifizieren und die aufgezeigten Ambient Intelligence-Anwendungen kritisch zu analysieren. Der Einsatz qualitativer Forschungsmethoden stellt in Bezug auf eine derartige Analyse moderner Informations- und Kommunikationstechnologien im medizinischen Umfeld einen geeigneten Ansatz dar (vgl. Friedman/Wyatt 2006). Dementsprechend wurde ein explorativer Zugang gewählt, um an das Forschungsfeld heranzutreten und neue Erkenntnisse bezüglich der komplexen Fragestellungen zu gewinnen (vgl. Lamnek 2005). Somit eröffnet sich die Möglichkeit, Erfahrungen und Einschätzungen zu neuen Technologien in das Forschungsprojekt zu integrieren und dadurch adäquate Anwendungspotentiale zu identifizieren (vgl. Lehner 1995).

### 4.1 Methodik

Qualitative Feldforschung weist zahlreiche Besonderheiten auf, weshalb spezifische Erfordernisse an die Güte der Untersuchung gestellt werden (vgl. Brühl/Buch 2006, Wrona 2006). Da die genauen Umstände, die zu Beginn des Forschungsprozesses vorlagen, nicht reproduziert werden können und folglich eine „klassische" (quantitative) Reliabilität nicht erreicht werden kann, kommt der intersubjektiven Nachvollziehbarkeit des Forschungsprozesses eine entscheidende Bedeutung zur Bewertung der Ergebnisse zu, weshalb stets der Forschungsprozess ausführlich dokumentiert werden muss (vgl. Steinke 2004). Im Folgenden werden daher die Methodik sowohl der Datenerhebung als auch der Datenanalyse ausführlich dargestellt.

*4.1.1 Datenerhebung*

Die Datenerhebung erfolgte im Zeitraum zwischen dem 1.6.2007 und dem 31.10.2007 auf Basis semi-strukturierter Einzelinterviews, die unter Zuhilfenahme eines zuvor erstellten Interviewleitfadens von jeweils zwei Personen gemeinsam geführt wurden (vgl. Bick et al. 2008). Diese Vorgehensweise wurde angesichts der komplexen Abläufe in Krankenhäusern gewählt, um einerseits keine Antwortmöglichkeiten vorzugeben und andererseits die freien Assoziationen und Wünsche der Befragten erfassen zu können. Um die Validität der Auswertung zu gewährleisten, haben die Interviewer stets in Anlehnung an Bortz/Döring (2006) nach dem Interview ihre Eindrücke der Interviewsituation protokolliert und später bei der Kodierung abgeglichen.

In der vorliegenden Untersuchung wurde auf das Verfahren des theoretischen Samplings zurückgegriffen, um die externe Validität zu erhöhen. Dabei werden Untersuchungen in unterschiedlichen Situationen mit minimalem und maximalem Kontrast durchgeführt. Denn je unterschiedlicher oder genereller die Fälle sind, desto einfacher ist eine Übernahme und desto höher ist die externe Validität (vgl. Strauss/Corbin 1996, Goulding 2002 sowie Wrona 2006). Im vorliegenden Fall wurde insbesondere bei der Krankenhausauswahl sowie bei der Wahl der Interviewpartner versucht, einen maximalen Kontrast zu erreichen.

Für die Datenerhebung wurden drei Krankenhäuser ausgewählt, die sich erheblich in Größe, Aufbau und Organisation unterscheiden. Als Untersuchungsgegenstand wurden Prozesse chirurgischer Fachabteilungen gewählt, da diese häufig eine zentrale Abteilung eines Krankenhauses sind und einen erheblichen Teil der Kosten verursachen. Zudem sind die Prozesse stark standardisiert und bieten sich somit für eine ambiente Unterstützung an. Alle untersuchten Kliniken gehören zu Krankenhäusern, die über eine Notaufnahme/Rettungsstelle verfügen. Dementsprechend stark beeinflusst die Notfallversorgung die Planung des Klinikalltags und erfordert zu jeder Zeit ausreichend Ressourcen, die flexibel verfügbar sein müssen. Die Größe der beteiligten Stationen in den Krankenhäusern ist mit jeweils ca. 30 Betten vergleichsweise homogen. Die Aufgabenverteilung innerhalb der chirurgischen Abteilung in den Krankenhäusern wies teilweise Unterschiede auf, die in der Datenerhebung berücksichtigt wurden. Insgesamt wurden 16 Experteninterviews mit dem Personal der drei Kliniken geführt. Bei der Auswahl der Interviewpartner wurde darauf geachtet, dass sowohl Ärzte als auch Pflegepersonal verschiedener Ebenen und verschiedener Aufgabenbereiche berücksichtigt wurden. Die Positionen der einzelnen Gesprächspartner einer Klinik entsprachen nach Möglichkeit denen in den anderen Kliniken. Zudem wurde überwiegend mit Personen in Leitungsfunktionen gesprochen, da hier ein besserer Überblick über die Struktur und die Organisation der Arbeitsabläufe unterstellt wurde. Darüber hinaus kennen diese Personen zusätzlich zu ihren Tätigkeiten den Aufgabenbereich der zugeordneten Mitarbeiter, wodurch insgesamt ein breites Spektrum an Tätigkeitsfeldern der Erhebung zugrunde gelegt wurde. In Tab. 3 sind alle Interviewpartner bezüglich ihrer Funktion und Position aufgeführt. Alle Gesprächspartner wurden in ihrem Arbeitsumfeld befragt. Die Hintergründe und Ziele des Forschungsprojekts wurden allen Teilnehmern zuvor erläutert. Die Interviews wurden digital aufgezeichnet und anschließend wortgenau transkribiert.

Tab. 3. Liste der Interviewpartner nach Funktion und Position

| Krankenhaus | Interviewpartner |
|---|---|
| **Klinik 1**<br>Öffentliches Krankenhaus<br>sehr groß | • Chefarzt<br>• Stellvertretender Chefarzt (OP-Koordination)<br>• Oberarzt<br>• Stationsarzt<br>• Leitende Stationspflegekraft<br>• Leitende OP-Pflegekraft |
| **Klinik 2**<br>Privates Krankenhaus<br>mittlere Größe | • Chefarzt<br>• Oberarzt<br>• Chefarztsekretariat<br>• Fallmanager<br>• Leitende Stationspflegekraft<br>• Leitende OP-Pflegekraft |
| **Klinik 3**<br>Privates Krankenhaus<br>klein | • Oberarzt<br>• Stationsarzt<br>• Pflegedienstleitung<br>• OP-Pflegekraft |

Alle Interviews begannen mit allgemeinen Fragen über die bisherigen Erfahrungen mit Informations- und Kommunikationstechnologien im Arbeitsumfeld sowie über die Bereiche, in denen der Befragte für sich und die zugeordneten Mitarbeiter eine Erweiterung der Technologieunterstützung als sinnvoll erachten würde. Anschließend wurden Anwendungen für ambiente Technologien erläutert und die persönliche Einschätzung detailliert erfragt. Um der Problematik zu entgehen, dass technologisch wenig erfahrene Nutzer die Funktionsweise komplexer Technologien nicht einschätzen können, wurden stets konkrete Anwendungen mit direktem Bezug zum Arbeitsumfeld vorgestellt, wobei auf die Verwendung von Fachbegriffen (wie Ambient Intelligence) verzichten wurde. Es ist daher davon auszugehen, dass alle Befragten die korrespondierenden Nutzenpotentiale beurteilen konnten.

Ein stetiges Problem empirischer Sozialforschung umfasst den Antwortbias zwischen den abgegebenen Antworten und den tatsächlichen Ansichten des Befragten. So ist es beispielsweise möglich, dass ein Befragter eine Technologie bewusst negativ bewertet, da er befürchtet, diese könnte seinen Arbeitsplatz bedrohen. Um dieser Gefahr von strategischen Antworten und dem daraus folgenden Antwortbias zwischen tatsächlicher und kommunizierter Einschätzung zu entgehen, wurde ein möglichst hoher Kontrast bei den verschiedenen Funktionen, Positionen und Krankenhäusern angestrebt. Durch den Abgleich der Antworten mit denen von anderen Befragten konnte der mögliche Antwortbias unter Berücksichtigung des jeweiligen Kontextes explizit herausgearbeitet werden. Zudem wurde stets darauf geachtet, ob aus der Interviewsituation heraus Anzeichen folgten, die dem Interviewpartner einen begründeten Anlass gaben, „verzerrte" Aussagen zu treffen, die nicht seinen sonstigen Handlungen oder Einstellungen entsprechen (vgl. Wrona 2006).

*4.1.2 Datenauswertung*

Die Auswertung der Daten folgte den Schritten der Grounded Theory (vgl. Strauss/ Corbin 1996, Strauss/Corbin 1998), die auch als gegenstandsverankerte Theoriebildung bezeichnet wird. Dieser Ansatz zeichnet sich vor allem durch das Paradigma der *theoretischen Offenheit* aus: Der weitgehende Verzicht auf vorformulierte Hypothesen ist dabei zentral für den qualitativen Forschungsverlauf. Das Ziel einer gelungenen qualitativen Forschung ist es, im Zuge der Datenerhebung (also auf der Grundlage des gewonnenen Materials) Fragen und Hypothesen zu entwickeln, die durch die interviewten Akteure im Feld selbst induziert und gestützt werden. Somit erschließt die Grounded Theory die Konzepte und Theorien der Befragten selbst und macht sie einer systematischen Analyse zugänglich (vgl. Strauss/Corbin 1998).

Dementsprechend wurden die Aussagen der Befragten zunächst entlang zentraler, im Gespräch aufkommender Problemstellungen und Konzepte kodiert. Unter Zuhilfenahme der Software Atlas.ti Version 5.2 wurden Textpassage und Kode verknüpft und die so kodierten Aussagen mittels Sortier- und Filterfunktionen für die spätere vergleichende Analyse zugänglich gemacht. Um die Materialbegründetheit und die Nachvollziehbarkeit der Untersuchung zu erhöhen, wurden zudem In-Vivo-Codes für die Kodierung verwendet, da sich diese besonders dicht am Ausgangsmaterial orientieren und Interpretationsspielräume verringern (vgl. Steinke 2004, Wrona 2006).

In Bezug auf die Identifikation von Kausalitäten ergeben sich grundsätzlich Probleme hinsichtlich der Eindeutigkeit empirischer Phänomene. Um dieses Problemfeld einzuschränken und die interne Validität zu erhöhen, wird innerhalb der Grounded Theory oftmals auf eine Art Falsifikationslogik zurückgegriffen, bei der beispielsweise in Form von Diskussionsgruppen systematisch nach Evidenz und Gegenevidenz der verwendeten Kodierung im Datenmaterial gesucht wird (vgl. Strauss/Corbin 1996, Goulding 2002). Zudem stellt die Interpretation in Gruppen eine zentrale Möglichkeit dar, die Nachvollziehbarkeit qualitativer Forschung zu erhöhen. Dabei kommt in einer diskursiven Form die Herstellung von Intersubjektivität sowie Nachvollziehbarkeit durch den expliziten Umgang mit den erhobenen Daten und deren Interpretation zustande (vgl. Steinke 2004). Dementsprechend wurden zunächst zwei voneinander unabhängige Kodes entwickelt und während der Lektüre des Interviews handschriftlich neben den konkreten Aussagen innerhalb der Transkripte vermerkt. Nach einer Diskussion der beiden Kodierungen sowie dem Abgleich der als relevant erachteten Begriffe und Konzepte wurde ein gemeinsames Set an Kodes festgelegt, welches in Atlas.ti überführt wurde. Dadurch wurde deutlich, welche Fragen und Probleme gehäuft auftreten und welche klinikspezifisch sind. In einem weiteren Schritt wurden die Kodes erneut zu Gruppen zusammengefasst und zu konkreten Fragestellungen und Hypothesen verdichtet. Dieses Verfahren, in dem sich Datenerhebung und Datenauswertung parallel entwickeln, geht mit einer wiederholten Verschiebung der Fragen und somit auch oft mit veränderten Schwerpunkten in nachfolgenden Interviews einher. Eventuelle Informations- und Kodierungslücken in frühen Interviews wurden durch nachträgliche telefonische Rücksprache mit den ersten Gesprächspartnern geschlossen.

### 4.2 Ergebnisse der qualitativen Erhebung

Wie in Abschnitt 3 aufgezeigt (Abb. 2), war das Ziel der qualitativen Erhebung einerseits die Identifikation und Beurteilung von Szenarien durch die Befragten (Abschnitt 4.2.1). Andererseits sollten die Ängste im Zusammenhang mit ambienten Technologien erfasst und systematisiert werden (Abschnitt 4.2.2).

*4.2.1 Entwicklung und Beurteilung von Szenarien*

Die diskutierten Szenarien können drei Kategorien zugeordnet werden: Anwendungsfelder, die insgesamt *überwiegend positiv* beurteilt wurden, Anwendungsfelder, die sowohl *positiv als auch negativ* bewertet wurden, und Anwendungsfelder, die *überwiegend negativ* eingeschätzt wurden. In Tabelle 4 werden die zentralen Ergebnisse nach diesem Schema zusammengefasst:

**Tab. 4.** Einsatzgebiete und Anwendungsbeispiele ambienter Unterstützung

| Beurteilung | Einsatzgebiet | Anwendungsbeispiel |
|---|---|---|
| Kategorie 1 überwiegend positive Beurteilung | • Kommunikationsunterstützung | • kontextspezifische Anruffilterung |
| | • Logistik | • Vollständigkeitsprüfung OP-Siebe |
| | • Objektortung | • Lokalisierung von Tupfern im Rahmen operativer Eingriffe |
| | • Behandlungspfadunterstützung | • Anordnung und Erinnerung an Standardbehandlungen |
| Kategorie 2 uneindeutige Beurteilung | • Patientenidentifikation | • Vermeidung von Fehlbehandlungen |
| | • Authentifikation | • Unterstützung bei An- und Abmeldeprozessen im Krankenhausinformationssystem |
| | • Personenortung | • Lokalisierung von Patienten |
| | • Patientenmonitoring | • Messung der Patientenmobilität |
| Kategorie 3 überwiegend negative Beurteilung | • Personenortung | • Lokalisierung von Personal |
| | • Objektortung | • Unterstützung bei der Suche nach medizinischen Geräten |
| | • Patientenmonitoring | • Erhebung von Vitaldaten |

Die Einsatzgebiete der **ersten Kategorie** wurden von den Befragten eigenständig vorgeschlagen oder, nachdem sie diskutiert wurden, sehr positiv beurteilt. Hierbei handelt es sich um Potentiale in sehr speziellen, eindeutig definierten Anwendungsgebieten. Diese positiven Einschätzungen der Befragten, die auch argumentativ stichhaltig und nachvollziehbar waren, weisen nur ein geringes Risiko für einen Antwortbias auf. Bei näherer Betrachtung der Anwendungsfelder ist besonders die angeführte Argumentation zur positiven Beurteilung der *Objektortung* hervorzuheben. Dabei steht jedoch nicht die direkte Patientensicherheit im Vordergrund. Die Befragten empfinden vielmehr die derzeit bestehenden Kontrollen als sehr aufwendig. Ein mögliches ambientes System sollte daher mit Sicherheit den Verbleib von Gegenständen im Patienten ausschließen. Alternativ wurde vorgeschlagen, in einem ersten Schritt ambiente Technologien zur Verbesserung der bestehenden Abläufe einzusetzen und somit Zähl- und Suchvorgänge zu unterstützen. Bezüglich der *Behandlungspfadunterstützung* erfolgte eine breite Zustimmung. Allerdings wurde seitens der Ärzte betont, dass ein solches System nicht die vollständige Leitung des Patienten innerhalb des Behandlungspfads übernehmen dürfe, sondern vielmehr unterstützend hinzugezogen werden sollte. Diese Zuordnung umfasst daher vor allem die verbesserten Möglichkeiten zur Delegation von „Standard-Entscheidungen" an Pflegekräfte und die damit verbundene Arbeitsentlastung der Ärzte.

In der **zweiten Kategorie** sind weniger eindeutige Bewertungen der Befragten zusammengefasst, die einer genaueren Analyse bedürfen. Ablehnende Beurteilungen können zum einen damit begründet werden, dass die Befragten die ambiente Unterstützung dieser Einsatzgebiete tatsächlich als nicht sinnvoll erachten. Allerdings kann diese ablehnende Haltung auch Ausdruck nicht gegebener Akzeptanz sein. Wegen dieses möglichen Antwortbias müssen jeweils der Kontext und die Aussagen anderer Gruppen von Befragten mit berücksichtigt werden. So differieren bezüglich der *Patientenidentifikation* die Ergebnisse zwischen den einzelnen Kliniken stark. In dem sehr großen öffentlichen Krankenhaus, in dem bereits Barcodes zur Patientenidentifikation eingesetzt werden, ist die Beurteilung der Sensortechnik inklusive der Verknüpfung zur elektronischen Patientenakte trotz der Hinweise auf mögliche Akzeptanzschwierigkeiten durch den Patienten insgesamt positiv. Demgegenüber wurde dieses Szenario in den anderen beiden Kliniken eher negativ bewertet. Hier überwogen die Bedenken hinsichtlich des Datenschutzes und des Eingriffs in die Privatsphäre des Patienten. Zusätzlich wurden häufig Befürchtungen geäußert, der persönliche Kontakt zwischen Patient und Arzt bzw. Pflegekraft könne verloren gehen. Dieses Ergebnis ermöglicht verschiedene Interpretationen. So liegt die Vermutung nahe, dass die entsprechenden Nutzenpotentiale von den Befragten nicht erkannt wurden. Konsequenterweise erscheint die Akzeptanz ambienter Technologien in diesem Anwendungsbereich bei Krankenhäusern, die noch keinerlei Erfahrung mit der automatischen Patientenidentifikation haben, kaum gegeben zu sein. Die *Authentifikation* wurde krankenhausübergreifend, insbesondere hinsichtlich der An- und Abmeldeprozesse, von den Stationspflegekräften problematisiert. Allerdings stellt sich hier die Frage, ob ambiente Technologien geeignet sind, eine Verbesserung für die Beschäftigten zu gewährleisten oder ob nicht eine Ergänzung der IT-Infrastruktur ausreichend wäre. Die Befragten äußerten sich hierzu sehr heterogen, weshalb keine eindeutige Aussage getroffen werden kann. Ähnlich ambivalent fielen die Ergebnisse hinsichtlich der *Lokalisierung von Patienten* über Sensoren aus. Hier äußerten sich alle Befragten zunächst negativ und verwiesen auf starke Akzeptanzprobleme bei den Patienten. Fast alle Befragten befürworteten jedoch in diesem Zusammenhang den Einsatz ambienter Technologien zur Erhöhung der Sicherheit von räumlich und zeitlich desorientierten Patienten. Dieses Einsatzgebiet ist allerdings sehr beschränkt. Hinsichtlich des *Patientenmonitorings* wurde die sensorische Mobilitätsmessung von Patienten wiederholt von Ärzten positiv bewertet. Allerdings vermuteten zahlreiche Ärzte, die Kosten für ein solches System zum Patientenmonitoring würden in einem schlechten Verhältnis zum tatsächlichen Nutzenpotential stehen.

Die **dritte Kategorie** enthält Anwendungsfelder, die insgesamt sehr negativ bewertet wurden. Auch hier muss ein möglicher Antwortbias bei der Interpretation aufgrund nicht gegebener Akzeptanz berücksichtigt werden. So wurde die *Lokalisierung* von Personal grundsätzlich abgelehnt. Es wurde angeführt, die damit verbundenen Überwachungs- und Kontrollmöglichkeiten würden in einem ungünstigen Verhältnis zu der praktischen Relevanz des Problems stehen. Sämtliche Befragten äußerten sich zudem negativ zu einer *Lokalisierung von medizintechnischen Geräten* und *medizinischen Verbrauchsmaterialien*. Da diese in der Regel an fest definierten Orten aufzufinden seien, ist nach Einschätzung der Befragten auch keine Suche mit der Beschaffung dieser Gegenstände verbunden. Da diese Aussagen in sämtlichen Häusern und von sämtlichen Befragten erfolgten, scheinen die Antworten auch die tatsächlichen Gegebenheiten widerzuspiegeln. Gleiches gilt für die Erhebung von Vitaldaten im Rahmen des *Patientenmonitorings*, die von den Befragten in sämtlichen Krankenhäusern negativ beurteilt wurde, da die permanente Erhebung von Vitaldaten lediglich auf der Intensivstation relevant sei. Allerdings herrscht hier strenge Bettruhe, so dass die herkömmliche Erhebung der entsprechenden Daten ausreichend sei.

*4.2.2 Systematisierung der identifizierten Ängste*

Neben den identifizierten Nutzungspotentialen wurden seitens der Befragten verschiedene Ängste geäußert, die im Zusammenhang mit der Nutzung derartiger Technologien stehen. Diese Ängste begleiten alle der zuvor identifizierten und kategorisierten Einsatzgebiete, wenngleich in unterschiedlichem Maße. Im Sinne der explorativen Studie erfolgt im weiteren Verlauf eine erste Klassifizierung dieser Ängste.

Im Gegensatz zu Ong et al. (2004), von denen mit der wahrgenommenen Glaubwürdigkeit ein eher allgemeines Konstrukt entwickelt wurde, um subjektive Bedrohungen der potentiellen Nutzer eines Systems zu erfassen (Abschnitt 3.2), haben wir innerhalb der Datenerhebung konkrete Ängste identifiziert, die unterschiedlich begründet wurden und diverse inhaltliche Aspekte widerspiegeln. Die identifizierten Ängste lassen sich ebenfalls drei Gruppen zuordnen (Tab. 5):

**Tab. 5.** Systematisierung der identifizierten Ängste

| Generelle Angst | Konkrete Befürchtung | Beispiel |
|---|---|---|
| Ängste in Zusammenhang mit der Technologie | • Überforderung durch die Technologie | • Bedienung eines mobilen Endgeräts könnte zu kompliziert sein |
| | • Abhängigkeit von der Technologie | • Unvermögen selbstständig zu reagieren, wenn das System ausfällt |
| | • Verletzung ethischer Werte | • Eingriff in die Privatsphäre |
| | • Technologisierung des Arbeitsplatzes | • Persönliche Komponente der Behandlung geht verloren |
| Ängste in Zusammenhang mit der Arbeitssituation | • Substitution des Arbeitsplatzes | • Einsparung von Personal aufgrund des Systems |
| | • Mehrarbeit | • Zusätzliche Aufgaben durch das System, die die Arbeitszeit insgesamt verlängern |
| | • Zusätzliche Belastung | • Das System erschwert die bestehende Arbeit und macht die Erledigung von Aufgaben komplizierter |
| | • Negative Konsequenzen | • Die Einführung eines derartigen Systems bringt insgesamt negative Auswirkungen mit sich |
| Ängste in Zusammenhang mit Überwachung | • Keine Möglichkeit sich der Überwachung zu entziehen | • Aufzeichnung intimer Vorgänge, wie die Nutzung sanitärer Einrichtungen |
| | • Keine Kenntnis darüber, welche Informationen aufgezeichnet werden | • Keine Kenntnis darüber, ob das System gerade aktiv ist und Informationen sammelt |
| | • Bloßstellung | • Private bzw. intime Daten werden weitergegeben |
| | • Keine Möglichkeit gespeicherte Daten zu verändern | • Fälschlicherweise aufgezeichnete Daten können nicht nachträglich korrigiert werden |

- *Ängste in Zusammenhang mit der Technologie*
  Innerhalb dieser Gruppe wurden jene Ängste fokussiert, die aus dem zunehmenden Einsatz von Technologien resultieren. Dies sind zum einen die generelle Ablehnung bzw. ein grundsätzliches Vertrauen in Technologien. Zum anderen sind es aber auch Befürchtungen, dass ambiente Technologien die persönliche Komponente der medizinischen Behandlung negativ beeinflussen.

- *Ängste in Zusammenhang mit der Arbeitssituation*
  Diese Gruppe spiegelt Ängste wider, die sich aus einer möglichen Veränderung innerhalb des Arbeitsumfelds bzw. der Arbeitsprozesse ergeben. Dies ist vor allem die Angst vor einem Verlust des Arbeitsplatzes, aber auch die Befürchtung zusätzlicher Arbeitsbelastungen. Zudem wurden Befürchtungen hinsichtlich möglicher Einschränkungen, wie individueller Entscheidungsfreiräume, dieser Gruppe zugeordnet.

- *Ängste in Zusammenhang mit Überwachung*
  Mit dieser Gruppe wurde insbesondere auf die Besonderheit ambienter Technologien eingegangen, die seitens der Anwender als Eingriff in die Privatsphäre gewertet wurden.

4.3 Ableitung von Hypothesen

Die Ableitung von Hypothesen markiert den Übergang vom qualitativen hin zum quantitativen Forschungsdesign und stellt somit eine Brücke zwischen beiden Forschungsprozessen des Mixed Methods-Projekts dar. Aufbauend auf den im vorangegangenen Abschnitt erläuterten Ängsten und Befürchtungen wurden hypothetische Wirkungszusammenhänge abgeleitet. Dabei wurde der *Angst vor neuen Technologien*, die die beiden anderen Ängste (Tab. 5) aufgrund der enthaltenden generellen Einschätzung der Technologie und den damit verbundenen ethischen Aspekten beeinflusst, eine zentrale Stellung eingeräumt. Die beiden anderen Ängste – *Überwachungsangst* und *Angst vor Verschlechterung der Arbeitsbedingungen* – können daher als Konkretisierungen der allgemeinen Angst vor neuen Technologien angesehen werden. Die Überwachungsangst wiederum hat Auswirkungen auf die Angst vor Veränderungen der Arbeitsbedingungen, da sie beispielsweise eine negative Veränderung in Hinblick auf Mehrarbeit implizieren kann.

Um die Auswirkungen dieser Ängste auf die Akzeptanz zu bestimmen, wurden vier zentrale Elemente aus TAM bzw. TAM2 übernommen: *Wahrgenommene Nützlichkeit*, *Relevanz*, *Freiwilligkeit* und *Nutzungsintention*, da diese Konstrukte auch in der qualitativen Erhebung von zentraler Bedeutung waren und zudem mehrfach in der Literatur bestätigt wurden (Abschnitt 3.2). Ziel des quantitativen Designs war es, die Auswirkung der drei Ängste auf diese vier Elemente zu bestimmen. Allerdings wurde in der quantitativen Erhebung deutlich, dass aufgrund der Korrelation der Konstrukte *Wahrgenommene Nützlichkeit* und *Relevanz* sowie *Nutzungsintention* und *Freiwilligkeit* inhaltlich zusammengehören. So stellen *Relevanz* und *Freiwilligkeit* jeweils Facetten der *Wahrgenommenen Nützlichkeit* bzw. der *Nutzungsintention* dar, weshalb die ursprünglichen Hypothesen zusammengefasst werden konnten (Abschnitt 5.1.1). Hieraus ergeben sich folgende Definitionen für die beiden Konstrukte innerhalb des quantitativen Forschungsdesigns:

- *Wahrgenommene Nützlichkeit*
  Dieses Konstrukt beschreibt das Ausmaß, in dem das System als nützlich und für die Berufsausübung relevant angesehen wird.

- *Nutzungsintention*
  Die Nutzungsintention beschreibt das Ausmaß, in dem die Befragten bereit sind, das System tatsächlich freiwillig zu nutzen.

In Tab. 6 sind die finalen Hypothesen aufgelistet. Dabei wird davon ausgegangen, dass sich die Ängste untereinander verstärken und daher einen positiven Einfluss aufeinander ausüben. Da die Ängste die wahrgenommene Nützlichkeit und die Nutzungsintention reduzieren, ist dieser Wirkungszusammenhang negativ. Im Gegensatz dazu steigert die wahrgenommene Nützlichkeit die Nutzungsintention, weshalb von einem positiven Zusammenhang ausgegangen wird. Die quantitative Prüfung der Hypothesen wird im folgenden zweiten Teil des Forschungsprozesses erläutert.

**Tab. 6.** Übersicht der finalen Hypothesen

| H1 | Ängste vor neuen Technologien haben einen signifikant positiven Einfluss auf die Überwachungsängste. |
|---|---|
| H2 | Ängste vor neuen Technologien haben einen signifikant positiven Einfluss auf die Angst vor einer Verschlechterung der Arbeitsbedingungen. |
| H3 | Ängste vor neuen Technologien haben einen signifikant negativen Einfluss auf die wahrgenommene Nützlichkeit. |
| H4 | Ängste im Zusammenhang mit neuen Technologien haben einen signifikant negativen Einfluss auf die Nutzungsintention. |
| H5 | Überwachungsängste haben einen signifikant positiven Einfluss auf die Angst vor veränderten Arbeitsbedingungen. |
| H6 | Überwachungsängste haben einen signifikant negativen Einfluss auf die wahrgenommene Nützlichkeit. |
| H7 | Überwachungsängste haben einen signifikant negativen Einfluss auf die Nutzungsintention. |
| H8 | Ängste vor einer Verschlechterung der Arbeitsbedingungen haben einen signifikant negativen Einfluss auf die wahrgenommene Nützlichkeit. |
| H9 | Ängste vor veränderten Arbeitsbedingungen haben einen signifikant negativen Einfluss auf die Nutzungsintention. |
| H10 | Die wahrgenommene Nützlichkeit hat einen signifikant positiven Einfluss auf die Nutzungsintention. |

## 5 Quantitative Datenerhebung

Gegenstandsbereich des quantitativen Designs ist es, die entwickelten Hypothesen (Abschnitt 4.3) für ein konkretes Szenario zu testen, um Kenntnisse über die Wirkungszusammenhänge von Ängsten und Befürchtungen im Zusammenhang von ambienten Technologien im medizinischen Umfeld zu gewinnen. Ganz im Sinne des gewählten Mixed Methods-Designs kann so den Limitationen des qualitativen Forschungsansatzes entgegengewirkt werden. Zumal es nur schwer möglich ist, die zuvor identifizierten Ängste zu verallgemeinern und zu evaluieren. Aus diesem Grund wird im Folgenden eine Überprüfung der qualitativen Ergebnisse vorgenommen, indem der tatsächliche Einfluss der Ängste auf die Akzeptanz quantifiziert wird.

### 5.1 Methodik

Im Gegensatz zum qualitativen Forschungsdesign wird die Güte des quantitativen Designs primär mittels Kennzahlen bestimmt, die aus den erhobenen Daten abgeleitet werden. Dennoch ist auch im quantitativen Forschungsprozess die Nachvollziehbarkeit von erheblicher Bedeutung, sodass im Folgenden – vergleichbar zu Abschnitt 4.1 – die Methodiken der Datenerhebung und der Datenanalyse umfassend beschrieben werden.

#### 5.1.1 Datenerhebung

Die quantitative Datenerhebung wurde zwischen dem 1.10.2008 und dem 30.12.2008 durchgeführt (vgl. Kummer/Bick 2009). Als Untersuchungsgegenstand des Forschungsdesigns wurde der Medikationsprozess gewählt. Dieser quasi typische Vorgang im Krankenhausumfeld vereint Aspekte der Patientenidentifikation, der Authentifikation sowie der Personenortung in sich (Tab. 4). Zudem werden Fehler in Medikationsprozessen generell als ein erhebliches Risiko im Gesundheitswesen eingeschätzt (vgl. o. V. 2007). Dieses Szenario wurde bereits während des qualitativen Forschungsprozesses mit den Interviewpartnern entworfen und sukzessive weiterentwickelt:

*Ein IT-System soll die Patientensicherheit bei der Medikation erhöhen. Dazu werden die Medikamente sowie die Patienten mit Sensoren versehen. Ärzte und Pflegekräfte tragen mobile Geräte, die Mobiltelefonen ähneln. Diese können sie für unterschiedliche Aufgaben einsetzen. Neben dem Telefonieren dienen diese Geräte auch dem Zugriff auf Patientendaten sowie deren Änderung. Zudem zeigen die Geräte die zu erledigenden Aufgaben an. Eine weitere wichtige Eigenschaft des Systems ist es, Arbeitsvorgänge zu überwachen und dadurch Fehler zu vermeiden.*

*Bei der Medikation überprüft das System automatisch über die Sensoren, ob der richtige Patient das richtige Medikament erhält. Hierbei wird über das mobile Gerät zudem geprüft, ob der Mitarbeiter zu dieser Tätigkeit berechtigt ist bzw. ob sie ihm aufgetragen wurde. Abschließend bestätigt der Mitarbeiter die Daten und beendet damit den Vorgang. Die Daten werden zu Dokumentationszwecken gespeichert. Weitere Schreibarbeit entfällt. Passen die Faktoren Patient, Medikament und Mitarbeiter nicht zusammen, so erfolgt ein Alarm, der ebenfalls gespeichert wird. Das System soll von Ärzten und Pflegekräften eingesetzt werden.*

Zur Überprüfung der Hypothesen wurden die in den Abschnitten 4.2.2 und 4.3 beschriebenen fünf Einflussgrößen in einen Fragebogen überführt. Sämtliche Frageitems sind in Tab. 7 abgebildet und wurden anhand einer siebenstufigen Likert-Skala gemessen. Die Items sowie das Szenario wurden inhaltlich innerhalb eines Pretests geprüft. Dabei wurde der Fragebogen von sieben Mitarbeitern des medizinischen Personals eines Krankenhauses ausgefüllt und anschließend mit ihnen diskutiert, um Intention und Verständnis sicherzustellen, woraufhin kleinere Änderungen am Fragebogen vorgenommen wurden. Auf einen weiteren Pretest wurde verzichtet. Dies begründet sich vor allem darin, dass für die aus TAM bzw. TAM2 verwendeten Konstrukte auch die bewährten Frageitems übernommen wurden. Hierbei fand lediglich eine Übersetzung ins Deutsche sowie eine Rückübersetzung ins Englische zur Gewährleistung der Übersetzungsqualität statt. Da diese Frageitems bereits ausführlich in Bezug auf Validität und Reliabilität untersucht wurden (vgl. u. a. Venkatesh/Davis 2000), war die Übernahme vergleichsweise unproblematisch. In Bezug auf die Erstellung der selbstentwickelten Frageitems, die die Ängste bzw. Befürchtungen widerspiegeln, konnte auf die Transkripte des qualitativen Forschungsprozesses zurückgegriffen werden. Somit wurden Aussagen von Befragten im gleichen Umfeld zur Formulierung der Items verwendet. Zudem ist das Weglassen von schwächeren Items in dem verwendeten Forschungsinstrument PLS bei streng reflektiven Modellen unkritisch, solange dadurch keine anderen Qualitätsmerkmale beeinträchtigt werden (vgl. Hair et al. 1998). Zur Kontrolle wurde eine erste Teilauswertung basierend auf den Daten von zwei Ausbildungsstätten (siehe unten) durchgeführt, die unsere Entscheidung – auf einen weiteren Pretest verzichtet zu haben – bestätigte. Die korrespondierenden Daten ließen die Schlussfolgerung zu, dass die Anforderungen an die Güte der Erhebung höchstwahrscheinlich auch bei der vollständigen Erhebung gegeben sind.

An der tatsächlichen Befragung nahmen insgesamt 113 Pflegekräfte teil, wobei 112 Fragebögen ausgewertet werden konnten. Ein Fragebogen konnte wegen Unvollständigkeit nicht in die Analyse mit einbezogen werden. Bei den Teilnehmerinnen und Teilnehmern handelt es sich um Pflegekräfte in der Ausbildung von vier verschiedenen deutschen Ausbildungsstätten, die sich mindestens im zweiten Lehrjahr befinden und über praktische Erfahrung im Krankenhaus verfügen. Somit wurde sichergestellt, dass die Befragten mit den zentralen Arbeitsabläufen eines Krankenhauses vertraut sind. Diese Form des Feldzuganges schränkt die Generalisierbarkeit der Ergebnisse im Vergleich zu einer Erhebung bei examinierten Pflegekräften ein, da diese über eine umfassendere Berufserfahrung verfügen. Das durchschnittliche Alter der Teilnehmerinnen und Teilnehmer ist 21,80 Jahre. Der Anteil befragter Frauen beträgt 81,25 % (18,75 % Männer).

*5.1.2 Datenanalyse*

Die Hypothesen wurden mithilfe der Partial Least Squares (PLS)-Methode getestet, welche den sogenannten Strukturgleichungsmodellen zugerechnet wird. Der Einsatz dieses Verfahrens erlaubt die empirische Auswertung entlang eines Messmodells und eines Strukturmodells (vgl. Wold 1974, Wold 1982). Im Gegensatz zu klassischen statistischen Verfahren, wie der Faktorenanalyse oder der Regressionsanalyse, bewertet PLS das Messmodell und das Strukturmodell gemeinsam. Dabei wird ein iterativer Algorithmus verwendet, der einerseits die Faktorladungen bezüglich der Konstrukte schätzt und andererseits die kausalen Beziehungen zwischen den Konstrukten bewertet (vgl. Fornell/ Larcker 1981). Für die im folgenden Abschnitt beschriebene PLS-Pfadanalyse wurde SmartPLS 2 (vgl. Ringle et al. 2005) verwendet.

Ein Vorteil von PLS ist, dass keine normalverteilten Werte vorausgesetzt werden und die Methode bei vergleichsweise kleinen Stichproben eingesetzt werden kann. Darüber hinaus kann PLS auch zum Testen von Theorien herangezogen werden, die sich noch in einem frühen Entwicklungsstadium befinden. Eine umfassende Diskussion der PLS-Pfadanalyse einschließlich Ihrer Vor- und Nachteile wird unter anderem in Thomas et al. (2005) sowie Marcoulides/Saunders (2006) gegeben.

5.2 Ergebnisse der quantitativen Erhebung

Bei der Verwendung von PLS empfiehlt es sich, bei der Ergebnisbetrachtung Messmodell (Abschnitt 5.2.1) und Strukturmodell (Abschnitt 5.2.2) zu unterscheiden. Zusätzlich zu den Ergebnissen ist jeweils deren Güte zu überprüfen, um Rückschlüsse auf die Qualität der Untersuchung zu erzielen. Eine Interpretation der Ergebnisse erfolgt in Abschnitt 5.4.

*5.2.1 Messmodell*

Das entwickelte Messmodell wurde direkt aus den identifizierten Ängsten (Abschnitt 4.2.2) sowie den beiden aus TAM bzw. TAM2 übernommenen Größen *Wahrgenommene Nützlichkeit* und *Nutzungsintention* (Abschnitt 4.3) abgeleitet. Dieses Messmodell ist ausschließlich reflektiv, da sämtliche Pfadbeziehungen von den latenten zu den mani-

**Tab. 7.** Deskriptive Ergebnisse und Faktorladungen

| | Arithmetisches Mittel | Standard Abweichung | Faktorladung |
|---|---|---|---|
| **Ängste vor neuen Technologien** | | | |
| Man sollte sich besser auf Menschen verlassen als auf derartige Systeme. | 3.321 | 1.590 | 0.743 |
| Ich sehe es als problematisch an, derartigen Systemen zu vertrauen. | 3.532 | 1.686 | 0.790 |
| Ein derartiges System steht im Widerspruch zu ethischen Werten. | 3.866 | 1.901 | 0.735 |
| Ich würde ungern mit noch mehr technischen Geräten zu tun haben. | 4.277 | 1.955 | 0.821 |
| **Ängste vor Verschlechterung der Arbeitssituation** | | | |
| Ich befürchte, dass mich derartige Systeme auf Dauer ersetzen könnten. | 3.712 | 2.124 | 0.606 |
| Die Nutzung des Systems wird für mich negative Konsequenzen haben. | 4.718 | 1.612 | 0.722 |
| Ein derartiges System wird zu Überstunden führen. | 4.469 | 1.659 | 0.772 |
| Das System wird eine zusätzliche Belastung darstellen. | 3.864 | 1.732 | 0.812 |
| **Überwachungsängste** | | | |
| Die Vorstellung, mich der Überwachung durch das System nicht entziehen zu können, bereitet mir Angst. | 4.330 | 1.862 | 0.844 |
| Es ist mir unangenehm, wenn ich nicht weiß, was aufgezeichnet wird. | 3.232 | 1.831 | 0.760 |
| Durch ein derartiges System würde ich fürchten, bloßgestellt zu werden. | 4.402 | 2.016 | 0.801 |
| Es ist mir unangenehm, dass ich die über mich gespeicherten Daten nicht verändern kann. | 4.153 | 1.942 | 0.767 |
| **Wahrgenommene Nützlichkeit** | | | |
| Die Nutzung eines derartigen Systems würde meine Arbeitsleistung steigern. | 4.376 | 1.728 | 0.872 |
| Für meine Arbeit ist die Verwendung eines derartigen Systems von hoher Relevanz. | 4.643 | 1.565 | 0.829 |
| Die Nutzung eines derartigen Systems würde mir helfen meine Arbeit besser zu erledigen. | 4.469 | 1.825 | 0.891 |
| Durch die Nutzung des Systems könnte das Krankenhaus produktiver werden. | 3.946 | 1.825 | 0.691 |
| **Nutzungsintention** | | | |
| Vorausgesetzt das System würde wie beschrieben funktionieren, würde ich es auch nutzen. | 2.847 | 1.861 | 0.900 |
| Ein derartiges System würde ich auch freiwillig verwenden. | 3.634 | 1.870 | 0.881 |
| Es wäre nicht notwendig, dass Vorschriften das System anordnen, damit ich es nutze. | 3.846 | 1.846 | 0.591 |
| Wenn das mobile Endgerät klein ist, würde ich es gerne mit mir führen. | 3.268 | 2.127 | 0.866 |

festen Variablen verlaufen. Hierdurch erhält die vorliegende Untersuchung einen explorativen Charakter. Die latenten Variablen werden herangezogen, um die manifesten Variablen zu erklären. Die Güte eines reflektiven Messmodells ergibt sich aus der Konvergenz- und der Diskriminanzvalidität (vgl. Hair et al. 1998), wobei sich erstere aus der Indikator- und Konstruktreliabilität sowie der durchschnittlich erfassten Varianz (DEV) zusammensetzt (vgl. Fornell/Larcker 1981).

Die *Indikatorreliabilität* ergibt sich aus der Korrelation zwischen den Indikatoren und dem Konstrukt und wird über die Faktorladungen ausgewiesen. Dabei sollten die Faktorladungen den Wert 0,7 übersteigen. Faktorladungen unter 0,5 gelten als nicht akzeptabel und sind von der Analyse auszuschließen (vgl. Chin 1998). Die *Konstruktreliabilität* gibt an, inwieweit eine latente Variable durch die Indikatoren beschrieben wird. Hierbei sollte ein Wert von mindestens 0,6 erreicht werden. Zur Bestimmung der internen Konsistenz kann zudem *Cronbachs Alpha* herangezogen werden. Als Grenzwert für akzeptable Ergebnisse gilt hierbei ein Wert größer 0,7 (vgl. Hair et al. 1998). Allerdings wird die Verwendung von Cronbachs Alpha bei PLS aufgrund der nicht zwangsweise vorhandenen τ-Äquivalenz der Indikatoren mitunter kritisiert (vgl. Chin 1998). In der vorliegenden Untersuchung wurden beide Erfordernisse zur Bestimmung der internen Konsistenz erfüllt (Tab. 8).

**Tab. 8.** Validitätsergebnisse des Messmodells

|  | Cronbachs Alpha | Konstrukt-reliabilität | DEV | max. quadrierte Korrelation |
|---|---|---|---|---|
| Ängste vor neuen Technologien | 0,776 | 0,856 | 0,598 | 0,450 |
| Ängste vor Verschlechterung der Arbeitssituation | 0,714 | 0,821 | 0,536 | 0,442 |
| Überwachungsängste | 0,808 | 0,872 | 0,630 | 0,211 |
| Wahrgenommene Nützlichkeit | 0,840 | 0,894 | 0,680 | 0,500 |
| Nutzungsintention | 0,831 | 0,889 | 0,672 | 0,500 |

Mit Hilfe der durchschnittlich erfassten Varianz *DEV* wird ermittelt, in welchem Ausmaß die latente Variable den erklärten Varianzanteil in Relation zum Messfehler wiedergibt. Dabei sollte die DEV jeweils größer 0,5 sein. Um zu überprüfen, ob eine ausreichende *Diskriminanzvalidität* vorliegt, schlagen Fornell/Larcker (1981) vor, dass die DEV stets größer als die größte quadrierte Konstruktkorrelation der latenten Variablen sein sollte. Wie in Tab. 8 dargestellt, werden auch diese Anforderungen erfüllt.

### 5.2.2 Strukturmodell

Das Strukturmodell ergibt sich aus den zu testenden Hypothesen und den damit verbundenen unterstellten Wirkungszusammenhängen. Die Hypothesen H1 bis H10 (Tab. 6) entsprechen dabei den Pfaden im Strukturmodell. Jede Hypothese wird durch einen Pfadkoeffizienten determiniert, der positive und negative Werte annehmen kann, sowie durch einen t-Wert.

Beim Testen des Strukturmodells ist zu berücksichtigen, dass varianzbasierte Ansätze wie PLS dazu tendieren, bei zu geringer Stichprobengröße die Faktorenladungen im Messmodell generell zu hoch und die Pfadkoeffizienten im Strukturmodell zu niedrig zu schätzen. Zur Bestimmung der erforderlichen Stichprobengröße sollte daher der zehnfache Wert der größten Anzahl von Indikatoren der komplexesten latenten Variable oder der höchsten Anzahl von Pfaden zu einer endogenen Variablen herangezogen werden (vgl. Chin 1998). Da stets die strengere Regel Anwendung findet, würde dies in dem untersuchten Modell eine Stichprobengröße von mindestens 50 ausgewerteten Fragebögen voraussetzen. Zusätzlich muss die Teststärke (statistical power) zur Bestimmung der erforderlichen Stichprobengröße beachtet werden, da sonst möglicherweise signifikante

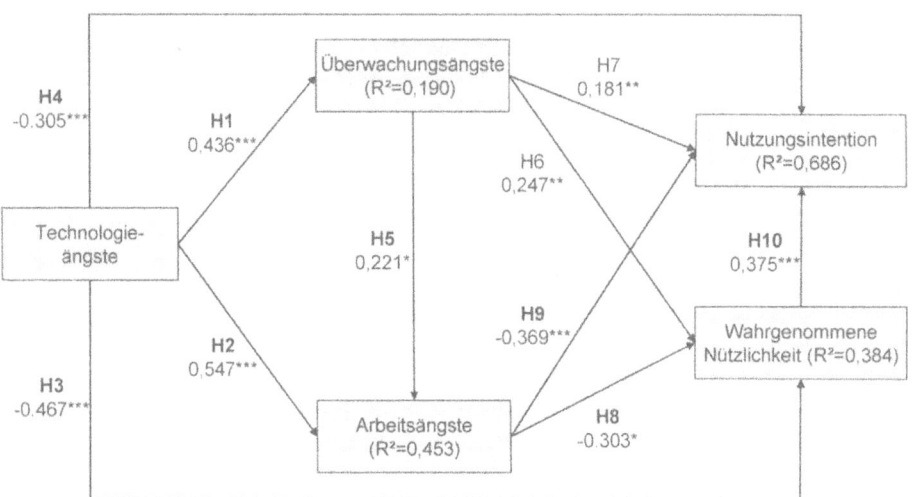

Abb. 3. Ergebnisse des Strukturmodells

Pfadkoeffizienten als nicht signifikant geschätzt werden (vgl. Cohen 1988). Hierbei wird von einem Wert von mindestens 0,8 ausgegangen (vgl. Cohen 1988, Hair et al. 1998). Unter Verwendung von G*Power 3.0 (vgl. Faul 2007), einer moderaten Effektstärke von 0,15, einem α von 0,05 sowie vier exogenen latenten Variablen erfordert das hier untersuchte Modell für eine Teststärke von 0,8 eine Stichprobengröße von mindestens 85. Da die tatsächliche Stichprobengröße 112 beträgt (Teststärke 0,913), ist diese Anforderung erfüllt. Nach der Schätzung der Pfadkoeffizienten im Strukturmodell wurde das Bootstrapping-Verfahren eingesetzt, um die korrespondierenden t-Werte zu ermitteln. Dies ist erforderlich, um mittels des t-Tests die verschiedenen Signifikanzniveaus 0,05 (*), 0,01 (**) und 0,001 (***) der Ergebnisse abzuleiten, die dann zur Annahme oder Ablehnung der Hypothesen führen (vgl. Efron/Tibshirani 1993). In Abb. 3 sind sämtliche Pfadkoeffizienten und Signifikanzniveaus dargestellt.

Ebenso wie bei der Regressionsanalyse gibt das Bestimmtheitsmaß ($R^2$) die Erklärungskraft einer latent endogenen Variablen an: 0,67 (substanziell), 0,33 (adäquat) und 0,19 (gering) (vgl. Chin 1998). Diese Werte werden zur Evaluierung des Ergebnisses herangezogen. Es zeigt sich, dass das Bestimmtheitsmaß der Nutzungsintention substanziell ist. Die wahrgenommene Nützlichkeit und die Ängste in Verbindung mit einer Verschlechterung der Arbeit sind als adäquat zu beurteilen. Die Überwachungsangst kann zumindest in einem niedrigen Maß durch die Ängste vor neuen Technologien erklärt werden. Allerdings steigt das Bestimmtheitsmaß mit der Anzahl signifikanter Einflüsse, weshalb der ausschließlich auf den Technologieängsten beruhende Erklärungsgehalt der Überwachungsängste nicht unterschätzt werden sollte.

Um Aussagen zur Prognoserelevanz ($Q^2$) treffen zu können, wurde zudem das Stone-Gresser-Kriterium in Form einer Blindfolding-Prozedur angewendet (vgl. Tenenhaus 2005). Dabei werden die Werte in den empirischen Daten schrittweise ausgelassen und durch geschätzte Werte ersetzt. Die Prozedur endet, wenn sämtliche Werte ersetzt wurden. Unter Verwendung der Summe quadrierter Fehler für die geschätzten und die originalen Werte wird darauf aufbauend $Q^2$ ermittelt. Ein Wert größer Null gibt an, dass das Modell Prognoserelevanz aufweist. In dem untersuchten Modell sind die $Q^2$-Werte für sämtliche Konstrukte größer Null.

### 5.3 Interpretation der Ergebnisse

Abschließend bleibt festzuhalten, dass sämtliche Konstrukte einen signifikanten Einfluss aufweisen. Mit Ausnahme des Einflusses der Überwachungsängste auf die Nutzungsintention (H7) sowie der Überwachungsängste auf die Wahrgenommene Nützlichkeit (H6) wurden sämtliche der getesteten Hypothesen bestätigt. Durch die Korrelationen zwischen den verschiedenen Ängsten wird deutlich, dass die Befragten ambiente Technologien auf verschiedenen Ebenen ablehnen. Sofern diese Abneigung gegenüber der Technologie auftritt, spiegelt sich diese Ablehnung in den verschiedenen Ängsten wider. Daher scheint es eine generelle Ablehnung hinsichtlich der untersuchten ambienten Technologie zu geben, die die Akzeptanz erheblich negativ beeinflusst. Die Ängste in Zusammenhang mit neuen Technologien wurden in dem vorgestellten Modell als Ausgangspunkt gewählt. Personen, die Technologien generell ablehnen und diese konkret als ethisch verwerflich empfinden, werden eher andere Ängste befürchten als Personen, die derartigen Technologien offen gegenüberstehen und keine ethischen Bedenken aufzeigen. Die Überwachungsängste verstärken wiederum signifikant die Ängste vor einer Verschlechterung der Arbeitsbedingungen (Abb. 3). Dies erscheint ebenfalls nachvollziehbar, da, sofern die permanente Überwachung am Arbeitsplatz als störend empfunden wird, dies für den Befragten auch eine Verschlechterung der Arbeitsbedingungen darstellt. Allerdings ist der Einfluss der Überwachungsängste auf die Ängste vor einer Verschlechterung der Arbeitsbedingungen (0,221) deutlich schwächer als der Einfluss der Ängste in Verbindung mit neuen Technologien auf die Ängste vor einer Verschlechterung der Arbeitsbedingungen (0,547).

Bei den Einflüssen auf die *Wahrgenommene Nützlichkeit* und die *Nutzungsintention* sind insbesondere die Vorzeichen der Pfadkoeffizienten von Interesse. Die Ängste im Zusammenhang mit neuen Technologien sowie die Ängste vor einer Verschlechterung der Arbeitssituation weisen einen signifikant negativen Einfluss auf beide Konstrukte auf. Die Ablehnung in Form von Ängsten schlägt folglich auf die Nutzungseinschätzung durch, und das konkrete ambiente System wird als nicht sinnvoll bzw. nicht relevant erachtet. Ebenso weisen beide Konstrukte einen signifikant negativen Einfluss auf die Nutzungsintention auf. Dies ist vor dem Hintergrund einer Implementierung eines ambienten Systems von erheblicher Bedeutung, da – sofern diese Ängste nicht berücksichtigt werden – die Nutzungsintention verringert wird, wenn diesen Ängsten nicht entgegengewirkt wird. Umgekehrt kann allerdings bei einer aktiven Reduzierung der Ängste die spätere Nutzungsintention erhöht werden. Dieser Umstand wird durch den indirekten Einfluss der Ängste auf die Nutzungsintention – über die Wahrgenommene Nützlichkeit – weiter verstärkt.

Überraschend ist der signifikant positive Einfluss der Überwachungsängste auf die Wahrgenommene Nützlichkeit (H6) und die Nutzungsintention (H7), da hier ebenfalls von einer negativen Auswirkung ausgegangen wurde. Allerdings scheinen hinsichtlich dieser Angst bei den Befragten die Vorteile des Einsatzes ambienter Technologien zu überwiegen. Die Transparenz der Handlungen und die damit verbundene Bloßstellung werden dem Ziel der Verbesserung der Medikation und somit einer Steigerung der Behandlungsqualität untergeordnet. Auch dieses Ergebnis hat erhebliche Implikationen auf die Einführung ambienter Technologien, da in Hinblick auf diese Ängste deutlich weniger Sensibilität erforderlich ist als dies beispielsweise Publikationen aus dem Endkundenbereich nahelegen (vgl. Spiekermann 2007). Überwachung stellt im Krankenhausumfeld somit keine Ursache für eine generelle Ablehnung ambienter Technologien in diesem Anwendungsbereich dar.

## 6 Diskussion und Zusammenfassung

Der vorliegende Beitrag ist der Erfahrungsbericht eines Mixed Methods-Projekts zur Untersuchung von Nutzenpotentialen und den damit verbundenen Akzeptanzproblemen beim Einsatz moderner Informations- und Kommunikationstechnologien im Krankenhausumfeld. Ziel war es, die besondere Bedeutung eines Mixed Methods-Ansatzes für das spezielle Themenfeld herauszustellen, um dadurch ähnlich gelagerte Forschungsvorhaben anzuregen und durch unsere Erfahrungen zu unterstützen. Zudem können die Ergebnisse von Entscheidungsträgern in der Praxis bei der Einführung ambienter Systeme in diesem Anwendungsbereich herangezogen werden. Entlang des gewählten sequentiellen Mixed Methods-Designs (Abschnitt 3) wurden beide Erhebungen – QUAL (Abschnitt 4) → QUAN (Abschnitt 5) – im Sinne der intersubjektiven Nachvollziehbarkeit des Forschungsprozesses umfassend beschrieben. Bevor die Ergebnisse der beiden Erhebungen abschließend integriert werden, werden nochmals kurz die für beide Erhebungen geltenden Einschränkungen genannt. Zudem wird auf Besonderheiten von Mixed Methods-Projekten im Allgemeinen sowie Probleme des vorliegenden Projektes im Speziellen eingegangen.

Den Restriktionen des qualitativen Forschungsparadigmas folgend sind die Ergebnisse der semi-strukturierten Experteninterviews keineswegs repräsentativ. Zudem ist der Prozess der Datenanalyse bzw. der Interpretation – trotz der Verwendung zweier unabhängig erstellter Kodierungen – durchaus subjektiv geprägt. Auch für die quantitative Erhebung gelten verschiedene Einschränkungen: So ist insbesondere darauf hinzuweisen, dass die Ergebnisse auf Basis einer Befragung von Auszubildenden gewonnen wurden. Diese sind vergleichsweise jung und können eine andere Grundhaltung gegenüber modernen Technologien aufweisen, als ältere Personen mit mehr Erfahrung im Tätigkeitsfeld. Ferner verfügen Auszubildende im zweiten Lehrjahr gegebenenfalls nicht über ausreichende Erfahrung, um die Nutzungspotentiale des aufgezeigten ambienten Systems zu beurteilen. Aus diesem Grund sollten weitere empirische Untersuchungen in diesem Arbeitsumfeld mit Pflegekräften mit abgeschlossener Lehre und weiterreichender Berufserfahrung durchgeführt werden. Kritisch kann zudem der hohe Anteil weiblicher Probanden bewertet werden, wobei dieser jedoch das vorherrschende Verhältnis von weiblichem zu männlichem Pflegepersonal treffend widerspiegelt. Weiterhin ist fraglich, inwieweit das Konstrukt der Nutzungsintention zur Bestimmung der Akzeptanz herangezogen werden kann, da dieser Ansatz insbesondere für Konsumenten entwickelt wurde. Im Arbeitsumfeld kann die Nutzung eines bestimmten Systems vorgeschrieben werden, wodurch eine auf Freiwilligkeit basierende Akzeptanz hinfällig wird. Dennoch kann die Ablehnung von IT-Systemen erhebliche Schwierigkeiten verursachen und die Einführung derartiger Technologien negativ beeinflussen.

Durch das gewählte Mixed Methods-Design wurden die zuvor genannten Einschränkungen weitestgehend gegeneinander ausgeglichen. Dementsprechend standen im Rahmen der beiden Erhebungen das jeweilige Sampling sowie die Validität im Vordergrund. Dabei wurde innerhalb der qualitativen Erhebung auf das Verfahren des theoretischen Samplings zurückgegriffen, wobei ein maximaler Kontrast sowohl hinsichtlich der Krankenhausauswahl sowie der Wahl der Interviewpartner verfolgt wurde. Bei der quantitativen Erhebung wurden ausschließlich auszubildende Pflegekräfte in die Untersuchung mit einbezogen, sodass die externe Validität hier aufgrund des Samplings eingeschränkt wird. Da bei der qualitativen Erhebung medizinisches Personal in Führungspositionen im Vordergrund stand und bei der quantitativen Erhebung Auszubildende befragt wurden, wurde im Sinne des Mixed Methods-Designs ein starker Kontrast zwischen den Befragten gebildet. Somit wurde die externe Validität des gesamten Forschungsprojektes gesteigert.

Bei der Integration der Ergebnisse der qualitativen und quantitativen Erhebung lässt sich feststellen, dass diese im Sinne von Erzberger/Kelle (2002) miteinander konvergieren. Dabei wurden zunächst Ängste und Wirkungszusammenhänge auf ambiente Technologien identifiziert und entsprechende Anwendungsszenarien entwickelt und hinsichtlich ihrer Nützlichkeit bewertet (Abschnitt 4.2). Darauf aufbauend wurden zehn Hypothesen abgeleitet (Abschnitt 4.3), die entlang eines konkreten Anwendungsszenarios getestet wurden (Abschnitt 5.2). Die Ergebnisse beider Erhebungen führen zum gleichen Schluss: Ängste weisen eine hohe Bedeutung hinsichtlich der Akzeptanz von ambienten Systemen im Krankenhausumfeld auf. Dabei konnten Ängste identifiziert werden, die die Nutzungsintention ambienter Technologien negativ beeinflussen. Allerdings konnte auch ein positiver Zusammenhang zwischen Überwachungsangst und Nutzungsintention festgestellt werden, der im Rahmen der qualitativen Erhebung nicht festgestellt bzw. erklärt werden konnte. Eine mögliche Ursache für die positive Korrelation könnte hierbei darin bestehen, dass die Überwachung zwar negativ wahrgenommen wird, allerdings der gesteigerten Patientenversorgung untergeordnet wird. Dieser Erklärungsansatz ist in nachgelagerten Forschungsprojekten zu überprüfen. Zudem sollte untersucht werden, ob Überwachungsängste in anderen Arbeitsfeldern eine andere Wirkungsbeziehung zu der Wahrgenommenen Nützlichkeit sowie der Nutzungsintention aufweisen.

Darüber hinaus sind im Rahmen der Untersuchungen verschiedene – eher generelle – Probleme aufgetreten: So erwies sich die Übertragung des identifizierten Szenarios (Abschnitt 4.2.1) in den anschließenden Fragebogen als schwierig. Ängste bzw. Befürchtungen weisen generell eine hohe Komplexität auf und sind daher nur schwer in Frageitems zu überführen bzw. abzubilden. Zudem konnte bei den Befragten nicht davon ausgegangen werden, dass bereits Kenntnisse in Bezug auf ambiente Technologien bestehen. Dementsprechend wurde auf Fachbegriffe bei der Beschreibung des Szenarios verzichtet. Ferner musste das beschriebene Szenario verständlich und kurz bleiben, damit dieses von den Befragten vollständig erfasst werden konnte. Als Konsequenz ging aus unserer Sicht ein gewisses Maß an inhaltlicher Tiefe verloren. Positiv war wiederum, dass das Szenario zuvor innerhalb der qualitativen Erhebung bereits mit medizinischem Personal entwickelt wurde. Dadurch konnten Verständnisprobleme schon frühzeitig berücksichtigt werden, sodass eine Verzerrung im Rahmen der Datenerhebung vermieden werden konnte. Dabei wird der Vorteil eines Mixed Methods-Design in der Form deutlich, dass die qualitative Erhebung zur sukzessiven Verbesserung der Frageitems der quantitativen Erhebung beigetragen hat, da diese quasi in-vivo aus den transkribierten Aussagen der Befragten abgeleitet wurden.

# Literatur

Aarts E (2004) Ambient intelligence: a multimedia perspective. Multimedia IEEE 11(1):12–19

Aarts E, de Ruyter B (2009) New research perspectives on ambient intelligence. Journal of Ambient Intelligence and Smart Environments 1(1):5–14

Agarwal R, Prasad, J (1998) A conceptual and operational definition of personal innovativeness in the domain of information technology. Information Systems Research 9(2):204–215

Agarwal R, Prasad J (1999) Are individual differences germane to the acceptance of new information technologies? Decision Sciences 30(2):361–391

Ajzen, I (1991) The theory of planned behavior. Organizational Behavior and Human Decision Processes 50(2):179–211

Backhaus C (2004) Entwicklung einer Methodik zur Analyse und Bewertung der Gebrauchstauglichkeit von Medizintechnik. Dissertation, TU Berlin

Bardram J, Baldus H, Favela, J (2006) Pervasive computing in hospitals. In: Bardram, J, Mihailidis, A Wan D Pervasive computing in healthcare. CRC Press, London, S 40–78

Barger T, Brown D, Alwan M (2005) Health-status monitoring through analysis of behavioural patterns. Transactions on systems, man and cybernetics, Part A: Systems and Humans 35(1):22–27

Bick M, Kummer T-F, Rössig W (2008) Ambient intelligence in medical environments and devices: Qualitative Studie zu Nutzenpotentialen ambienter Technologien in Krankenhäusern. ESCP-EAP Working Paper Nr. 36, Berlin

Bohn J, Coroamă V, Langheinrich M, Mattern F, Rohs M (2005) Social, economic, and ethical implications of ambient intelligence and ubiquitous computing. In: Weber W, Rabaey J, Aarts E Ambient intelligence. Springer, Berlin, S 5–29

Bortz J, Döring N (2006) Qualitative Methoden: Forschungsmethoden und Evaluation für Human- und Sozialwissenschaftler. Springer, Berlin

Brown SA, Venkatesh V (2005) A Model of adoption of technology in the households: A baseline model test and extension incorporating household life cycle. MIS Quarterly 29(3):399–426

Brühl R, Buch S (2006) Einheitliche Gütekriterien in der empirischen Forschung? Objektivität, Reliabilität und Validität in der Diskussion. ESCP-EAP Working Paper Nr. 20, Berlin

Chau P, Hu P (2001) Information technology acceptance by individual professionals: A model comparison approach. Decision Sciences 32(4):699–719

Chau P, Hu P (2002) Investigating healthcare professionals' decisions to accept telemedicine technology: An empirical test of competing theories. Information & Management 39(4):297–311

Chen L-D, Gillenson ML, Sherrell DL (2002) Enticing online consumers: an extended technology acceptance perspective. Information & Management 39(8):705–719

Chen L-D, Tan J (2004) Technology adaption in e-commerce: Key determinants of virtual stores acceptance. European Management Journal 22(1):74–86

Chin WW (1998) The partial least squares approach to structural equation modeling. In: Marcoulides GA Modern methods for business research. Lawrence Eribaum Associates, Mahwah, NJ, S 295–336

Cohen J (1988) Statistical power analysis for the behavioral sciences. Lawrence Erlbaum, Hillsdale

Davis FD (1989) Perceived usefulness, perceived ease of use, and user acceptance of information technology. MIS Quarterly 13(3):319–340

Ducatel K, Bogdanowicz M, Scapolo F, Leijten J, Burgelman J-C (2001) Scenarios for ambient intelligence in 2010, Information Society Technologies Advisory Group (ISTAG), Institute for Prospective Technological Studies (IPTS), ftp://ftp.cordis.europa.eu/pub/ist/docs/istagscenarios2010.pdf, 2001, abgerufen am 5.11.2008

Efron B, Tibshirani RJ (1993) An introduction to the bootstrap. Chapman and Hall/CRC, Boca Raton

Erzberger C, Kelle U (2002) Making inferences in mixed methods: The rules of integration. In: Tashakkori A, Teddlie C Handbook of mixed methods for the social and behavioural sciences. Sage, Thousand Oaks, CA, S 457–490

Faul F, Erdfelder E, Lang A-G, Buchner A (2007) G*Power 3: A flexible statistical power analysis program for the social, behavioral, and biomedical sciences. Behavior Research Methods 39:175–191

Fleisch E (2001) Betriebswirtschaftliche Perspektiven des Ubiquitous Computing. In: Buhl HU, Huther A, Reitwiesner B Information Age Economy, Physica-Verlag, Heidelberg, S 177–191

Fornell C, Larcker DF (1981) Evaluating structural equation models with unobservable variables and measurement errors. Journal of Marketing Research 19(1):39–50

Forthofer MS (2002) The status of mixed methods in the health sciences. In: Tashakkori A, Teddlie C Handbook of mixed methods for the social and behavioural sciences. Sage, Thousand Oaks, CA, S 527–540

Fichman RG (2001) The role of aggregation in the measurement of IT-related organizational innovation. MIS Quarterly 25(4):427–455

Fishbein M, Ajzen I (1975) Belief, attitude, intention and behavior: An introduction to theory and research. Addison-Wesley, Reading, Massachusetts

Friedman C, Wyatt J (2006) Evaluation methods in medical informatics. Springer, New York

Goulding C (2002) Grounded Theory – A practical guide for management, business and market researchers. Sage, London

Hair J-F, Anderson RE, Black WC, Tatham RL (1998) Multivariate data analysis, 5. Aufl., Prentice Hall, Englewood Cliffs, NJ

Hsu M-H, Chiu C-M (2004) Internet self-efficacy and electronic service acceptance. Decisions Support Systems 38(3):369–381

Hu PJ, Chau PYK, Sheng ORL, Tam KY (1999) Examining the technology acceptance model using physician acceptance of telemedicine technology. Journal of Management Information Systems 16(2):91–112

Jick TD (1979) Mixing qualitative and quantitative methods: Triangulation in action. Administrative Science Quarterly 24:602–611

Krcmar H (2005) Informationsmanagement. Springer, Berlin

Kummer T-F, Bick M (2009) Kausalanalytische Untersuchung von Akzeptanzproblemen ambienter Technologien zur Vermeidung von Behandlungsfehlern in deutschen Krankenhäusern. In: Bick, M et al. MMS 2009: Mobilität und Ubiquitäre Informationssysteme – Entwicklung, Implementierung und Anwendung. Köllen, Bonn, S 82–94

Lamnek S (2005) Qualitative Sozialforschung. 4. Aufl., Beltz, Weinheim, Basel

Lehner F (1995) Grundfragen und Positionierung der Wirtschaftsinformatik. In: Lehner F, Hildebrand K, Maier R Wirtschaftsinformatik – Theoretische Grundlagen, Hanser, München, S 1–72

Marcoulides GA, Saunders C (2006) PLS: A silver bullet? A commentary on sample size issues in PLS modeling. MIS Quarterly 30(2):3–10

Moore G (1965) Cramming more components onto integrated circuits. Electronics 38:114–117

Norris A (2002) Essentials of telemedicine and telecare. Wiley, Chichester

O'Cathain A (2009) Editorial: Mixed methods research in the health sciences: A quiet revolution. Journal of Mixed Methods Research 3(1):3–6

Ochsenbrücher R, Holzapfel M, Kokozinski R, Kolnsberg S, vom Bögel, G (2004) An intraocular CMOS transponder system implant with an integrated micromachined pressure sensor. In: Boenick U, Bolz A Beiträge zur 38. Jahrestagung der Deutschen Gesellschaft für Biomedizinische Technik im VDE – BMT 2004. Fachverlag Schiele & Schön, Berlin, S 782–783

Ong, C-S, Lai J-Y, Wang, Y-S (2004) Factors affecting engineers' acceptance of asynchronous e-learning systems in high-tech companies. Information & Management 41(6):795–804

o. V. (1999) ISTAG – IST Advisory Group: Orientations for workprogramme 2000 and beyond, ftp://ftp.cordis.europa.eu/pub/ist/docs/istag-99-final.pdf, 1999, abgerufen am 14.05.2009

o. V. (2006) The RFID Revolution: Your voice on the challenges, opportunities and threats – Online public consultation preliminary overview of the results. European Commission Information Society and Media, http://www.rfidconsultation.eu/ docs/ficheiros/Summary_of_Consultation.pdf, 2006, abgerufen am 14.11.2008

o. V. (2007) Sachverständigenrat zur Begutachtung der Entwicklung im Gesundheitswesen: Kooperation und Verantwortung – Voraussetzungen einer zielorientierten Gesundheitsversorgung. Gutachten 2007, http://www.svr-gesundheit.de/Startseite/ Startseite.htm, 2007, abgerufen am 17.11.2008

Podsakoff PM, MacKenzie SB, Lee JY, Podsakoff, NP (2003) Common method biases in behavioral research: a critical review of the literature and recommended remedies. Journal of Applied Psychology 88(5):879–903

Raitoharju R (2007) Information technology acceptance in the Finnish social and healthcare sector: Exploring the Effects of Cultural Factors. Esa Print, Tampere

Regmagnino P, Hagras H, Monekosso N, Velastin S (2005) Ambient intelligence – A gentle introduction. In: Regmagnino P, Foresti G, Ellis T Ambient intelligence: A novel paradigm. Springer, New York

Ringle CM, Wende S, Will S (2005) SmartPLS 2.0 (M3) Beta. http://www.smartpls.de, 2005, abgerufen am 12.11.2008

De Ruyter B, Pelgrim E (2007) Ambient assisted-living research in carelab. Interaction, special issue: Designing for Seniors 14(4):30–33

Spiekermann S (2007) User control in ubiquitous computing: Design alternatives and user acceptance, HU-Berlin, Berlin

Steinke I (2004) Gütekriterien qualitativer Forschung. In: Flick U, Kardorff E, Steinke I Qualitative Forschung: Ein Handbuch. 3. Aufl., Rowohlt, Reinbek bei Hamburg, S 319–331

Strauss A, Corbin J (1996) Grounded theory: Grundlagen Qualitativer Sozialforschung, Beltz, Weinheim
Strauss A, Corbin J (1998) Basics of qualitative research: Techniques and procedures for developing grounded theory. 2. Aufl., Sage Publications. London
Tashakkori A, Teddlie C (2003a) Handbook of mixed methods for the social and behavioural sciences. Sage, Thousand Oaks, CA
Teddlie C, Tashakkori A (2003) Major issues and controversies in the use of mixed methods in the social and behavioral sciences. In: Tashakkori A, Teddlie C Handbook of mixed methods for the social and behavioural sciences. Sage, Thousand Oaks, CA, S 3–50
Teddlie C, Tashakkori A (2008) Foundations of mixed methods research: Integrating quantitative and qualitative techniques in the social and behavioral sciences. Sage Publications, New York
Tenenhaus M, Vinzi VE, Chatelin Y-M, Lauro C (2005) PLS path modelling. Computational Statistics & Data Analysis, 48(1):159–205
Thomas DR, Lu IR, Cedzynski M (2005) Partial least squares: A critical review and a potential alternative. Proceedings of the Annual Conference of Administrative Sciences Association of Canada, Management Science Division, Toronto
Twinn S (2002) Status of mixed methods research in nursing. In: Tashakkori A, Teddlie C Handbook of mixed methods for the social and behavioural sciences. Sage, Thousand Oaks, CA, S 541–556
Venkatesh V, Davis FD (2000) A theoretical extension of the technology acceptance model: Four longitudinal field studies. Management Science 46(2):186–204
Wrona T (2006) Fortschritts- und Gütekriterien im Rahmen qualitativer Sozialforschung. In: Zelewski S, Akca N Fortschritt in den Wirtschaftswissenschaften. Wissenschaftstheoretische Grundlagen und exemplarische Anwendungen, Wiesbaden, S 189–216
Wold H (1974) Causal flows with latent variables: Parting of the ways in the light of NIPLAS modelling. European Economic Review, 5(1):67–86
Wold H (1982) Soft modeling. The basic design and some extensions. In: Jöreskog KG, Wold H Systems under indirect observation, Part II, 1-54, North-Holland, Amsterdam, New York, Oxford, S 1–54
Wu J-H, Wang S-C, Lind L-M (2007) Mobile computing acceptance factors in the healthcare industry: A structural equation model. International Journal of Medical Informatics 76(1):66–77
Yi MY, Jackson JD, Park, JS, Probst JC (2006) Understanding information technology acceptance by individual professionals: Toward an integrative view. Information & Management 43(3):350–363

# Exploration of the Benefit Potentials and Acceptance Problems of Ambient Technologies in Hospitals
# Experiential Report of a Mixed Methods Project

**Abstract:** As an experiential report this paper describes our explorative study on ambient intelligence in German hospitals conducted as a mixed methods project. Ambient technologies can support processes in hospitals in various ways and thus improve efficiency and effectiveness. However, with regard to their specific characteristics such technologies could also be used for completely new possibilities of surveillance and subsequent control directly leading to various acceptance problems. Employing a mixed methods approach we investigated the benefit potentials as well as the interdependence of acceptance problems in the field of ambient technologies in German hospitals. Within the corresponding empirical study we applied a mixed methods design with a sequential data collection (QUAL → QUAN). Following this research design, the particular results are related to one another. The single sequences of the research project as well as the gained experience are topic of this paper. Thereby, the main objective of this contribution is to highlight the importance of a particular mixed method approach in the field of ambient intelligence.

**Keywords:** Mixed methods · acceptance · ambient intelligence · partial least squares · hospitals

# Kollaborative Managementforschung – Eine Brücke über den Rigor-Relevance Gap?

**Alfred Kieser, Lars Leiner**

**Zusammenfassung:** Ergebnisse betriebswirtschaftlicher Forschung sind meist nicht direkt in die Praxis umsetzbar. Dieses Problem wird in der englischsprachigen Literatur als Rigor-Relevance Gap bezeichnet. Verschiedene Autoren sind überzeugt, dass kollaborative Forschung – eine Zusammenarbeit von Praktikern und Managementwissenschaftlern in Forschungsprojekten – einen viel versprechenden Ansatz zur Überbrückung des Rigor-Relevance Gap darstellt. In diesem Aufsatz gehen wir der Frage nach, ob das wirklich der Fall ist. Wir argumentieren, dass der Rigor-Relevance Gap seine Ursache in unterschiedlichen Logiken der Kommunikation in den Systemen Wissenschaft und Praxis hat. Diese unterschiedlichen Logiken verhindern eine direkte Kommunikation zwischen diesen Systemen. Deshalb können Praktiker sich nur dann erfolgreich an Forschungsprojekten beteiligen, wenn sie als Forscher ausgebildet sind, d. h. Theorien und Methoden beherrschen. Eine Kollaboration mit derartig ausgebildeten Praktikern stellt aber nicht sicher, dass die Ergebnisse stärker praxisorientiert ausfallen als Ergebnisse konventioneller Forschung. Kommunikation zwischen Managementwissenschaftlern und Praktikern kann jedoch zu wichtigen Anregungen für die Forschung führen bzw. die Erarbeitung von Problemlösungen unterstützen.

**Schlüsselwörter:** Angewandte Forschung · Forschungsevaluation · Praxisrelevanz · Systemtheorie

**JEL Classification:** B52 · M10

---

Prof. Dr. Dr. h.c. A. Kieser (✉)
Lehrstuhl für Allg. Betriebswirtschaftslehre und Organisation, Universität Mannheim, 68131 Mannheim, Deutschland
E-Mail: kieser@bwl.uni-mannheim.de

Dr. L. Leiner (✉)
Ludwig Leiner KG, Amerikanerstr. 1–7, 68165 Mannheim, Deutschland
E-Mail: larsleiner@t-online.de

## 1 The Gap: Von zu wenig zu zu viel Wissenschaft für das Management

Während des Korea-Krieges bildete sich in der Ford Foundation der Plan heraus, die Überlegenheit des amerikanischen Wirtschaftssystems mittels der universitären Managementausbildung zu festigen. Eine Evaluation des Stands dieser Ausbildung ergab jedoch ein ernüchterndes Ergebnis. Der von der Ford Foundation initiierte Gordon-Howell-Report bezeichnete 1959 Business Schools als eine Ansammlung von Handelsschulen, die jegliche wissenschaftliche Fundierung vermissen ließen (Gordon/Howell 1959; s. auch Pierson 1959). Zu dieser Einschätzung gelangten auch zu dieser Zeit tätige Wissenschaftler wie der spätere Nobelpreisträger *Herbert Simon*, der „American business education ... as a wasteland of vocationalism that needed to be transformed into science based professionalism" bezeichnete (Simon 1991, S. 139). Mit einer – gemessen an der damaligen Kaufkraft höchst eindrucksvollen – Spende von US $ 35 Millionen betrieb die Ford Foundation daraufhin mit Unterstützung der Association to Advance Collegiate Schools of Business (AACSB) und der Academy of Management eine Verwissenschaftlichung der Managementausbildung (Cheit 1985; de Rond/Miller 2005; Goodrick 2002; Schlossman et al. 1987). Im Rahmen dieser Initiative beriefen die führenden Business Schools Wissenschaftler von Disziplinen, deren Wissenschaftlichkeit unbestritten war, wie Wirtschafts- und Sozialpsychologie, angewandte Mathematik, Statistik und Volkswirtschaft, zu Professoren der Managementwissenschaft. Der empirisch-positivistische Ansatz, der in vielen dieser Disziplinen vorherrschte, avancierte auf diese Weise zum Standard der Managementforschung (de Rond/Miller 2005; Harmon 2006; Hugstad 1983; Mintzberg 2004; Schlossman et al. 1987; Waldo 1955; Whitley 1988).

Nur 25 Jahre nachdem diese Politik der Verwissenschaftlichung eingeleitet worden war, gerieten die Business Schools erneut in das Kreuzfeuer der Kritik (Leiner 2008, S. 24ff.). Diesmal wurde ihnen vorgeworfen, die Wissenschaftlichkeit auf Kosten der praktischen Relevanz zu übertreiben (Aaronson 1992; Cheit 1985; Hayer/Abernathy 1980b; Leavitt 1989; Muller et al. 1988; Rehder et al. 1991). Hayes und Abernathy (1980a) bspw. kritisieren das „sophisticated business curriculum" mit seiner Vorliebe für „analytic detachment rather than insight that comes from ‚hands-on' experience". Ein von der AACSB finanzierter Bericht von Porter und McKibbin (1988) beklagt, dass die Ausbildung der Management-Wissenschaftler zu eng, zu spezialisiert, sei und nicht die Fähigkeit vermittle, wissenschaftliches Wissen in der realen Welt der Manager zum Einsatz zu bringen (Wren et al. 1994).

Der Rigor-Relevance Gap, die Kluft zwischen Managementtheorie und Managementpraxis, wurde zu einem mit wachsender Intensität diskutierten Dauerthema der Managementwissenschaft in den USA, wie ein Blick in die jährlichen Presidential Addresses der Academy of Management Meetings deutlich macht. 1993 z. B. beklagte Donald Hambrick (1994, S. 13):

> „Each August, we come to talk with each other; during the rest of the year we read each others' papers in our journals and write our own papers so that we may, in turn, have an audience the following August: an incestuous, closed loop"

Und er rief seinen Kollegen zu: „It is time for us to break out of our closed loop. It is time for us to matter". 2006 bedauerte Thomas Cummings (2007, S. 356), dass „few of us truly believe that practitioners really listen to us, and, if they do, they sure don't seem to be doing much with what they've heard".

Der Rigor-Relevance Gap ist aber nicht nur Gegenstand von Presidential Addresses, sondern auch von Sonderheften (Beyer/Trice 1982; Hodgkinson et al. 2001; Rynes et al. 2001), Artikeln (Beer 2001; Buckley et al. 1998; Daft/Lewin 1990; La Force/Novelli 1985; Lallé 2003), Büchern (Campbell et al. 1982; Hakel et al., 1982; Murphy/Saal 1990; Van de Ven 2007) und Herausgeberbänden (Larwood/Gattiker 1999; Noll 1998).

In Deutschland wird eine Kluft zwischen wissenschaftlichem und praktischem Managementwissen weniger intensiv diskutiert als in den USA oder in Großbritannien (Ausnahmen bilden Nicolai 2004a; Oesterle 2006). Drei Sichtweisen lassen sich hierzulande unterscheiden (Leiner 2008, S. 55ff.; Nicolai 2000; Nicolai 2004a): (1) die Betriebswirtschaftslehre generiert innovatives Wissen, das sich ähnlich problemlos wie ingenieurwissenschaftliches Wissen in die Praxis überführen lässt (repräsentativ etwa Albach 1995), (2) sie liefert innovatives Wissen, das, auch wenn es nicht unbedingt direkt einsetzbar ist, Praktiker zu einem besseren Verständnis und zu einer besseren Gestaltung betrieblicher Prozesse verhilft (repräsentativ etwa Homburg 2000), (3) sie versteht ihr Wissen als „anders", aber dem Wissen der Praktiker nicht notwendigerweise überlegen (repräsentativ etwa Nicolai 2004a).

In Abhandlungen zur Rigor-Relevance Gap englischsprachiger Zeitschriften wird kollaborative Forschung, d. h. von Wissenschaftlern und Praktikern gemeinsam durchgeführte Forschung, häufig als ein viel versprechender Ansatz zur Überbrückung des Gap gesehen (s. z. B. Anderson et al. 2001; Pettigrew 2001; Rynes/McNatt 1999; Van de Ven/ Johnson 2006). Nach Ansicht der Herausgeber des Handbook of Collaborative Management Research umfasst dieser Forschungsansatz „an active involvement of managers and researchers in the framing of the research agenda, the selection and pursuit of methods, and the development of (implications for) action" (Mohrman et al. 2008, S. 628). In diesem Aufsatz gehen wir der Frage nach, ob dieser Ansatz hält, was sich seine Vertreter von ihm versprechen. Dabei gehen wir wie folgt vor: Zunächst zeigen wir, dass sich Wissenschaft und Praxis (Unternehmen) zu selbstreferentiellen Systemen entwickelt haben, die miteinander nicht *direkt* kommunizieren können. Nach Luhmann (1977; 1986) haben sich im Verlauf der Modernisierung der Gesellschaft soziale Systeme wie Wissenschaft, Recht, die Volkswirtschaft oder die Religion zu selbstreferentiellen Systemen entwickelt. Ihre Selbstreferentialität befähigt diese Systeme, Prozesse und Mechanismen auszubilden, die sie in die Lage versetzten, ihre jeweiligen Aufgaben immer effizienter zu bearbeiten. Zum Beispiel entwickelte die Wissenschaft Theorien und Methoden, welche eine enorme Steigerung des wissenschaftlichen Fortschritts ermöglichten.

Nachdem wir diese Entwicklung für die Managementwissenschaft und die Managementpraxis aufgezeigt haben, legen wir dar, dass genuine kollaborative Forschung unmöglich ist und unterstützen dieses Argument durch eine kritische Analyse von Berichten über kollaborative Projekte. Wir gelangen so zu dem Schluss, dass das System Wissenschaft und das System Praxis sich bestenfalls gegenseitig irritieren können. Wir eruieren anschließend, unter welchen Bedingungen solche gegenseitigen Irritationen am ehesten zu einem positiven Ergebnis führen.

## 2 Wissenschaft und Praxis als selbstreferentielle Systeme

Kollaborative Forschung setzt voraus, dass Praktiker und Wissenschaftler miteinander effektiv über Probleme der Forschung, also über solche Probleme wie Auswahl von Theorien und Methoden, Durchführung empirischer Erhebungen, Anwendung statistischer Verfahren oder Interpretation von Ergebnissen, kommunizieren können. In diesem Abschnitt zeigen wir auf, dass dies nicht möglich ist.

### 2.1 Wissenschaft

*2.1.1 Kommunikation in der Wissenschaft*

Stellen wir uns einen Manager vor, dem ein Heft der Zeitschriften *Administrative Science Quarterly* oder *Academy of Management Journal* in die Hände fällt. Ein Titel erregt seine Aufmerksamkeit, weil er sich auf ein Problem bezieht, das auch in seinem Unternehmen heftig diskutiert wird: Leistungsentlohnung für Manager. Er blättert durch diesen Beitrag. Unter der Überschrift „Implications for Practice" findet er einige Hinweise, die ihm nützlich dünken. Aber als er daraufhin versucht, den Aufsatz zu lesen, sieht er sich mit großen Schwierigkeiten konfrontiert. Er versteht ihn nicht. Es gibt Fußnoten mit Hinweisen auf andere Veröffentlichungen, er weiß aber nicht, wie er an diese herankommt und ob es ihm diese Zusatzlektüre helfen würde. Theorien werden erwähnt, mit denen er nicht vertraut ist. Er hat nicht den Eindruck, dass sich der Text mit den Problemen beschäftigt, die das Management seines Unternehmens derzeit umtreiben. Er findet, dass weder die Hypothesen noch die Befunde die Problematik so ansprechen, wie sie in seinem Unternehmen diskutiert wird. Die Methoden, welche der Verfasser eingesetzt hat, um seine Hypothesen zu überprüfen, sind zweifelsohne andere Methoden als sie in der Praxis zur Anwendung kommen. Er würde einen Artikel vorziehen, in dem einigermaßen detailliert über eine Lösung berichtet wird, die sich in einem oder mehreren Unternehmen bei der Bewältigung eines von Problemen bewährt hat, die identisch sind mit denen in seinem Unternehmen oder ihnen zumindest ähneln. Er fragt sich, warum Managementwissenschaftler nicht Lösungen zu Problemen, die Praktiker interessieren, auf eine verständliche Weise darstellen können. Weshalb müssen sie ihre Argumente immer aus Theorien ableiten, die in der Praxis ebenfalls nicht bekannt sind? Weshalb beziehen sie sich immer auf andere wissenschaftliche Veröffentlichungen, die in der Praxis nicht gelesen werden? Weshalb verwenden sie Methoden, mit denen Praktiker nicht vertraut sind? Weshalb sind die Implikationen für die Praxis, die sie ableiten, meist so vage formuliert?

Die Antwort, die man ihm geben kann, ist relativ einfach: Wissenschaftler schreiben, wie sie schreiben, weil sie ihre wissenschaftlichen Veröffentlichungen in erster Linie für andere Wissenschaftler schreiben und nicht für Praktiker. Dass sie so handeln, ist nicht auf mangelndes Interesse an der Praxis zurückzuführen. Es gibt wirksame Anreize, Praxisimplikationen herauszustellen. Der Wissenschaftler, der wissenschaftliche Meriten erwerben und zugleich tatkräftig an der Lösung praktischer Probleme mitwirken will, gerät aber in einen Konflikt (Nicolai 2004a): Veröffentlichungen, die ihn in seiner wissenschaftlichen Karriere weiterbringen, taugen nicht für die Praxis und vice versa. Wissenschaftler entscheiden sich in diesem Konflikt dafür, am wissenschaftlichen Diskurs teilzunehmen, der, wie wir aufzuzeigen versuchen, einer anderen Logik folgt als die Lösung praktischer Probleme. Würden sich Wissenschaftler in ihrer Forschung und bei der Veröffentlichung ihrer Ergebnisse nicht den Regeln der Scientific Community unterwerfen, würde diese Community ihre Publikationen nicht zur Kenntnis nehmen. Eine grundlegende Regel besagt, dass sich Wissenschaft um Wahrheit zu bemühen hat – darum, vorliegende wissenschaftliche Erkenntnisse zu korrigieren oder weiter zu entwickeln. Die Erklärung von Phänomenen, so eine weitere Regel, kann in der Wissenschaft nur auf der Basis von Theorien erfolgen. Aus diesen Theorien werden – zumindest in der gängigen positivistischen Forschungspraxis – Hypothesen abgeleitet, die empirischen Tests unterworfen werden, mit denen festgestellt wird, ob diese Hypothesen „wahr" oder „falsch" sind. Um Hypothesen formulieren zu können, muss ein Forscher die von anderen Forschern erzielten Ergebnisse zu dem entsprechenden Forschungsfeld kennen und durch Zitierung anerkennen. Beim Testen von Hypothesen muss er anerkannte wissenschaftliche Methoden einsetzen. Die durch Aussagen von Praktikern untermauerte Feststellung, dass ein Verfahren in der Praxis funktioniert, ist kein anerkanntes wissenschaftliches Verfahren zur Stützung dieses Verfahrens. Er kann wissenschaftliche Methoden weiterentwickeln, muss dann aber in einer wissenschaftlich akzeptierten Vorgehensweise aufzeigen, welche Fortschritte die Weiterentwicklung bringt. Was immer Forscher tun, sie arbeiten mit und bauen auf Elementen – Ergebnissen, Theorien, Methoden – auf, welche in der Scientific Community als wissenschaftlich anerkannt sind.

In anderen Worten: Das System der Wissenschaft ist selbstreferentiell (Kieser/Leiner 2008; Luhmann 1998; Macdonald/Kam 2007; Seidl 2007). Der von Hambrick (1994) gegeißelte „inzestiöse Zirkel (incestuous loop)" ist ein Merkmal jeder Wissenschaft, auch der Naturwissenschaft. Nur Kommunikation, die an andere Kommunikation im System der Wissenschaft anschlussfähig ist, wird als wissenschaftliche Kommunikation akzeptiert.

Selbstreferentialität bedeutet, dass Probleme der Praxis nicht einfach in die Kommunikation des Systems der Managementwissenschaften eingeführt werden können, um dort eine Suche nach Lösungen in Gang zu setzen. Solche Probleme müssen erst in wissenschaftliche Kommunikation transformiert werden (was nicht gleichbedeutend ist mit übersetzen), um in der Managementwissenschaft bearbeitet werden zu können. So muss etwa ein Praxisproblem im Zusammenhang mit Pay for Performance in eine Theorie eingebettet werden (z. B. in die Agenturtheorie) und in Form von Hypothesen zum Ausdruck gebracht werden, um in einen wissenschaftlichen Diskurs eingebracht werden zu können (dass dieser Zwang mitunter als hinderlich angesehen wird (s. z. B. Hambrick 2007)), bestätigt diese Regel). Was der wissenschaftliche Diskurs dann aus einem solchen transformierten Problem macht, bleibt abzuwarten. Mit großer Wahrscheinlichkeit wird er keine in der Praxis unmittelbar anwendbaren Lösungen generieren, sondern eher neues wissenschaftliches Wissen, bspw. in Form empirischen Befunden zu Hypothesen. Das Wissenschaftssystem ist offen für Input aus anderen Systemen, reagiert auf sie aber auf seine eigene Weise. Die Kluft zwischen Wissenschaft und Praxis hat ihre Ursachen letztlich in dieser Selbstreferentialität der Wissenschaft – und in der Selbstreferentialität der Praxis, auf die wir weiter unten zu sprechen kommen.

## 2.1.2 Strategien zur Überwindung der Kluft zwischen Theorie und Praxis

Die Managementwissenschaft hat verschiedene Strategien entwickelt, um dem Eindruck der Praxisferne entgegenzuwirken. Eine Strategie besteht darin, zwei Gruppen von Wissenschaftlern an Fakultäten für Wirtschaftswissenschaften bzw. an Business Schools zu etablieren: eine spezialisiert sich auf die Erarbeitung wissenschaftlicher Ergebnisse und veröffentlicht diese in möglichst hoch gerankten wissenschaftlichen Zeitschriften (ist sozusagen für Rigor zuständig) und die andere spezialisiert sich auf Kommunikation mit der Praxis (ist für Relevanz verantwortlich), indem ihre Mitglieder Executives unterrichten, Aufsätze für Praxiszeitschriften oder Managementbücher verfassen oder als Berater tätig sind (March/Sutton 1997; Zell 2001). Einzelne, wenn auch nicht viele Mitglieder haben das Talent, um in beiden Gruppen aktiv werden zu können. Eine andere Strategie besteht darin, durch sog. „Erfolgsfaktorenforschung" ein Image der Anwendbarkeit zu erzeugen. Managementwissenschaftler versuchen in ihrer Forschung, Faktoren zu identifizieren, die für den Erfolg von Unternehmen verantwortlich sind. Es entspricht dem Wesen der Managementwissenschaft, dass sich in den Ergebnissen kein Konsens über die relevanten Erfolgsfaktoren abzeichnet und dass Praktiker deshalb – und weil sie auch die Theorien und Methoden, die dieser Forschung zugrunde liegen, nicht kennen – die Ergebnisse dieser Forschung nicht zur Kenntnis nehmen (March/Sutton 1997; Nicolai/Kieser 2002; Nicolai/Kieser 2009). Schließlich erwecken Managementwissenschaftler den Eindruck von Praxisrelevanz, indem sie in ihre wissenschaftlichen Artikel Abschnitte einfügen, in denen sie Aussagen zu praktischen Implikationen ihrer Ergebnisse machen (Bartunek 2007). Man könnte letztendlich sogar die Vermutung hegen, die Propagierung kollaborativer Forschung sei auch eine Strategie der Schaffung eines Images der Anwendung (zu weiteren Strategien s. Nicolai (2004b, S. 959)).

## 2.1.3 Die soziale Konstruktion praktischer Relevanz in Evaluationen

Wissenschaftler, die bei Zeitschriften eingereichte Aufsätze begutachten, werden immer häufiger gebeten, auch deren Praxisrelevanz zu beurteilen. Auch das kann als Strategie zur Herstellung eines Images der Relevanz bewertet werden. Eine solche Beurteilung können, streng genommen, nicht Praktiker, sondern nur Wissenschaftler vornehmen, denn die Selbstreferentialität des Wissenschaftssystems beinhaltet den Grundsatz, dass nur Wissenschaftler in der Lage sind, Wissenschaft zu beurteilen. In den Beurteilungsbogen prestigeträchtiger Zeitschriften wie *Academy of Management Journal* findet sich häufig eine entsprechende Skala der Praxisrelevanz. Gutachter beurteilen nun die Praxisrelevanz, indem sie in dem zu beurteilenden Aufsatz die Abschnitte zu den praktischen Implikationen lesen. In anderen Worten: Die Autoren erstellen eine soziale Konstruktion der praktischen Relevanz ihrer Arbeit und dann überprüfen die Gutachter, ob diese Konstruktion ihrer eigenen Konstruktion der Praxisrelevanz des vorliegenden Aufsatzes entspricht. Auf diese Weise wird Relevanz im System der Managementwissenschaft selbstreferentiell konstruiert und evaluiert. Experten in der Konstruktion Potemkinscher Dörfer evaluieren Potemkinsche Dörfer, welche Autoren in ihren Abschnitten zur praktischen Relevanz errichtet haben. Praktiker bleiben bei der Beurteilung der Praxisrelevanz wissenschaftlicher Arbeiten außen vor. Zumindest ist dies bei den Zeitschriften so, die sich in erster Linie an Managementwissenschaftler wenden. Bei von Wissenschaftlern herausgegebenen „Praxiszeitschriften" werden mitunter auch Praktiker als Gutachter herangezogen. Wie Schulz et al. (2009) am Beispiel der „Zeitschrift Führung + Organisation" zeigen, legen diese häufig spezifische Bewertungskriterien an, welche sie zu Bewertungen gelangen lässt, die sich deutlich von denen der wissenschaftlichen Gutachter unterscheiden.

## 2.2 Praxis

Um zu erläutern, dass auch Unternehmen selbstreferentielle Systeme sind, beginnen wir wieder mit der Schilderung eines angenommenen Falles: Stellen wir uns vor, für einen Managementforscher ergäbe sich die Chance, einem Meeting von Managern zu dem Tagesordnungspunkt Leistungsentlohnung für Manager beizuwohnen. Das Meeting beginnt mit einer allgemeinen Diskussion über das Für und Wider eines solchen Systems. Fragen wie die folgenden werden diskutiert: Haben unsere wichtigsten Wettbewerber ein solches System implementiert? Einige Teilnehmer sind der Ansicht, dass dies der Fall sei. Dies wiederum löst die Frage aus, ob das eigene Unternehmen einen Wettbewerbsnachteil erleiden wird, falls es dieses Instrumentarium nicht einsetzt. Werden die Aktionäre, die Analysten und die Presse den Umstand, dass das eigene Unternehmen diesem Trend nicht folgt, als einen Indikator dafür nehmen, dass es nicht auf dem Stand des Managementwissens ist? Werden unsere Manager enttäuscht – und demotiviert – sein, wenn sie von einem solchen System nicht profitieren können? Werden vielleicht einige der Qualifiziertesten das Unternehmen aus diesem Grund verlassen? Würde die Implementierung eines solchen Systems zu einer Erhöhung des Gehaltsbudgets führen? Falls ja, würde die Erhöhung durch die Mehrleistungen ausgeglichen, welche das System auslöst? Auf diese Fragen reagierend, äußert ein Finanzmanager nachdrücklich die Ansicht, dass die Einführung eines solchen Systems zu einem deutlichen Anstieg der Gehaltssumme führen würde, was durch Leistungssteigerungen und einer schlankeren Managementstruktur bei weitem nicht ausgeglichen werden könne. Ein Verkaufsmanager ist ganz anderer Ansicht. Er zitiert Jack Welch, der Leistungsentlohnung auf allen Managementebenen uneingeschränkt befürwortet. Die Diskussion konzentriert sich dann auf die Frage, ob es eine Beratung mit einer Spezialisierung auf Leistungsentlohnung für Manager in der Branche des eigenen Unternehmens gibt und was es kosten würde, von dieser ein Konzept ausarbeiten zu lassen. Das Meeting schließt mit dem einhelligen Beschluss, dass die Diskussion fortgesetzt werden soll. Die oberste Führungsebene verspricht, zum nächsten Treffen einen Bericht über die Praktiken der Entlohnung in der Branche und über Beratungen, die über einschlägige Erfahrung verfügen, vorzulegen. Der zufällig anwesende Managementwissenschaftler wird höflich aufgefordert, auf dem nächsten Meeting kurz (!) darzulegen, was die Wissenschaft zu diesem Thema beizutragen hat. Auf dem nächsten Meeting berichtet der Wissenschaftler, dass vorliegende Ergebnisse zum Thema Leistungsentlohnung für Manager widersprüchlich seien. Der skeptische Finanzmanager wertet diese Feststellung als einen Hinweis darauf, dass Leistungsentlohnung nicht funktioniert und deshalb nicht eingeführt werden sollte. ...

Welche Einsichten vermittelt uns diese fiktive – aber vielleicht nicht unrealistische – Geschichte? Unternehmen sind ebenfalls selbstreferentielle (autopoietische) Systeme, weil sie nicht direkt mit anderen Systemen, insbesondere dem System der Wissenschaft, kommunizieren können. Selbstverständlich können Praktiker mit Wissenschaftlern reden, aber eben nicht in der Logik der Wissenschaft. Mit dem Wissenschaftssystem können sie vor allem deshalb nicht kommunizieren, weil sie nicht mit Theorien und wissenschaftlichen Methoden vertraut sind. Und ebenso wenig wie Praktiker in der Wissenschaft ablaufende Prozesse direkt beeinflussen können, gelingt es Wissenschaftlern, Prozesse in Unternehmen direkt zu beeinflussen. Dazu müssten sie Manager mit wissenschaftlichen Argumenten bei deren Entscheidungen unmittelbar beeinflussen. Manager entscheiden jedoch, was sie in der Umwelt ihrer Unternehmen – einschließlich des Umweltsegments Wissenschaftssystem – beobachten wollen, wie sie es beobachten wollen und welche Schlüsse sie aus ihren Beobachtungen ziehen. Wenn sie einen wissenschaftlichen Beitrag anregend finden, entscheiden sie, ob und wie sie diese Anregung in ihren Unternehmen umsetzen wollen. Frühere Entscheidungen liefern Information für Folgeentscheidungen (Seidl 2005). Organisationen absorbieren Unsicherheit durch das Fällen von Entscheidungen, indem sie etwa entscheiden, dass ein Absatzrückgang auf unzureichende Werbung zurückzuführen ist und durch eine Erhöhung des Werbeetats aufgefangen werden soll. Die Unsicherheit darüber, welche Ursachen der Absatzrückgang haben kann und durch welche Maßnahmen das Unternehmen mit diesem Problem wirksam umgehen kann, ist durch diese Entscheidung erst mal beseitigt.

So gesehen ist die Entscheidung, Ergebnisse der Managementforschung zu Leistungsentlohnung für Manager nicht zu beachten, angemessen für ein Unternehmen, dessen Manager das Verhältnis zwischen dem Suchaufwand und dem zu erwartenden Ergebnis als zweifelhaft einstufen. Organisationen sind ständig bemüht, die Komplexität und Unsicherheit, mit denen sie ihre Umwelt konfrontiert, durch Entscheidungen zu reduzieren. Wenn es keine Unsicherheiten mehr gäbe, könnte man die Reaktionen der Unternehmen automatisieren. Es gäbe dann auch keine Notwendigkeit für Entscheidungen mehr: „If all uncertainty were removed, the organization would cease to exist and no further decisions would be produced. The organization needs uncertainty for its autopoiesis" (Seidl 2005, S. 43). Organisationen sind selbstreferentielle Systeme, die „have to cope with their own problems to construct a secure and expectable world of their own decisions – developing a self-constructed view of the world and a self constructed certainty about and confidence in the world" (Nassehi 2005, S. 107).

Die Umwelt beeinflusst Entscheidungen in der Organisation, indem sie die Beachtung bestimmter – letztendlich aber immer durch die Organisation selbst festzulegender – Kriterien nahe legt. Ein im ökonomischen System operierendes Unternehmen etwa muss akzeptieren, dass Gewinn und Liquidität grundlegende Ziele für sein Überleben darstellen. Dieses Framing ergibt sich aus übereinstimmenden Interpretationen von Akteuren in und außerhalb des Wirtschaftssystems. Dementsprechend ist die Kommunikation in Unternehmen entlang des Codes „erhöht Gewinn/reduziert Gewinn" ausgerichtet.

Organisationen interpretieren gegebene Zustände als Ergebnisse früherer Entscheidungen. Und sie begründen ihre Entscheidungen mit Annahmen über Kausalitäten. Beispielsweise enthält die Entscheidung, einen Absatzrückgang durch mehr Werbung auszugleichen, eine Annahme über eine Kausalität (Luhmann 2000). Da Organisationen nicht in der Lage sind, sich in einer Welt voller komplexer Bedingungen zurecht zu finden, müssen sie ihre Vorstellungen von der Welt – ihre Vorstellungen über den Zusammenhang von Mitteln und Zwecken – einfach halten (Cyert/March 1963) (was vielleicht die Aversion der Manager gegen wissenschaftliches Wissen erklärt, das durch zunehmende Komplexität gekennzeichnet ist, und ihre Vorliebe für Beratungswissen, das auf einfachen Erklärungsmodellen und Lösungskonzepten aufbaut, wofür das BCG-Portfolio ein typisches Beispiel abgibt (Kieser 2002)). Organisationen entscheiden also, ob gefällte Entscheidungen im Prinzip richtig waren, oder ob sie durch Folgeentscheidungen revidiert werden müssen. In einer gewissen Weise werden Entscheidungen somit stets im Zuge der Vorbereitung neuer Entscheidungen evaluiert.

Evaluationen von Entscheidungen sind aber immer soziale Konstruktionen. Denn es ist für Organisationen nicht möglich, die Qualität von Empfehlungen – auch von Empfehlungen, die ihren Ursprung in der Managementwissenschaft haben – zu evaluieren, indem sie ihre Entscheidungen auf sie gründen und die Ergebnisse dieser Entscheidungen abwarten und einschätzen (Denrell 2003). In Übereinstimmung mit Vertretern organisatorischer Evolutionsansätze (z. B. Aldrich 1999) nimmt Luhmann (1995) an, dass die Evolution von Organisationen nur zum Teil durch rational geplante Maßnahmen beeinflussbar ist. Im Grunde werden evolutionäre Prozesse durch Reaktionen auf Veränderungen in der Umwelt ausgelöst (durch Irritationen). Solche Entscheidungen generieren Variationen im System, die nur eine mehr oder weniger passende Reaktion auf die Umweltänderung darstellen. Organisationen reagieren auf irritierende Ereignisse – bspw. auf Restrukturierungsvorschläge der Managementforschung, auf von einer Beratung erarbeitete Konzepte oder auf eine Preissenkung eines Konkurrenten – häufig mit Änderungen von Routinen. Im Zuge weiterer Entscheidungen werden die geänderten Routinen evaluiert, als adäquat oder inadäquat eingestuft und entsprechend bestätigt – stabilisiert – oder modifiziert. Reformen – Pläne, ganze Bündel von Routinen zu ändern – basieren auf „rationalen" Konzepten. Aus der Perspektive der Systemtheorie bestehen Reformen jedoch aus nichts als aus Kommunikation. Nachdem eine Reform in Gang gesetzt ist, löst sie weitere Kommunikation aus, die sich selbst mit der Reform verbindet. Solche Prozesse verändern das System u. U. in einer Weise, die ursprünglich von der Reform nicht vorgesehen war. Eine größere Reform führt unweigerlich zu einem Ergebnis, das mit einiger Deutlichkeit vom ursprünglichen Plan abweicht (Luhmann 2000, S. 330ff.). In diesem Sinn ist jede Maßnahme oder jedes Bündel von Maßnahmen mehr oder weniger „blind". Wenn eine Reform schließlich als beendet deklariert wird, ist es nicht möglich, ihren Erfolg auf der Basis objektiver Kriterien zu evaluieren (Brunsson 2002). Erfolg oder Misserfolg von Reformen ist sozial konstruiert durch Entscheidungen im Rahmen von Evaluationen. In anderen Worten, es ist der Managementwissenschaft nicht möglich, Organisationen, die Forschungsergebnisse der Managementwissenschaft in ihrer Entscheidungsfindung berücksichtigen, als Einheiten eines wissenschaftlichen Experiments zu behandeln (March/Sutton 1997). Bei seiner Wissensproduktion kann jedes System Informationen anderer Systeme – etwa des Wissenschaftssystems – berücksichtigen, es wird dies aber in seinem spezifischen Modus tun.

## 2.3 Weshalb Beiträge einer angewandten Managementwissenschaft kaum in Spitzenzeitschriften veröffentlicht werden oder weshalb ein Trade-off zwischen Rigor und Relevanz unausweichlich ist

Versuche der Managementwissenschaft, relevantes Wissen zu generieren, machen Kompromisse im Hinblick auf wissenschaftliche Rigorosität erforderlich. Dies wird deutlich, wenn man sich vor Augen hält, welche Zugeständnisse Forscher machen müssen, welche eine „angewandte Wissenschaft" anstreben. Sie müssen bspw. Werte, Normen und Interessen der Organisationen, für die sie ihre Forschung betreiben, berücksichtigen (Luhmann 1998; Nicolai 2004b). Sie müssen sich einer Sprache befleißigen, welche den Praktikern in den Zielorganisationen verständlich ist. Weiterhin müssen sie darauf achten, dass das Wissen, das sie für die Lösung praktischer Probleme anbieten, eindeutig ist, d.h. sie müssen vermeiden, dass bei der Empfehlung einer Maßnahme viele Bedingungen ihres Wirksamwerdens mit aufgelistet werden, weil Praktiker Lösungen, deren Gültigkeit von der Beachtung vieler Bedingungen abhängig ist, nicht mehr als praktikabel einstufen (Kimberly 2007). Forscher, welche angewandte Forschung betreiben, sollten nach Luhmann (1998, S. 650) die Praktiker vor allem davon abhalten, hinter die Kulissen „in die Werkstatt der Wissenschaft" zu blicken, denn dort würden sie jede Menge nicht kommensurable Theorien, widersprüchliche empirische Ergebnisse, hoch komplexe Methoden und Kontroversen über die Angemessenheit bestimmter Methoden für bestimmte Analysen entdecken. In der Wissenschaft wird aber die Unterdrückung von Wissen über intervenierende Variablen, über sich widersprechende Theorien oder widersprüchliche empirische Ergebnisse als Rückfall hinter den Stand des Wissens gewertet. Kimberly (2007, S. 144) drückt diesen Sachverhalt so aus:

> „University-based researchers have a set of skills and competencies in theory development, theory testing, and research methods that well serve the research community but that do not easily and naturally transfer into settings that demand effective, client-oriented problem-solving skills. The latter often require pragmatic, time-driven, necessarily partial solutions to real client needs. They require compromise, often serious compromise, with the criteria of research excellence and integrity with which university-based researchers are inculcated during their training and that, I would argue, often require researchers to behave in ways that contradict what they teach their students about research design."

Nun ist aber die Produktion unmittelbar anwendbaren Wissens, die verbunden ist mit dem Verschweigen komplizierender Zusammenhänge, für die Forscher mit zwei Risiken verbunden: (1) Es ist kaum möglich, wie das Beispiel der Aktionsforschung zeigt, der es kaum gelingt, Artikel in Spitzenzeitschriften zu veröffentlichen (Gustavsen 2003), solches Wissen in den aktuellen wissenschaftlichen Diskurs einzuspeisen. (2) Praktiker, die Empfehlungen der angewandten Forschung zur Lösung bestimmter Probleme umzusetzen versuchen, stellen häufig fest, dass sie dazu eine Menge zusätzlicher, von der Wissenschaft nicht bereit gestellter, auf den spezifischen Kontext bezogener Information benötigen, worunter die „Autorität der Wissenschaft" leidet (Luhmann 1998, S. 641).

Diese Konsequenz ist bspw. beobachtbar in Analysen, in denen der Erfolg von Unternehmen in Abhängigkeit von bestimmten Maßnahmen untersucht wird (Kieser/Nicolai 2005; March/Sutton 1997). Praktiker beachten die Ergebnisse dieser sog. „Erfolgsfaktorenforschung" nicht, weil sie diese als komplex, widersprüchlich und nicht auf den spezifischen Kontext bezogen wahrnehmen.

Weil Probleme der Praktiker sich in aller Regel nicht so formulieren lassen, dass nur eine Disziplin angesprochen ist, sind interdisziplinäre Forschungsergebnisse erforderlich, um Problemlösungen wissenschaftlich zu unterstützen. In vielen Fällen ist eine solche interdisziplinäre Forschung mit einer niedrigen Stufe der Theorieentwicklung verbunden, da die praktizierte Interdisziplinarität der Forschung nur schlecht abgestimmt ist mit der Interdisziplinarität der Praxisprobleme (Luhmann 1998, S. 642)

Kollaborative Forschung ist mit diesen Problemen konfrontiert. Ihre Befürworter zeigen auf, dass, da dieser Ansatz neues Wissen erschließen muss, z. B. durch Aktionsforschung oder „grounded theory", er mit dem aktuellen Wissenschaftsdiskurs nicht gut verbunden ist. So argumentieren Mohrman et al. (2008, S. 515), dass

> „the application of teams in knowledge settings created a new context for teaming that was apparently rendering some or much of the knowledge of past practices of questionable use. We decided to use a grounded research methodology...".

Action Research oder Mode 2-Projekte (Burgoyne/James 2006; Nowotny/Scott/Gibbons 2001), die sich den Bedingungen der Praxis anpassen, können also nicht nur kaum an vorhandenes wissenschaftliches Wissen anschließen, sie benötigen „neue" Theorien und Methoden zur Wissensgenese, die nicht in den aktuellen Diskursen der Forschung vertreten sind. Sie generieren deshalb keine Ergebnisse, die hohe Chancen besitzen, in Spitzenzeitschriften veröffentlicht zu werden (Greenwood 2002; Gustavsen 2003; Leiner 2008, S. 95ff).

## 3 Kollaborative Forschung – ein Oxymoron?

Aus der selbstreferentiellen Kommunikation des Wissenschaftssystems folgt, dass nur Personen mit einer umfänglichen Ausbildung in und Erfahrung mit Theorien und Methoden in der Lage sind, Forschung zu betreiben, die zu Ergebnissen führt, die als „rigorous" zu bezeichnen sind. Praktiker besitzen nicht das Wissen, das zur Ableitung und Bearbeitung von Forschungsfragen erforderlich ist. Nur wer eine Übersicht über vorliegende Ergebnisse wissenschaftlicher Forschung hat und Forschungsfragen in Theorien einbetten kann, ist in der Lage, weiterführende Forschungsfragen zu formulieren. Praktiker sind auch nicht bewandert in Theorien und Methoden, ohne deren Kenntnis Forschung nicht betrieben werden kann. Insofern ist die Definition der kollaborativen Forschung, als „the active involvement of managers and researchers in the framing of the research agenda, the selection and pursuit of methods, and the development of (implications for) actions" (Mohrman et al. 2008, S. 628) irreführend, indem sie impliziert, dass Praktiker zu kompetenten Partnern im Forschungsprozess werden können, die Forschungsfragen formulieren, angemessene Methoden auswählen und fachgerecht anwenden sowie Ergebnisse kritisch interpretieren können.

Der Umstand, dass Praktiker als potentielle Partner in kollaborativen Forschungsprojekten höchst selten über eine angemessene wissenschaftliche Ausbildung verfügen, legt folgende Thesen nahe, die wir nachfolgend erläutern: (1) Interaktionen zwischen Wissenschaftlern und Praktikern, die *nicht als genuine Forschung* bezeichnet werden können, werden häufig als kollaborative Projekte ausgegeben werden. (2) *Interessen und Motive* von Praktikern und Wissenschaftlern, sich an kollaborativen Projekten zu beteiligen, sind unterschiedlich, was dazu führt, dass diese beiden Gruppen in solchen Projekten *unterschiedliche Belohnungen* realisieren. Praktiker erwarten „aktionsfähiges" Wissen, d. h.

Wissen, das in Entscheidungen zu spezifischen Problemen einfließen kann, Forscher dagegen erwarten, aus solchen Projekten Anregungen zur Produktion wissenschaftlichen, d. h. publizierfähigen Wissens zu erhalten. Praktiker, die auch als Forscher agieren können, streben *in dieser Rolle* u. U. dieselben Belohnungen wie Wissenschaftler an. (3) In Schilderungen durchgeführter kollaborativer Projekte lassen sich Hinweise auf eine *Rollenverteilung* und den Einsatz von *Projektstrukturen und Methoden zur Überbrückung von Kommunikationsbarrieren* finden: Forscher betreiben Forschung und Praktiker machen etwas anderes. Mit Hilfe von Kommunikationsmethoden können sie einen Input leisten, ohne zur Forschung qualifiziert zu sein. (4) Forscher sind in kollaborativen Projekten bereit, *Kompromisse in Bezug auf Rigor* zu akzeptieren. Diese Annahmen finden in der Literatur zur kollaborativen Forschung Unterstützung, wie wir in den folgenden Abschnitten zeigen.

3.1 Was kollaborative Forschung genannt wird, ist häufig keine Forschung

Die Beschreibungen einiger kollaborativer Projekte erinnern eher an konventionelle Weiterbildung für Manager: Die Wissenschaftler lehren neues Wissen und erhalten als Gegenleistung ein Honorar. Zum Beispiel gehen Docherty und Shani (2008, S. 164) davon aus, dass „mechanisms to promote and support learning at different levels and across levels of an organization are the internal way of organizing collaborative scientific inquiry and the way of organizing, acting on, and developing the firm's differentiated capabilities". In anderen Worten sehen Docherty and Shani (2008) Kollaborative Forschung in erster Linie als eine Veranstaltung, in der Wissenschaftler durch Training die Performance von Organisationen verbessern.

Auch ist es nicht immer einfach, kollaborative Forschung und Managementberatung auseinander zu halten. Beratungsprojekte setzen in aller Regel eine Beteiligung von Managern und Mitarbeitern des beratenen Unternehmens bei der Istanalyse, der Identifizierung von Problemen und der Implementierung von Verbesserungen voraus (s. z. B. Fosstenlökken et al. 2007; Kubr 2002; Morris 2000; Schein 1999). Nicht wenige Universitätsprofessoren arbeiten auch als Berater und verhalten sich in dieser Rolle anders als in ihren Rollen als Forscher und Lehrer (Kieser 2005). In einem Kapitel zu kollaborativer Forschung verweisen Werr and Greiner (2008, S. 94) auf „[i]nfluential researchers, such as Michael Porter, Michael Beer, and Susan Mohrman ... [who] have set up their own research institutes in which they integrate research and practice, and which increasingly (and successfully) compete with large consulting organizations". Es ist nicht unwahrscheinlich, dass diese „research institutions" in ihren Interaktionen mit Klienten ein Muster entwickeln, das sich nicht stark von dem gewöhnlicher Unternehmensberatungen unterscheidet Adler und Beer (2008, S. 552) sprechen vom „scholar-consultant" als einem „important member" of „collaborative teams". Andere Wissenschaftler, die Kooperationsprojekte begleitet haben, berichten, dass diese eher Beratungsprojekten gleichen, da sie „encourage the creation and diffusion of just those types of management fads and fashions that academics tend to be very critical of" (Newell/Swan/Kauth 2001, S. 97). Es kann angenommen werden, dass Unternehmen solchen „Wissenschaftler-Beratern" ein Honorar entrichten. Dass „Wissenschaftler-Berater" wie Porter, Kaplan, Norton oder Beer Universitätsstellen innehaben, verleiht ihren Beratungsdiensten wissenschaftliche

Legitimität, erhebt diese aber nicht zu Forschung. Projekte „kollaborativer Forschung" erhalten unweigerlich den Charakter von Beratungsprojekten, wenn Ergebnisse wie „improvements in cost, quality, and productivity indices" hervorgehoben werden (Amabile et al. 2001; 2008, S. 56), ohne zu erwähnen, dass daneben auch wichtige Forschungsergebnisse erzielt worden seien. Aber: Unternehmensberatung ist etwas anderes als Wissenschaft (Kieser 2005) und deshalb ist es angebracht, wenn Kimberly (2007, S. 143) davor warnt, dass

> „the quality of management research can be seriously compromised when researcher-manager interactions unfold under conditions of role confusion or role ambiguity, when it is not clear whether the faculty member is acting as a researcher (whose role is to discover new insights about the way the world works) or as a consultant (whose role is to provide advice to a client".

In „kollaborativen Projekten", die nicht unter Executive Training oder Beratung subsumiert werden können, sind finanzielle Gegenleistungen ebenfalls nicht immer abwesend. Im öffentlichen Bereich, aber nicht nur da, wird „kollaborative Forschung" häufig mit Forschungsmitteln unterstützt (Knight/Pettigrew 2007; Newell et al. 2001). Es ist anzunehmen, dass die Praktiker in solchen Projekten davon ausgehen, eine wohlfeile Beratung zu erhalten.

3.2 „Kollaborative Forschung" beruht auf unterschiedlichen Motiven und produziert unterschiedliche Ergebnisse für Praktiker und Forscher

In ihren Schilderungen über kollaborativer Forschung empfehlen Wissenschaftler häufig, „Win-Win-Situationen" (Werr/Greiner 2008, S. 102) für Kooperationspartner mit unterschiedlichen Interessen (Pasmore et al. 2008) herbeizuführen. Die am häufigsten erwähnte nicht-finanzielle Entlohnung für Wissenschaftler besteht darin, dass sie in solchen Projekten die „real world" kennen lernen (Werr/Greiner 2008, S. 105), „rich data" sammeln, und wissenschaftlichen Output in Form von Publikationen, Präsentationen und Dissertationen generieren können (Knight/Pettigrew 2007; Knights et al. 2008). Allerdings ziehen Manager aus Publikationen weniger Bestätigung als Wissenschaftler – und sie generieren weniger soziales Kapital. „[I]t is simply not realistic to expect most managers to invest in joint publications" (Adler/Beer 2008, S. 552). Manager lesen ja nicht einmal Publikationen von Managementwissenschaftlern (Fry et al. 1985; Gopinath/Hoffman 1995; Leiner 2008, S. 278ff.; McKenzie et al. 2002; Oesterle 2006); weshalb sollten sie dann danach streben, solche mitzuverfassen? Das Interesse von Managern, managementwissenschaftliche Forschungsergebnisse zu erzielen, hält sich in ausgesprochen engen Grenzen. Sie als Forscherkollegen zu bezeichnen ist eine „blurring of roles" (Knight/Pettigrew 2007, S. 6).

Die Unterschiede zwischen Managern und Wissenschaftlern in Motivation und Interessen kann zu Spannungen und Konflikten in der Kooperation führen. Wie McKelvey (2006, S. 825) anmerkt: „[e]ngaged scholarship consists of pluralistic interests and conflict; there is the risk of decision by committees, power contests, and settling for the lowest common denominator". Tatsächlich finden sich Schilderungen solcher Konflikte. Amabile et al. (2001) z. B. berichten über einen „conflict over practitioner involvement that was never truly resolved". In diesem Fall fühlten sich die Praktiker nicht ausreichend in das Projekt einbezogen „on an ongoing basis with the 'real work' of the study" (S. 426). Konflikte dieser Art können vermieden werden, wenn man Forschern und Praktikern *unterschiedliche Rollen* zuteilt. Beispielsweise nehmen Praktiker an Foren teil, in denen Wissenschaftler *von ihnen* erzielte Ergebnisse vorstellen, und diese dann mit den Praktikern diskutieren. In vielen Berichten „kollaborativer Forschung" wird die Bedeutung eines gegenseitigen Verständnisses der jeweiligen Unterschiede der Vorgehensweisen von Forschern und Praktikern, aus dem sich gegenseitiges Vertrauen ergeben müsse, hervorgehoben (Amabile et al. 2001). Nicht ohne Grund: Unter den Bedingungen unterschiedlicher Interessen, unterschiedlichen Wissens und Unsicherheit über das Ergebnis von Interaktionen ist gegenseitiges Verständnis und Vertrauen besonders vonnöten. Nicht als Wissenschaftler ausgebildete Praktiker sind nicht motiviert, Forschung zu betreiben, sie nehmen deshalb andere Rollen in kollaborativen Projekten ein, und diese unterschiedlichen Rollen bewirken auch in kollaborativen Projekten einen „gap" zwischen Wissenschaft und Praxis.

### 3.3 Spezifische Rollenverteilung sowie Strukturen und Methoden zur Erleichterung und Aufrechterhaltung von Interaktionen zwischen Praktikern und Wissenschaftlern

Da sich in kollaborativen Projekten Konflikte über die Rollenverteilung mit großer Wahrscheinlichkeit herausbilden, ist die Etablierung einer Projektstruktur mit klaren Rollendefinitionen erforderlich (Amabile et al. 2001). Der Projektleiter ist insbesondere während der Projektmeetings für die Aufrechterhaltung der vorgegebenen Rollen und ihre Anpassung verantwortlich Auch ist der Einsatz von „Kommunikationsinstrumenten" und Methoden zur Erleichterung der Interaktion zwischen Partnern, deren Kommunikation unterschiedlichen Logiken folgt, notwendig. Die Befürworter kollaborativer Forschung verweisen auf eine Reihe von Ansätzen, welche „Instrumente zur Erleichterung von Kommunikation" genannt werden können wie „appreciative inquiry" (Tenkasi/Hay 2008, S. 56), „developmental action inquiry" (McGuire et al. 2008, S. 135), „klinische Forschung" („clinical research") (Werr/Greiner 2008, S. 106), Aktionsforschung und Interventionsforschung (David/Hatchuel 2008), Coaching (Boyatzis et al.. 2008), „Dynamic Strategic Alignment" (Olascoaga/Kur 2008), „Socio-technical Approach" (Kolodny/Halpern 2008), „Organizational Fitness Profiling" (Beer/Eisenstat 2000), „True-point Strategic Fitness Profiling" (Adler/Beer 2008) or „narrative inquiry" (Ospina/Dodge 2005). Methoden dieser Art finden sich nicht in Büchern zu Forschungsmethoden, sondern sind generell zu fassen unter Methoden zur Unterstützung von Interventionen in der Praxis. Einige Methoden sind speziell für kollaborative Forschung geschaffen worden und unterliegen einem Copyright-Schutz. Wie aber oben ausgeführt, werden jedoch nur mit akzeptierten Forschungsmethoden erzielte Ergebnisse von der Scientific Community anerkannt und in Spitzenzeitschriften veröffentlicht.

Für Mohrman et al. (2001, S. 360) sind „joint interpretation forums in which individuals can portray their own views of a situation, self-reflect, collectively reexamine, and come away with altered and enhanced interpretations and perspectives" ein wesentlicher Bestandteil kollaborativer Forschung. Wir finden es bemerkenswert, dass in diesem Zitat Akteure aus den beiden Gruppen nicht etwas gemeinsam herstellen. Die Praktiker und die

Forscher „come away with altered and enhanced interpretations and perspectives" – wohl jede Gruppe für sich selbst. Die Autoren weisen darauf hin, dass „[b]eing involved in interpretation processes that take each other's viewpoints into account should facilitate the ability of each party to translate between, and at least partially integrate, their own and the other frameworks". Auf der Basis unseres Konzepts, ist das Einnehmen unterschiedlicher Perspektiven ein höchst voraussetzungsvoller Prozess. Verstehen – die Zuordnung einer Bedeutung zu einer Kommunikation – wird nicht durch den Sprechenden hergestellt, sondern durch den Zuhörer (Luhmann 1995). Wenn ein System (z. B. die Wissenschaft oder ein Unternehmen) einen Beitrag von Außenstehenden aufgreift, dann ist die Bedeutung, die es diesem Beitrag zuweist, von seiner eigenen Logik bestimmt, ist sein eigenes Produkt. Wenn bspw. ein Praktiker einem Forscher etwas erklärt, dann muss der Forscher diese Kommunikation auf der Basis seiner Logik verarbeiten, um sie verstehen zu können und vice versa. In welchem Umfang sich die Interpretationen des Senders und des Empfängers decken, kann nicht einfach festgestellt, schon gar nicht als selbstverständlich angenommen werden.

Aus dieser Perspektive ist festzustellen, dass sich bei „kollaborative Forschung", die in Form eines Projektes organisiert ist, gewöhnlich ein „Kontaktsystem" herausbildet. In solchen temporären Kontaktsystemen findet eine Art von Kommunikation statt, die sich von der Kommunikation der Systeme, aus denen die Teilnehmer kommen, unterscheidet (Luhmann 2005a; Mohe/Seidl 2007). Die Diskurse in Kontaktsystemen sind für Außenstehende, einschließlich nicht beteiligte Forscher, schwer verständlich und das mag ein Grund dafür sein, weshalb Forscher, die nicht am dem entsprechenden kollaborativen Projekt beteiligt sind, Schwierigkeiten haben, die Ergebnisse als wissenschaftliche Leistungen zu akzeptieren. Auch kann man nicht davon ausgehen, dass solche Kontaktsysteme mit Sicherheit Änderungen in der Organisation der Praktiker auslösen, weil dieses System der Praktiker den Output des Kontaktsystems ebenfalls nicht ohne weiteres akzeptiert. Aus diesem Grunde sind Mohrman et al. (2001, S. 370), Proponenten einer kollaborativen Forschung, skeptisch, ob „Foren", wie sie Kontaktsysteme nennen, Wandel zustande bringen, selbst wenn die Mitglieder dieses Kontaktsystems übereinstimmend bestimmte Maßnahmen empfehlen, weshalb sie es für erforderlich halten, dass in der betreffenden Organisation zusätzliche Maßnahmen ergriffen werden, um die Empfehlungen, die in einem Forum erarbeitet wurden, umzusetzen:

„The creation of joint interpretive forums to interpret the data does not necessarily lead to ongoing self-design in an organization being informed by that knowledge. Taken at face value, it would seem that researchers must do more than work collaboratively with organization members to understand the research findings. Perhaps they must become part of an organization's self design activities if they wish to promote usefulness. Such participation would constitute adoption of a more traditional action research approach in which researchers are also change consultants (!) and are involved in internal organizational processes."

In anderen Worten: die Organisation, die das kollaborative Projekt initiiert hat, muss auf den Output des Kontaktsystems reagieren – sie muss Entscheidungen fällen, ob und, gegebenenfalls, wie sie reagiert. Und, worauf Mohrman et al. (2001) ebenfalls hinweisen, pflegen Forscher und Praktiker selbst bei der Zusammenarbeit in einem Kontaktsystem gewöhnlich ihre Eigenständigkeit, halten eine gewisse Distanz aufrecht (Luhmann 2005a). Jede Seite ist daran interessiert, ihre Identität zu wahren und ihre eigene Logik zur Anwendung zu bringen. Die Mitglieder der beteiligten Gruppen reflektieren unter sich über die jeweils andere Gruppe, indem sie Fragen wie die folgenden diskutieren: Weshalb versteht uns die andere Seite nicht? Welche Argumente sind geeignet, um die andere Gruppe zu überzeugen? Weshalb muss die andere Gruppe (in diesem Fall die Forscher) diese Lösung erst auf breiterer Basis testen, wo doch andere Organisationen nicht von unseren Praktiken Kenntnis haben sollten?

### 3.4 Kollaborative Forschung impliziert einen Kompromiss zwischen Rigor und Relevanz

Vertreter einer „kollaborative Forschung" argumentieren, dass dieser Ansatz die „dual hurdles" von Relevanz und Rigor meistern könne (Hodgkinson et al. 2001; Pettigrew 2001, S. 353; Van de Ven/Johnson 2006). Sie gehen also davon aus, dass es zwischen diesen beiden Kriterien der Forschungsqualität keinen Konflikt gäbe und er folglich auch nicht in Projekten der kollaborativen Forschung virulent werden könne. Diese Behauptung lässt sich kaum stützen, denn bei der überwältigenden Mehrheit von Artikeln zu kollaborativer Forschung handelt es sich um Epistemologien (s. auch Leiner 2008, S. 92ff.; Rasche 2007, S. 297 macht dieselbe Beobachtung), also um Ausführungen zur Methode. Über inhaltliche Ergebnisse kollaborativer Forschung wird äußerst selten berichtet. Und wenn Ergebnisse präsentiert werden, dann sind sie in ein generelles Plädoyer für kollaborative Forschung eingebettet. Man kann also annehmen, dass Aufsätze über kollaborative Forschung nicht deswegen in Spitzenzeitschriften veröffentlicht werden, weil sie durch Rigor überzeugen, sondern weil sie für politisch relevant gehalten werden. Relevanz kommt ins Bild, indem Forscher als Autoren feststellen, wie nützlich Praktiker Ergebnisse finden müssen, die Praktiker für andere Praktiker mit erarbeiten (siehe z. B. Mohrman et al. 2001). Die Annahme, dass kollaborative Forschung sowohl Rigor als auch Relevanz fördert, widerspricht unserer oben entwickelten Position, dass angewandte Forschung immer Kompromisse in Bezug auf Rigor eingehen muss und auch der Beobachtung, dass die Verwissenschaftlichung der Managementlehre zu einer größer werdenden Rigor-Relevance Gap führte. Dass Autoren, welche kollaborative Forschung propagieren, durchaus von notwendigen Kompromissen ausgehen, wird bspw. deutlich, wenn sie von einer „arbitrage strategy for surpassing the dual hurdles of relevance and rigour in the conduct of fundamental research of complex problems" (Van de Ven/Johnson 2006, S. 815) oder von „a broadening of the idea of rigour in the context of an applied social science" (Hodgkinson et al. 2001, S. 545) sprechen. Leider erklären diese Autoren nicht, was sie unter „arbitrage" oder unter „broadening the criterion of rigour" verstehen.

Shani et al. (2008, S. 540) argumentieren, dass „truth [about] whether and why taking particular actions and influencing particular dynamics and parameters of the system lead to desired outcomes" sich mit größerer Sicherheit auf der Basis „of rigorous scientific procedures for creating quasi-experimental studies, even if the studies occur in different systems over time" ableiten lässt. Diese Autoren implizieren damit, dass kollaborative Forschung, wenn nur für eine Organisation oder für wenige Organisationen betrieben, weniger rigoros ist als kollaborative Forschung über eine große Zahl von Organisationen hinweg. Die Konzentration auf Einzelfälle vor allem verhindert die Anerkennung der Aktionsforschung als „rigorous" (Gustavsen 2003). Mit der Forderung nach repräsentativen Stichproben nähert sich der Ansatz der kollaborativen Forschung dem Ideal der positivistischen Forschung. In dieser Absicht distanzieren sich die Herausgeber des *Handbook of Collaborative Management Research* von Aktionsforschung: „It is not our intent to denigrate action research or other collaborations that do not adhere to these standards" (Mohrman et al. 2008, S. 628). Der Standard, um den es hier geht, beruht auf „systematic knowledge production processes as researchers contribute to a broader body of knowledge that is accessible beyond the organization itself" (Mohrman et al. 2008, S. 628). Auf diese Weise werden die Kriterien konventioneller positivistischer Managementforschung perpetuiert, indem konzediert wird, dass der Stand der kollaborativen Forschung dieses Niveau noch nicht erreicht habe. Analysen einzelner oder weniger Fälle sind mit Abstand vorherrschend. Kollaborative Forschung, die sich über mehrere Organisationen erstreckt, ist jedoch kaum zu bewerkstelligen, weil es wohl nicht gelingen dürfte, Praktiker aus mehreren Organisationen in einen Prozess der Kommunikation untereinander und mit Forschern einzubinden. Auch wird nicht ausgeführt, auf welche Weise sich kollaborativ erarbeitete Forschungsergebnisse auf der Basis großer Stichproben von Ergebnissen konventioneller großzahliger Forschung unterscheiden. Dass Praktiker beteiligt sind, gewährleistet nicht, dass Ergebnisse relevanter sind. Die solche Forschung rezipierenden Praktiker müssen immer noch die Ergebnisse in ihren spezifischen Kontexten anwenden, die sie in den abstrakten Ergebnissen großzahliger Forschung kaum identifizieren können.

Ein anderer Indikator eines notwendigen Kompromisses zwischen Rigor und Relevanz ist der Wunsch, „to develop a journal devoted to collaborative management research" (Mohrman et al. 2008, S. 630). Eine solche Zeitschrift würde eine Nische für kollaborative Forschung schaffen und sie damit vor der Konkurrenz mit Forschungsergebnissen anderer Felder schützen. Und, wie Macdonald und Kam (2007, S. 648) anmerken, sind die Chancen neu gegründeter Zeitschriften, in die Spitzengruppe vorzustoßen, gering: „New journals are seen not as quality journals in waiting, but as a disgrace."

Beer (2001, S. 60) nimmt an, die Evaluationssysteme der Managementwissenschaft verhinderten die Verbreitung von Ergebnissen kollaborativer Forschung: Eine positivistische Interpretation der Managementwissenschaft, führt er aus, „led academics to value research designs in which the researcher is distanced from the subject being researched" und er drängt Business Schools, sich zu vergegenwärtigen „how ... incentives created by the promotion process discourage professional concern for creating knowledge that meets the test of implementability". Die wichtigste Frage ist jedoch, ob die Befürworter kollaborativer Forschung akzeptieren, dass ihr Ansatz „*is not compatible with the criteria of scientific explanation as established by positivist science*", wie Susman und Evered (1978, S. 601, Hervorhebung durch d. Verf.) in Bezug auf die Aktionsforschung anmerken, was eine Minoritätsposition impliziert. Beer fordert also explizit einen Kompromiss auf Kosten von Rigor und zugunsten von Relevanz. Er ist allerdings einer der Wenigen, die überhaupt einen Konflikt zwischen Rigor und Relevanz konzedieren.

Aber wie ist es möglich, dass Ingenieurwissenschaften und Medizin offensichtlich weniger als die Managementwissenschaft unter einer Rigor-Relevance Gap leiden? Das liegt daran, dass es diesen Wissenschaften gelingt, Anwendungen ihrer Ergebnisse und die

Evaluation des Erfolges dieser Anwendungen innerhalb ihrer Einrichtungen durchzuführen, also in das System ihrer Wissenschaft zu verlagern. Medizinwissenschaftler können in Universitätskliniken mit verschiedenen Therapien experimentieren und Ingenieurwissenschaftler können Innovationen wie energiesparende Maschinen oder neue Bautechniken in ihren Laboratorien testen. In diesen Fällen lässt sich die Logik der Kommunikation auf der Basis des Kriteriums wahr/unwahr mit der auf der Basis des Kriteriums funktioniert/funktioniert nicht in Übereinstimmung bringen. Wenn Tests unter Laborbedingungen gelingen, dann spricht das für die Gültigkeit der zugrunde liegenden Theorien und zugleich für deren Relevanz. Diese Wissenschaften bewerkstelligen dabei nicht selten, die Aufrechterhaltung des klassischen Bildes der „angewandten Wissenschaft" durch Genese von technischen Artefakten zu sichern, wobei diese dann nicht im Wissenschaftssystem selbst, sondern in Bereichen des außerwissenschaftlichen Ausprobierens in kontingenten „Kombinationsspielräumen" zwischen Wissenschaftlern und Praktikern erzeugt werden (Luhmann 1998, S. 263). Managementwissenschaftler hingegen können Unternehmen nicht in ein Krankenbett stecken oder einem Labortest unterziehen. Sie müssen die Effekte ihrer unabhängigen Variablen, die der Kontrolle des Managements unterworfen werden können, von einer Position außerhalb des Systems der Praxis erforschen, was Kommunikation über die Systeme der Wissenschaft und der Praxis hinweg erfordert und damit den Gap nicht schließt, sondern als Problem permanent bestätigt (Kieser/Nicolai 2005; March/Sutton 1997). Dass es auch in Ingenieurwissenschaften zu „rigor-relevance gaps" kommen kann, zeigt Baumeler (2009).

## 4 Vom Nutzen produktiver gegenseitiger Irritationen zwischen Forschern und Praktikern

Aus der Sicht der Systemtheorie ist es die wichtigste Aufgabe der Wissenschaft, Beschreibungen und Analysen von Entwicklungen und Phänomenen zu generieren, die sich von den Selbstbeschreibungen der Forschungsobjekte unterscheiden (Luhmann 1998, S. 469ff.). Wissenschaftliches Wissen soll zu *kritischen Reflexionen* über geübte Praktiken befähigen. Durch Kollaboration mit Praktikern im Prozess der Forschung läuft die Managementwissenschaft Gefahr, ihre Distanz zu ihren Forschungsobjekten zu verlieren und damit ihre Fähigkeit, Wissen zu generieren, das sich prinzipiell vom Wissen der Praxis, etwa vom Wissen von Managern oder Managementberatern (Luhmann 2005b) unterscheidet. Die unterschiedlichen Erwartungen, die Praktiker an Forschung herantragen, führen nach Kimberly (2007, S. 144) zu Spannungen – zu

„tensions in the relationship between the two parties [practitioners and researchers], tensions that certainly can, if not openly and honestly acknowledged and discussed, lead to the sort of compromises that will diminish quality and that may, as boundaries shift, ultimately compromise researcher and institutional independence."

Eine solche Entwicklung würde letztlich zu einem Verschwinden der entsprechenden Wissenschaftsdisziplinen führen. Man muss sich vor Augen halten, dass die Managementwissenschaft in ihren Anfängen Gefahr lief, ihre Legitimation abgesprochen zu bekommen, weil sie keine Distanz zur Praxis aufwies und wissenschaftliche Rigorosität, also Andersartigkeit, vermissen ließ (Leiner 2008, S. 24ff.). Die Konsequenz der unüberbrückbaren Kommunikationsbarrieren zwischen Managementwissenschaft und Praxis sollte aber nicht darin bestehen, dass sich Managementforscher zurücklehnen und Praktiker sich selbst oder Beratern überlassen (Kieser 2002; Kieser/Wellstein 2007; Luhmann 1992). Wir sind überzeugt, dass ein fruchtbarer Austausch zwischen Praktikern und Wissenschaftlern möglich ist, solange nicht Forschung der angestrebte Output dieses Austausches ist.

Eine erste Bedingung eines solchen fruchtbaren Austauschs ist, dass Praktiker und Wissenschaftler in der Lage sind, sich auf unterschiedliche Kontexte einzulassen. Wie wir zu zeigen versucht haben, ist eine Übersetzung wissenschaftlichen Wissens in Laienwissen nicht möglich (Seidl 2007). Praktiker müssen wissenschaftliches Wissen in einem gewissen Ausmaß verstehen und es in ihrem spezifischen Kontext reinterpretieren können. Und Managementforscher müssen in der Lage sein, die Kommunikation von Praktikern zu würdigen. Der „Brückenschlag" zwischen Wissenschaft und Praxis bedeutet nach Bosch et al. (2001, S. 209) nicht,

> „eine direkte Einspeisung expliziten wissenschaftlichen Wissens in anders geartete Handlungskontexte, sondern erfordert praktische Übergänge. Es genügt nicht, anonyme Botschaften in Form von wissenschaftsinternen verständlichen Projektberichten nach ‚außen' zu senden, sondern es bedarf der praktischen Verschränkung von Handlungskontexten, die sich weniger institutionell als personal realisiert: in der Fähigkeit von praktisch engagierten Personen, zweierlei Sprachen zu sprechen und explizit aufbereitete Wissenselemente in actu, d. h. situationssensibel zu ‚übersetzen'."

Solche Fähigkeiten setzen diese Mittler in die Lage, Äußerungen über Fakten oder Beziehungen als Metaphern in dem jeweils anderen Kontext zur Kenntnis zu bringen.

Facilitatoren dieser Art sollten nicht nur fähig sein, sowohl die Sprache der Praxis als auch die der Wissenschaft zu verstehen und zu sprechen, sie sollten auch Schemata zwischen diesen Kontexten transferieren können. Sie sollten fähig sein, *Implikationen* einer wissenschaftlichen Analyse in der Praxis zu erproben (nicht für andere Wissenschaftler sozial zu konstruieren). Sie sollten eine praktische Situation so beschreiben können, dass Forscher wissenschaftliche Konzepte mit ihnen in Verbindung bringen und Interpretationen beisteuern können, die Praktikern Anregungen vermitteln. Eine solche Kompetenz wird z. B. wirksam, wenn in Betriebswirtschaftslehre promovierte Absolventen in Unternehmen tätig werden, aber in einem gewissen Umfang in der Wissenschaft involviert bleiben oder wenn Forscher in Praxisprojekten tätig werden. (Luhmann 2005b). „Kollaborative Projekte" setzen Forscher nicht in die Lage, Forschungsergebnisse zur sofortigen Umsetzung zu generieren, noch befähigen sie Praktiker, praxisnahe theoretische Konzepte zu formulieren. Bilinguale Facilitatoren können vielleicht helfen, „produktive Irritationen" als selbst-konstruierte Reinterpretationen wissenschaftlichen Wissens zu generieren. Teubner (2000, S. 408, unsere Hervorhebung) drückt das so aus:

> „*Between the discourses, the continuation of meaning is impossible and at the same time necessary.* One discourse cannot but reconstruct the meaning of the other in its own terms and context and at the same time can make use of the meaning material of the other discourse as an external provocation to create internally something new."

Aus Theorien abgeleitete Ideen und Konzepte können produktive Rekonstruktionen im Praxissystemen auslösen. Die interpretative Offenheit (Ambivalenz) theoretischer Konstrukte bietet sich für produktive Irritationen im Praxiskontext an (Rasche/Behnam 2009). Dass theoretische Konzepte in Praxiskontexten ihre Bedeutung ändern können hat unlängst Benders mit Hinweise auf Managementmoden gezeigt (Benders/Bijsterveld 2000; Benders/van Veen 2001; s. auch Engwall et al. 2005; Kieser 1997; Seidl 2007). Wissenschaftliche Konzepte können Diskurse auslösen und im Wege von „sensemaking" oder „framing", zur Unsicherheitsreduzierung in Organisationen beitragen. Framing kann als eine Kommunikationsstrategie betrachtet werden, die eingesetzt wird „to bound and structure an otherwise equivocal phenomenon in more concrete and precise terms" (Tenkasi/Hay 2008, S. 66). Im Gegensatz dazu ist „sensemaking" zu sehen als eine „reciprocal dynamic where theory is used as a tool (sic) to make sense of practice, and practice to make sense of theory" (Tenkasi/Hay 2008, S. 66).

## 5 Schlussfolgerungen

Dutzende von Veröffentlichungen zu kollaborativer Forschung schaffen den Eindruck, als ob Managementforscher viel versprechende Anstrengungen zur Überbrückung des Rigor-Relevance Gap unternähmen. Wir halten dagegen, dass kollaborative Forschung ein zum Fehlschlag verurteiltes Projekt ist. Die Intensität der Diskussion und euphorisch klingende Bezeichnungen wie „collaborative research", „engaged scholarship" oder „evidence-based management" verschleiern den Umstand, dass das System der Managementforschung sich in seinen grundlegenden Prozeduren, einschließlich des „gap", immer wieder selbst reproduziert und auch dass all der Hype um kollaborative Forschung noch keine einzigen bemerkenswerten, Rigor und Relevanz in sich vereinigenden Forschungsoutput zustande gebracht hat.

Es ist typisch, dass die Befürworter kollaborativer Forschung für punktuelle Forschungsinteraktionen zwischen Wissenschaftlern und Praktikern über die Grenzen des Wissenschaftssystems hinweg plädieren. Kein einziger spricht sich für eine ständige Rolle von Praktikern im System der Managementforschung aus (Lehrbeauftragte aus der Praxis sollen lehren, nicht forschen!). Eine Fakultät für Wirtschaftswissenschaften, die Praktiker als Forscher rekrutierte, würde Reputation einbüßen. Und eine wissenschaftliche Zeitschrift, die Praktiker als Herausgeber beschäftigte, würde riskieren, dass dies als Signal einer Umfirmierung zu einer Praktikerzeitschrift gewertet würde.

Forscher und Praktiker können sich auf eine inspirierende Weise gegenseitig irritieren. Wir nehmen an, dass in manchen Konfrontationen, die als kollaborative Forschungsprojekte bezeichnet werden, genau dies passiert. Wir sind überzeugt, dass die Bestimmung der Bedingungen, unter denen die Managementforschung die Praxis inspiriert, stark von einer Aufgabe des Mythos der kollaborative *Forschung* profitieren würde.

## Literatur

Aaronson SA (1992) Serving America's business? Graduate business schools and American business. Business History 34:160–182

Adler N, Beer M (2008) Collaborative R&D in management: The practical experience of FENIX and TruePoint in bridging the divide between scientific and managerial goals. In: Shani, ABR, Mohrman, SA, Pasmore, WA, Stymne, B, Adler, N (Hrsg.): Handbook of Collaborative Management Research. Los Angeles, S 545–565

Albach H (1995) Betriebswirtschaftslehre als Wissenschaft vom Management. In: Wunderer R (Hrsg) Betriebswirtschaftslehre als Management- und Führungslehre. Stuttgart, S 99–108

Aldrich HE (1999) Organizations Evolving. Thousand Oaks, CA

Amabile TM, Patterson C, Mueller J, Odomirok PW, Marsh M, Kramer SJ (2001) Academic-practitioner collaboration in management research: A case of cross-profession collaboration. Academy of Management Journal 44:418–431

Anderson N, Herriot P, Hodgkinson GP (2001) The practitioner-researcher divide in industrial, work and organizational (IWO) psychology: Where are we and where do we go from here? Journal of Occupational and Organizational Psychology 74:391–411

Bartunek JM (2007) Academic-practitioner collaboration need not require joint or relevant research: Toward a relational scholarship of integretation. Academy of Management Journal 50:1323–1332

Baumeler C (2009) Entkopplung von Wissenschaft und Anwendung. Eine neo-institutionalistische Analyse der unternehmerischen Universität. Zeitschrift für Soziologie 38:68–84

Beer M (2001) Why management research findings are unimplementable: An action science perspective. Reflections 2:58–65

Beer M, Eisenstat R (2000) The silent killers of of strategy implementation and learning. Sloan Management Review 41(4):29–40

Benders J, Bijsterveld Mv (2000) Leaning on lean: the reception of a management fashion in Germany. New Technology, Work and Employment 15:50–65

Benders J, van Veen K (2001) What's in a fashion: interpretative viability and management fashions. Organization 8:33–53

Beyer JM, Trice HM (1982) The utilization process: A conceptual framework and synthesis of empirical findings. Administrative Science Quarterly 27:591–622

Bosch A, Kraetsch C, Renn J (2001) Paradoxien des Wissenstransfers. Die „Neue Liaison" zwischen sozialwissenschaftlichem Wissen und sozialer Praxis durch pragmatische Öffnung und Grenzerhaltung. Soziale Welt 52:199–218

Boyatzis RE, Howard A, Rapisarda B, Taylor S (2008) Coaching for sustainable change. In: Shani ABR, Mohrman SA, Pasmore WA, Stymne B, Adler N (Hrsg) Handbook of Collaborative Management Research. Los Angeles, S 231–241

Brunsson N (2002) The organization of hypocracy: Talk, Decisions and Actions in Organizations. Copenhagen

Buckley MR, Ferris GR, Bernadin HJ, Harvey MG (1998) The disconnect between the science and practice of management. Business Horizons(March-April): 31–38

Burgoyne J, James KT (2006) Towards best or better practice in corporate leadership development: Operational issues in Mode 2 and design science research. British Journal of Management 17:303–316

Campbell JP, Daft RL, Hulin CL (1982) What to study: Generating and Developing Research Questions. Beverly Hills, CA

Cheit EF (1985) Business school and its critics. California Management Review 27:43–62

Cummings TG (2007) Quest for an engaged scholarship. Academy of Management Review 32:355–360

Cyert RM, March JG (1963) A Behavioral Theory of the Firm. Englewood Cliffs, NJ

Daft RL, Lewin AY (1990) Can organization studies begin to break out of the normal science straitjacket? Organization Science 1:1–9

David A, Hatchuel A (2008) From actionable knowledge to universal theory in management research. In: Shani ABR, Mohrman SA, Pasmore WA, Stymne B, Adler N (Hrsg) Handbook of Collaborative Management Research. Los Angeles, S 33–47

de Rond M, Miller AN (2005) Publish or perish: Bane or boon of academic life? Journal of Management Inquiry 14:321–329

Denrell J (2003) Vicarious Learning, under-sampling of failure, and the myths of management. Organization Science 14:227–243

Docherty P, Shani ABR (2008) Learning mechanisms as means and ends in collaborative management research. In: Shani ABR, Mohrman SA, Pasmore WA, Stymne B, Adler N (Hrsg) Handbook of Collaborative Management Research. Los Angeles, S 163–181

Engwall M, King R, Werr A (2005) Models in action: How management models are interpreted in new product development. R&D Management 35:427–439

Fosstenlökken SM, Löwendahl BR, Revang Ö (2007) Knowledge development through client interaction: A comparative study. Organization Studies 24:859–879

Fry E, Walters C, Scheuermann L (1985) Perceived quality of fifty selected journals: academicians and practitioners. Journal of the Academy of Marketing Science 13:352–361

Goodrick E (2002) From management as a vocation to management as a scientific activity: An institutional account of a paradigm shift. Journal of Management 28:649–668

Gopinath C, Hoffman RC (1995) A comment on the relevance of strategy research. In: Shrivastava P, Huff AS, Dutton JE (Hrsg) Advances in Strategic Management: Challenges from within the Mainstream, Vol 12B. Greenwich, CT, S 93–110

Gordon RA, Howell JE (1959) Higher Education for Business. New York

Greenwood DJ (2002) Action research – unfilled promises and unmet challenges. Concepts & Transformation 7:117–139

Gustavsen B (2003) Action research and the problem of the single case. Concepts & Transformation 8:93–99

Hakel MD, Sorcher M, Beer M, Moses JL (1982) Making It Happen: Designing Research with Implementation in Mind. Beverly Hills, CA

Hambrick DC (1994) What If the Academy Actually Mattered? – 1993 Presidential Address. Academy of Management Journal 19:11–16

Hambrick DC (2007) The field of management's devotion to theory: Too much of a good thing? Academy of Management Journal 50(6):1346–1352

Harmon, MM (2006) Business research and Chinese patriotic poetry: How competition for status distorts the priority between research and teaching in US business schools. Academy of Management Learning & Education 5:234–243

Hayer RH, Abernathy WJ (1980) Management minus Invention. The New York Times (v. 20.8), S D2

Hayer RH, Abernathy WJ (1980b) Managing our way to economic decline. Harvard Business Review 58 (July-August): 67–77

Hodgkinson GP, Herriot P, Anderson N (2001) Re-aligning the stakeholders in management research: Lessons from industrial, work and organizational psychology. British Journal of Management 12:41–48

Homburg C (2000) Quantitative Betriebswirtschaftslehre. Wiesbaden

Hugstad PS (1983) The Business School in the 1980s: Liberalism versus Vocationalism. New York

Kieser A (1997) Myth and rhetoric in management fashion. Organization 4(1):49–74

Kieser A (2002) On communication barriers between management science, consultancies and business companies. In: Clark T, Fincham R (Hrsg) Critical Consulting. Oxford, S 206–227

Kieser A (2005) Wissenschaft und Beratung (Schriften der philosophish-historischen Klasse der Heidelberger Akademie der Wissenschaften 27). 2 Aufl. Heidelberg

Kieser A, Leiner L (2008) Why the rigor-relevance gap is unbridgable. Journal of Management Studies 45:516–533

Kieser A, Nicolai A (2005) Success factor research: Overcoming the trade-off betwen rigor and relevance? Journal of Management Inquiry: 275–279

Kieser A, Wellstein B (2007) Do activities of consultants and management scientists affect decision making by managers? In: Starbuck WH, Hodgkinson GP (Hrsg) Oxford Handbook of Organizational Decision Making. Oxford, UK, S 495–516

Kimberly JR (2007) Shifting boundaries: Doing research and having impact in the world of business education. Journal of Management Inquiry 16:138–145

Knight L, Pettigrew A (2007) Explaining process and performance in the co-production of knowledge: A comparative analysis of collaborative research projects

Knights D, Alferoff C, Starkey K, Tiratsoo N (2008) Bridging the academic-practitioner divide: A case study analysis of business school collaboration with industry. In: Shani ABR, Mohrman SA, Pasmore WA, Stymne B, Adler N (Hrsg) Handbook of Collaborative Management Research. Los Angeles, S 403–419

Kolodny H, Halpern N (2008) From collaborative design to collaborative research: A sociotechnical journey. In: Shani ABR, Mohrman SA, Pasmore WA, Stymne B, Adler N (Hrsg) Handbook of Collaborative Management Research. Los Angeles, S 261–274

Kubr, M (2002) Management Consulting – A Guide to the Profession. 4 Aufl. Geneva

La Force JC, Novelli RJ (1985) Reconciling management research and practice. California Management Review 27(Spring):74–82
Lallé B (2003) The management science researcher between theory and practice. Organization Studies 24: 1097–1114
Larwood L, Gattiker UE (1999) Impact analysis: Creating a usable science. In: Larwood L, Gattiker UE (Hrsg) Impact Analysis: How Research Can Enter Application and Make a Difference. Mahwah, NJ, S 255–272
Leavitt HJ (1989) Educating our MBAs: On teaching what we haven't taught. California Management Review 31:38–50
Leiner L (2008) Zur Differenz von Managementwissenschaft und Managementpraxis. Eine systemtheoretische Untersuchung. Marburg
Luhmann N (1977) Differentiation of society. Canadian Journal of Sociology 2:29–53
Luhmann N (1986) The autopiesis of social systems. In: Geyer F, Van der Zouwen J (Hrsg) Sociocybernetic Paradoxes: Observation, Control and Evolution of Self-steering Systems. London, S 172–192
Luhmann N (1992) Kommunikationssperren in der Unternehmensberatung. In: Luhmann N, Fuchs P (Hrsg) Reden und Schweigen. Frankfurt am Main, S 209–227
Luhmann N (1995) Social Systems. Stanford, CA
Luhmann N (1998) Die Wissenschaft der Gesellschaft. 3 Aufl. Frankfurt am Main
Luhmann N (2000) Organisation und Entscheidung. Opladen
Luhmann N (2005a) Communication barriers in management consulting. In: Seidl D, Becker KH (Hrsg) Malmö, Sweden and Copenhagen, Denmark, S 215–247
Luhmann N (2005b) Theoretische und praktische Probleme der anwendungsbezogenen Sozialwissenschaften. In: Luhmann N (Hrsg) Soziologische Aufklärung. Band 3: Soziales System, Gesellschaft und Organisation. 4 Aufl. Wiesbaden, S 369–385
Macdonald S, Kam J (2007) Ring a ring o' roses: Quality journals and gamsmanship in management studies. Journal of Management Studies 44:640–655
March JG, Sutton RI (1997) Organizational performance as a dependent variable. Organization Science 6:698–706
McGuire J, Palus CJ, Torbert B (2008) Toward interdependent organizing and researching. In: Shani ABR, Mohrman SA, Pasmore WA, Stymne B, Adler N (Hrsg) Handbook of Collaborative Management Research. Los Angeles, S 123–142
McKelvey B (2006) Response: Van de Ven and Johnson's "Engaged Scholarship": Nice try, but ... Academy of Management Review 31:822–829
McKenzie CJ, Wright S, Ball DF, Baron PJ (2002) The publications of marketing faculty – who are we really talking to? European Journal of Marketing 36:1196–1208
Mintzberg H (2004) Managers, Not MBAs: A Hard Look at the Soft Practice of Managing and Management Devolopment. London
Mohe M, Seidl D (2007) Can clients manage their consultants? Manuscript. University of Oldenburg, Germany
Mohrman SA, Gibson CB, Mohrman AMJr (2001) Doing research that is useful to practice: A model and empirical exploration. Academy of Management Journal 44:357–375
Mohrman SA, Pasmore WA, Shani ABR, Stymne B, Adler N (2008) Toward building a collaborative research community. In: Shani ABR, Mohrman SA, Pasmore WA, Stymne B, Adler N (Hrsg) Handbook of Collaborative Management Research. Los Angeles, S 615–633
Morris T (2000) From key advice to execution: Consulting firms and implementation of strategic decisions. In: Flood PC, Dromgoole T, Carroll SJ, Gorman L (Hrsg) Management Strategy Implementation. Oxford, S 125–137
Muller HJ, Porter JL, Rehder RR (1988) Have business schools let down U.S. cooperations? Management Review 77:24–31
Murphy KR, Saal FE (1990) Psychology in Organizations: Integrating Science and Practice. Hillsdale, NJ
Nassehi A (2005) Organizations as decision machines: Niklas Luhmann's theory. In: Campbell J, Munro R (Hrsg) Contemporary Organization Theory. Oxford, S 99–107
Newell S, Swan J, Kauth K (2001) The role of funding bodies in the creation and diffusion of management fads and fashions. Organization 8:97–120
Nicolai A (2000) Die Strategie-Industrie. Systemtheoretische Analyse des Zusammenspiels von Wissenschaft, Praxis und Unternehmensberatung. Wiesbaden
Nicolai A (2004a) Der „trade-off" zwischen „rigour" und „relevance" und seine Konsequenzen für die Managementwissenschaften. Zeitschrift für Betriebswirtschaft 74:99–
Nicolai A (2004b) The bridge to the real 'world': Applied science fiction or a 'schozophrenic tour de force'? Journal of Management Studies 41:951–976

Nicolai A, Kieser A (2002) Trotz eklatanter Erfolglosigkeit: Die Erfolgsfaktorenforschung weiter auf Erfolgskurs. Die Betriebswirtschaft 62:579–596

Nicolai A, Kieser A (2009) Dialog-Erfolgsfaktorenforschung. URTL: http://dialog-erfolgsfaktorenforschung.de/ (aufgerufen am 20.07.09)

Noll RG (1998) Challenges to Research Universities. Washington, DC

Nowotny H, Scott P, Gibbons M (2001) Re-thinking Science: Knowledge and the Public in an Age of Uncertainty. Cambridge, GB

Oesterle M-J (2006) Wahrnehmung betriebswirtschaftlicher Fachzeitschriften durch Praktiker. Die Betriebswirtschaft: 307–

Olascoaga E, Kur E (2008) Dynamic strategic alignment: An integrated method. In: Shani ABR, Mohrman SA, Pasmore WA, Stymne B, Adler N (Hrsg) Handbook of Collaborative Management Research. Los Angeles, S 243–260

Ospina SM, Dodge J (2005) Narrative inquiry and the search for connectedness: Practioners and academics develop public administration scholarship. Public Administration review 65:409–423

Pasmore WA, Stymne B, Shani ABR, Mohrman SA, Adler N (2008) The promise of collaborative management research. In: Shani ABR, Mohrman SA, Pasmore WA, Stymne B, Adler N (Hrsg) Handbook of Collaborative Management Research. Los Angeles, S 7–31

Pettigrew A (2001) Management research after modernism. British Journal of Management 12(Special Issue): 61–70

Pierson FC (1959) The Education of American Businessmen: A Study of University-College Programs in Business Administration. New York

Porter L, McKibbin L (1988) Management Education and Development: Drift or Thrust Into the 21st Century? New York

Rasche A (2007) The Paradoxical Foundation of Strategic Management. Berlin

Rasche A, Behnam M (2009) As if it were relevant – A systems theoretical perspective on the relation between science and practice. Journal of Management Inquiry (forthcoming)

Rehder RR, Porter JL, Muller HJ (1991) Challenging the management education monster: the learning alliance MBA. European Business Journal 3:49–56

Rynes SL, Bartunek JM, Daft RD (2001) Across the great divide: Knowledge creation and transfer between practitioners and academics. Academy of Management Journal 44:340–355

Rynes SL, McNatt DB (1999) Academic research inside organizations: Inputs, processes, and outcomes. Personnel Psychology 46:869–898

Schein EH (1999) Process Consultation Revisited. Reading, MA

Schlossman S, Sedlak M, Wechsler H (1987) The 'new look': The Ford Foundation and the revolution in business education. Selections 14(3):8–28

Schulz A-C, Göbel M, Nicolai AT (2009) Sweet harmony or clash of cultures? How practitioners and academics evaluate manuscript submissions for the "ZFO". Paper submitted to the 25th EGOS Colloquium Barcelona

Seidl D (2005) Organisational Identity and Self-transformation: An Autopoietic Perspective. Aldershot

Seidl D (2007) General strategy concepts and the ecology of strategy discourses: A systemic-discursive perspective. Organization Studies 28:197–218

Shani ABR, Mohrman SA, Pasmore WA, Stymne B, Adler N (2008) Enablers, challenges, and skills. In: Shani ABR, Mohrman SA, Pasmore WA, Stymne B, Adler N (Hrsg) Handbook of Collaborative Management Research. Los Angeles, S 539–544

Simon HA (1991) Models of My Life. New York

Susman GI, Evered RD (1978) An Assessment of the scientific merits of action research. Administrative Science Quarterly 23:582–603

Tenkasi RRV, Hay GW (2008) Following the second legacy of Aristotle: The scholar-practitioner as an epistemic technician. In: Shani ABR, Mohrman SA, Pasmore WA, Stymne B, Adler N (Hrsg) Handbook of Collaborative Management Research. Los Angeles, S 49–72

Teubner G (2000) Cantracting worlds: Invoking discourse in private governance regimes. Social and Legal Studies 9:399–417

Van de Ven AH (2007) Engaged Scholarship: A Guide for Organizational and Social Research. Oxford

Van de Ven AH, Johnson PE (2006) Knowledge for theory and practice. Academy of Management Review 31: 902–921

Waldo D (1955) The Study of Public Administration. New York

Werr A, Greiner L (2008) Collaboration and the production of management knowledge in research, consulting, and management practice. In: Shani ABR, Mohrman SA, Pasmore WA, Stymne B, Adler N (Hrsg) Handbook of Collaborative Management Research. Los Angeles, S 93–117

Whitley R (1988) The transformation of expertise by new knowledge: Contingencies and limits to skill scientification. Social Science Information 27:391–420

Wren DA, Buckley MR, Michaelsen LK (1994) The theory/applications balance in management pedagogy: Where do we stand? Journal of Management 20:141–157

Zell D (2001) The market-driven business school: Has the pendulum swung too far? Journal of Management Inquiry 10:324–338

## Collaborative Management Research: A bridge over the Rigour-relevance Gap?

**Abstract:** Usually, results of management research are not directly usable for solving problems practitioners are confronted with. This problem is discussed as the rigor-relevance gap. Some authors regard collaborative research – a collaboration between practitioners and researchers – as a highly promising approach for bridging the rigor-relevance gap. In this article we critically analyze this approach. We argue that the rigor-relevance gap is caused by different logics of communication in the system of science and the system of practice. These different logics prevent direct communication between these systems. Therefore, practitioners can only effectively collaborate with researchers if they have been trained as researchers, i.e. are familiar with theories and scientific methods. Research collaboration with practitioners who are qualified in research does not guarantee that the results are more relevant for practice. Yet, communication between management researchers and practitioners can be inspiring for both sides for solving respective problems.

**Keywords:** Applied research · collaborative research · evaluation of research · rigor-relevance-gap · system theory

# Solide Basis für die Durchführung und Interpretation von Marktforschungsuntersuchungen

↗

WWW.GABLER.DE

Alfred Kuß / Martin Eisend
**Marktforschung**
Grundlagen der Datenerhebung und Datenanalyse
3., überarb. u.erw. Aufl. 2010. XI, 302 S.
Br. EUR 34,95
ISBN 978-3-8349-1379-1

Alfred Kuß und Martin Eisend vermitteln in gut verständlicher Weise die wesentlichen Grundlagen der Methodik – Datenerhebung und Datenanalyse – der Marktforschung. Im Vordergrund stehen die zentralen Aspekte der Marktforschung, weniger die technischen Details einzelner Methoden oder die Spezialprobleme bestimmter Anwendungsbereiche. Ziel ist es, dem Leser ein solides und tiefgehendes Verständnis der Marktforschung zu vermitteln und damit die Basis für die Anlage und Verwendung von Marktforschungsuntersuchungen zu schaffen.
Die 3. Auflage wurde aktualisiert, Gesichtspunkte zur Datenerhebung ergänzt und die Behandlung multivariater Methoden der Datenanalyse ausgebaut.

**Der Inhalt**
- Forschungsprozess, Untersuchungsziele und Untersuchungsdesigns
- Repräsentative Befragungen und Stichprobenziehung
- Frageformulierung und Fragebogenentwicklung
- Qualitative Untersuchungen, Beobachtungen, Experimente und Panels
- Datensammlung und Datenaufbereitung
- Deskriptive Datenanalyse und Schlüsse auf Grundgesamtheiten
- Lineares Modell und multivariate Analyseverfahren
- Forschungsethik

**Die Autoren**
Prof. Dr. Alfred Kuß lehrt Betriebswirtschaftslehre, insbesondere Marketing, am Marketing-Department der Freien Universität Berlin.

Prof. Dr. Martin Eisend, Professur für Betriebswirtschaftslehre, insbesondere Internationales Marketing, an der Europa-Universität Viadrina, Frankfurt/Oder.

www.wirtschaftslexikon.gabler.de
Jetzt online, frei verfügbar!

↗

Einfach bestellen: buch@gabler.de   Telefon +49(0)611. 7878-626

**KOMPETENZ IN SACHEN WIRTSCHAFT**

# Mixed Method-Designs – Alter Wein in neuen Schläuchen?

**Alfred Kuß**

**Zusammenfassung**: Im vorliegenden Beitrag werden wesentliche Merkmale von Mixed Method-Designs und ihre Beziehung zur gängigen Forschungspraxis mit so genannten „quantitativen" Methoden diskutiert. Dabei zeigt sich einerseits, dass Mixed Method-Designs in dieser Perspektive nur begrenzt neuartig sind, dass sie aber geeignet sind, die Trennung von quantitativ und qualitativ ausgerichteter Methodik zu relativieren oder aufzuheben.

**Schlüsselwörter:** Qualitative Methoden · quantitative Methoden · Mixed Method-Designs · empirische Forschung

**JEL Classification:** C81 · C83

---

Prof. Dr. Alfred Kuß (✉)
Freie Universität Berlin, Marketing-Department, Otto-von-Simson-Str. 19, 14195 Berlin, Deutschland
E-Mail: alfred.kuss@fu-berlin.de

## 1 Einleitung

In den Sozialwissenschaften und einigen Bereichen der Wirtschaftswissenschaften haben sich im Lauf der letzten Jahrzehnte deutlich unterschiedliche und weitgehend getrennte Richtungen empirischer Methodik entwickelt. Im Bezug auf unterschiedliche Arten von Methoden – hier quantitative und qualitative – wird im Folgenden von quantitativer bzw. qualitativer *Methodik* gesprochen. Einerseits findet man die „klassische" (quantitative) Methodik empirischer Sozialforschung und Ökonometrie mit den Instrumenten, die zum erheblichen Teil aus der Psychometrie und Statistik (z.B. Stichprobentheorie, Inferenzstatistik) übernommen wurden. Auf der anderen Seite hat die Anwendung einer eher „qualitativen" Methodik auch in Teilgebieten der Betriebswirtschaftslehre (insbesondere in den Gebieten Management und Marketing) eine wachsende Zahl von Anhängern gefunden.

Damit ist schon der Aspekt angesprochen, dass die Festlegung der anzuwendenden Methodik für eine empirische Untersuchung in vielen Fällen nicht mehr nur eine Frage der auf das jeweilige Untersuchungsziel bezogenen Zweckmäßigkeit ist, sondern wesentlich durch unterschiedliche wissenschaftstheoretische Grundpositionen bestimmt wird. Manchmal entsteht der Eindruck, dass sich verschiedene „Lager" gegenüberstehen und die Wahl eines Untersuchungsdesigns auch eine „Glaubenssache" ist. Ein sehr deutliches Beispiel dafür bietet die Soziologie, wo sich Forscher der verschiedenen Richtungen auch organisatorisch getrennt haben und innerhalb der Deutschen Gesellschaft für Soziologie jeweils Sektionen für „Methoden der empirischen Sozialforschung" und für „Methoden der qualitativen Sozialforschung" gebildet wurden, weil die Vertreter der letztgenannten Richtung der Auffassung waren, dass ihre Forschungsrichtung in der schon länger etablierten Sektion für empirische Sozialforschung nicht genügend Raum fand (Sektion Methoden der qualitativen Sozialforschung 2003). Auch die Betrachtung der Lehrbuchliteratur zur empirischen Forschung spiegelt die Spaltung der entsprechenden Methodik wider: Auf der einen Seite findet man gut etablierte Lehrbücher, die fast ausschließlich auf die so genannte „quantitative" Forschungsrichtung ausgerichtet sind und qualitative Methoden allenfalls am Rande behandeln (z.B. Kerlinger/Lee 2000; Hoyle et al. 2002; Churchill/ Iacobucci 2005; Albers et al. 2009; Herrmann et al. 2008), andererseits gibt es eine wachsende Zahl von (fast) ausschließlich qualitativ ausgerichteten Methoden-Lehrbüchern (z.B. Belk 2006; Buber/Holzmüller 2009).

Die Festlegung auf bestimmte methodische Grundrichtungen – häufig verbunden mit der Ablehnung der jeweils anderen Ausrichtung – dürfte wohl in anderen wissenschaftlichen Disziplinen kaum vorkommen. Könnte man sich z.B. Astronomen vorstellen, die ausschließlich optische Beobachtungsinstrumente verwenden und Radioteleskope ablehnen? Auch Mediziner, die z. B. Röntgendiagnosen nicht akzeptieren, sind wohl eher seltene Ausnahmen. Dagegen findet man in der empirischen betriebswirtschaftlichen Forschung wohl deutlich überwiegend die weitgehende Festlegung einzelner Forscher auf eine bestimmte (quantitative oder qualitative) Methodik.

Die Schwierigkeit bei der Abwägung zwischen qualitativen und quantitativen Methoden beginnt in der Betriebswirtschaftslehre schon bei der Terminologie. Während diese beiden Begriffe in anderen Sozialwissenschaften klar besetzt sind, versteht man in der Betriebswirtschaftslehre unter quantitativen Methoden doch eher mathematisch anspruchsvolle und komplexe Verfahren der Modellierung („Modeling", Homburg 2007,

S. 29 f.) und Datenanalyse (z.B. Albers 2000; Hildebrandt 2000). Man würde aus diesem Blickwinkel einen Forscher, der das gängige Instrumentarium der empirischen Sozialforschung mit den üblichen statistischen Schätz- und Testverfahren anwendet, wohl nicht als „quantitativ orientiert" bezeichnen, weil der formale Anspruch dieser Methoden deutlich geringer ist als das bei den heute üblichen Verfahren der Modellierung der Fall ist. Gleichwohl sollen im Sinne sprachlicher Kompatibilität mit der ansonsten geführten Methodendiskussion auch hier großzahlige und auf standardisierte Messmethoden ausgerichtete Untersuchungen als „quantitativ" bezeichnet werden. Auf der anderen Seite ist „qualitative" empirische Methodik vor allem durch kleine Fallzahlen, nicht standardisierte Erhebungsmethoden und eher interpretierende Analyse gekennzeichnet (z.B. Wrona 2009). Eine genauere Charakterisierung und Abgrenzung dieser beiden methodischen Richtungen erfolgt im Abschnitt 2.

## 2 Quantitative versus qualitative Methodik

Die heute so genannte quantitative Methodik bestimmte über lange Zeit das Standard-Instrumentarium der empirischen Wirtschafts- und Sozialforschung. Die Basis dafür bildeten wesentliche Methodenentwicklungen des 20. Jahrhunderts: Anwendungen der Stichprobentheorie, Inferenzstatistik und multivariate Analyseverfahren, experimentelles Design, Psychometrie und Befragungsverfahren. Vor diesem Hintergrund lassen sich die typischen Merkmale quantitativer Methodik etwa wie folgt charakterisieren (vgl. auch Wrona 2009):

- Relativ große Fallzahl (N>30), oft repräsentative Stichproben
- Hauptziele sind Erklärung von Varianz, Tests von Hypothesen und Schätzungen von Merkmalsverteilungen in den entsprechenden Grundgesamtheiten
- Ziele der jeweiligen Untersuchung sind vor Beginn festgelegt
- Untersuchungsergebnisse entstehen durch statistische Analyse der Daten
- Verwendung systematisch entwickelter und überprüfter (meist auch standardisierter) Messmethoden
- Zu Beginn festgelegte Schritte des Untersuchungsablaufs („Lineares Modell des Forschungsprozesses", Wrona 2009, S. 228)

Schwerpunkte der Anwendung sind Untersuchungen zum Test von Theorien oder deskriptive Untersuchungen (z.B. für anwendungsorientierte Fragestellungen).

Nach der lang dauernden und weitgehenden Dominanz solcher Forschungsmethoden gab es seit den 1980er Jahren eine Öffnung zu einer größeren Methodenpluralität. In der Marketingforschung lässt sich das ziemlich konkret an der so genannten „Consumer Behavior Odyssey" im Jahre 1986 festmachen, einer Art Expedition in das real existierende Konsumentenleben in den USA. Die Forschergruppe, die dieses Projekt realisiert hatte, sah einerseits eine Verengung der Konsumentenforschung auf Fragestellungen, die für das Marketing relevant sind, und andererseits durch die herrschende Untersuchungsmethodik eine viel zu realitätsferne Begrenzung auf kleine Ausschnitte realen Verhaltens. Russell Belk (1991, S. 2), der Initiator des Projekts, fasste sein Unbehagen an der bis dahin herrschenden Konsumentenforschung und ihrer Methodik zusammen: „Ich spürte die Notwendigkeit aus der Zwangsjacke der Management-Orientierung auszubrechen, wie es andere in dem Fachgebiet gefordert hatten. Da musste es mehr im Konsumentenverhalten geben als man mit Laborexperimenten zu kognitiven Prozessen aufdecken konnte." Allerdings ist im Marketing bis heute die Anwendung qualitativer Methoden weitgehend auf den Bereich des Konsumentenverhaltens konzentriert bzw. beschränkt.

Wie lässt sich nun die qualitative Methodik in Abgrenzung bzw. Gegenüberstellung zu quantitativen kennzeichnen? Typisch (vgl. z.B. Kuß 2009, S. 142 f.; Wrona 2009) sind hier:

- Relativ kleine Fallzahl (N<<30), in der Regel nicht repräsentative Stichproben
- Hauptziele sind Verständnis und Theoriebildung
- Untersuchungsergebnisse entstehen durch (meist verbale) Beschreibung und Interpretation
- Offenheit für neuartige Ergebnisse
- Freie Formen von Befragungen und Beobachtungen
- Phasen der Datenerhebung und -interpretation wechseln sich ab und beeinflussen sich gegenseitig („Zirkuläres Modell des Forschungsprozesses", Wrona 2009, S. 228)

Typisch ist hier die Anwendung für explorative Untersuchungen bzw. zur Theoriebildung.

Zwei weitere Aspekte spielen beim Vergleich der beiden Ausrichtungen meist eine zu geringe Rolle und sollen deswegen hier etwas genauer ausgeführt werden, der Ablauf der Datenerhebung und die Möglichkeiten zur Generalisierung von Ergebnissen. Zunächst geht es um die Datenerhebung. Zahlreiche Studien und Beispiele (z.B. Schwarz 1999, Weisberg 2005, S. 72 ff., Dillman et al. 2009, S. 65 ff.) belegen, dass – teilweise minimale – Unterschiede im *Prozess der Datenerhebung* (z.B. veränderte Frageformulierungen oder veränderte Frageeihenfolge) die Untersuchungsergebnisse massiv beeinflussen können. Deswegen ist im Bereich der quantitativ ausgerichteten Forschung schon seit Jahrzehnten die systematische Entwicklung und Überprüfung von Messinstrumenten (z.B. Multi-Item-Skalen) zum Standard geworden (z.B. Nunnally/Bernstein 1994, Netemeyer et al. 2003). Bei Publikationen wird in der Regel verlangt, dass Prozess und Ergebnisse der Entwicklung von Messinstrumenten und natürlich die verwendeten Instrumente angemessen dokumentiert werden. Dadurch erhält man eine gewisse Unabhängigkeit der Erhebungsmethoden von subjektiven Einflüssen durch den Forscher und die angewandten Methoden sind einer kritischen Überprüfung zugänglich. Bei großzahligen Befragungen ist es sogar üblich, dass die Rollen von Forscher und Interviewer klar getrennt werden, u.a. um eine Beeinflussung der Fragestellung und Erfassung der Antworten durch Vorwissen und Meinungen des Forschers auszuschalten (Noelle-Neumann/Petersen 2000, S. 65 ff.). Bei qualitativen Untersuchungen liegen dagegen Anlage und Auswertung einer Untersuchung auf der einen Seite und Datenerhebung auf der anderen Seite typischerweise in einer Hand. Anders wäre ja der oben schon angesprochene Prozess der wechselseitigen Beeinflussung von Datenerhebung und Interpretation kaum realisierbar. Zunächst ist dieser Prozess für den Verwender der Untersuchungsergebnisse kaum oder nicht nachvollziehbar. Darüber hinaus muss man damit rechnen, dass hier z.B. durch selektive Wahrnehmung (Kroeber-Riel et al. 2009, S. 321 f.) oder Erwartungen (Zimbardo/Gerrig 2004, S. 770 ff.) die Aufnahme und Interpretation der Angaben von Interviewpartnern durch den Forscher systematisch verzerrt werden. Dabei sei hervorgehoben, dass offenbar bei der Datenerhebung gravierendere Fehlermöglichkeiten bestehen als bei der Stichprobenziehung oder Datenanalyse.

Ein zweiter gelegentlich zu wenig beachteter Aspekt bezieht sich auf die *Generalisierbarkeit von Untersuchungsergebnissen*. Nicht alle wissenschaftlich bedeutsamen Studien sind nur auf die Entwicklung und den Test von Theorien ausgerichtet. Vielmehr spielt die empirische Methodik auch bei zahlreichen eher anwendungsorientierten Fragestellungen eine wesentliche Rolle. Ein prominentes und aktuelles Beispiel dafür außerhalb der Wirtschaftswissenschaften ist die PISA-Studie, die sicher kaum Akzeptanz gefunden hätte, wenn die vorgenommenen Messungen nicht nachvollziehbar den zu messenden Merkmalen entsprochen hätten und wenn die Auswahl der Probanden nicht repräsentativ für die beteiligten Länder gewesen wäre. Besonders offenkundig ist die Bedeutung der Generalisierbarkeit von Ergebnissen im Bereich der Marktforschung, wo eine ganze Branche damit beschäftigt ist, Märkte zu analysieren und entsprechende Prognosen abzugeben. Für den Bereich des Managements seien hier Mitarbeiterbefragungen genannt, die eben die tatsächlich vorhandenen Meinungen, Einstellungen etc. repräsentativ wiedergeben sollen. Letztlich sei noch auf die Bereiche Wirtschaftsprüfung und Steuerlehre verwiesen, wo in den letzten Jahren empirische Forschung stark wachsende Bedeutung erlangt hat. Hier sind zahlreiche Untersuchungsergebnisse – insbesondere wenn sie Wirkungen von Regelungen widerspiegeln oder Hinweise für die Gestaltung von Regelungen geben sollen – nur relevant, wenn sie auf Grundgesamtheiten von Unternehmen bzw. Steuerpflichtigen bezogen werden können (vgl. z.B. Ruhnke 2003). Allgemein gilt für alle derartigen Anwendungen, dass hier die repräsentative Auswahl der Untersuchungseinheiten grundlegend für die gewünschten Interpretationsmöglichkeiten der Ergebnisse ist (Calder et al. 1981), was ja inzwischen Standard geworden ist. Für qualitative Studien gibt es hier kaum Einsatzmöglichkeiten, allenfalls bei explorativen Vor-Untersuchungen oder zur diagnostischen Anreicherung von Ergebnissen (siehe dazu Abschnitt 3).

Es zeigt sich also, dass qualitative und quantitative Methodik jeweils spezifische Stärken und Schwächen haben und dem entsprechend ihre Anwendungsschwerpunkte deutlich unterschiedlich sind. Wie konnte es vor diesem Hintergrund dazu kommen, dass man vielfach diese Arten von Methoden nicht fallweise – je nach Untersuchungsziel und -situation – einsetzte, sondern dass „Schulen" entstanden von Wissenschaftlern, die sich grundsätzlich für die eine oder andere methodische Richtung entschieden hatten? Dabei mag es vor dem Hintergrund eines sehr breiten Methodenspektrums in den Wirtschafts- und Sozialwissenschaften eine Rolle spielen, dass Prägungen durch die jeweilige Ausbildung zu Begrenzungen bei den genutzten Methoden führen. Die Beherrschung des gesamten Repertoires an empirischen Methoden – von der Fallstudie zum komplexen experimentellen Design und von qualitativen Interpretationen bis zu Strukturgleichungsmodellen – ist beim einzelnen Forscher wohl eher im Ausnahmefall gegeben. Wichtiger für die Trennung und (scheinbare?) Gegensätzlichkeit der beiden Forschungsrichtungen dürften die unterschiedlichen wissenschaftstheoretischen Grundpositionen ihrer jeweiligen Vertreter bzw. Anhänger sein. In der Literatur besteht Einvernehmen, dass die qualitative Forschung eher mit einer relativistischen oder konstruktivistischen Wissenschaftsauffassung korrespondiert (Hunt 2002, S. 75 ff., Wrona 2006). Hier kommt es weniger auf eine – in dieser Perspektive ohnehin nicht erreichbare – Objektivität an, weil die Wahrnehmung und Interpretation von Realität stark subjektiv geprägt sei. Quantitative

Forschung entspricht dagegen deutlich einer positivistischen bzw. realistischen Sichtweise (Franke 2002, S. 100). Hier geht man davon aus, dass es eine Realität gibt, die unabhängig von der Wahrnehmung des Betrachters ist, und dass man durch geeignete („objektive") Methoden versuchen soll, sich möglichst weitgehend an die Wahrheit bezüglich des jeweiligen Ausschnitts aus der Realität anzunähern.

Wenn man bedenkt, mit welcher Heftigkeit die Auseinandersetzungen über diese wissenschaftstheoretischen Positionen geführt wurden (vgl. z.B. Anderson 1983 und Hunt 1990), dann verwundert es nicht mehr, dass auch für manchen Forscher die Entscheidung über eine Untersuchungsmethode zur Grundsatzfrage mit entsprechenden Festlegungen wurde. Dem entsprechend findet man typischerweise Fälle, in denen sich Wissenschaftler in ihrer (jahre- oder manchmal jahrzehntelangen) Forschungstätigkeit der einen oder anderen Richtung zuordnen und sich durchgehend der quantitativen oder der qualitativen Methodik bedienen. Vor diesem Hintergrund ist es zunächst eine Erleichterung, wenn durch den Mixed Method-Ansatz die Fronten aufgebrochen werden und methodische Festlegungen und Einschränkungen (teilweise) entfallen.

## 3 Mixed Method-Designs als „dritter Weg"?

Etwa seit Beginn der 1990er Jahre findet die systematische Verbindung von qualitativer und quantitativer Methodik wachsende Beachtung und Anwendung (vgl. z.B. Brewer/Hunter 1989, Tashakkori/Teddlie 1998, Creswell 2009). Bezeichnend für den so genannten „Mixed Method-Ansatz" ist der Untertitel des einführenden Buchs von Brewer/Hunter (1989): „A Synthesis of Styles". Als besonders wichtige Formen dieser Designs unterscheiden Tashakkori/Teddlie (1998, S. 42 ff.) und Creswell (2009, S. 14 f.) vor allem:

- *Sequenzielle Anwendungen* qualitativer und quantitativer Methoden, beispielsweise die Durchführung einer explorativen Vorstudie (qualitativ), an die sich eine (quantitative) Untersuchung anschließt, die zu generalisierbaren Ergebnissen führen soll
- *Gleichzeitige Anwendungen* qualitativer und quantitativer Methoden, beispielsweise die gleichzeitige Durchführung repräsentativ angelegter standardisierter Interviews und einer kleinen Zahl freier Interviews

Damit ist schon der wichtige Schritt getan, die strikte Trennung und Ausschließlichkeit der beiden methodischen Ausrichtungen aufzuheben. Für zahlreiche Sozial- und Wirtschaftswissenschaftler war diese ja ohnehin schwer nachvollziehbar, weil man sich eher pragmatisch an den jeweiligen Untersuchungsfragen und -zielen orientiert hat. In diesem Sinne sind Mixed Method-Designs ein dritter Weg, der die Möglichkeiten der qualitativen und der quantitativen Methodik integriert. Tashakkori/Teddlie (1998, S. 43) stellen in Anlehnung an Greene et al. (1989) die zusätzlichen Leistungen von Mixed Method-Designs dar:

- *Triangulierung* durch Prüfung der Konvergenz von Ergebnissen, die auf unterschiedlichen Methoden basieren
- *Komplementarität* durch Betrachtung verschiedener Aspekte des interessierenden Phänomens mit den verschiedenen Methoden und ihren jeweiligen Erkenntnismöglichkeiten

- *Initiierung* von neuen Forschungsrichtungen durch Entdeckung von Widersprüchen und Lücken im bisherigen Erkentnisstand
- *Weiterentwicklung* von Methoden mittels Befruchtung durch andere Methoden
- *Ausweitung* des Wissensstands durch verschiedenartige Untersuchungsteile

Im Titel dieses Beitrags ist die Frage gestellt, ob es sich bei Mixed Method-Designs um „alten Wein in neuen Schläuchen" handelt, ob also die zentralen Ideen schon länger bekannt und gebräuchlich sind. Diese Frage wird hier teilweise bejaht, was mit Hilfe der folgenden Gesichtspunkte belegt sei.

Bei *sequenziellen Vorgehensweisen* findet man die Schrittfolge qualitativ → quantitativ oder eben quantitativ → qualitativ (Creswell 2009, S. 209). Für die erstgenannte Reihenfolge ganz typisch sind explorative Untersuchungen, die dazu dienen, den Untersuchungsgegenstand verstehen zu lernen sowie entsprechende Theorien und Hypothesen zu entwickeln (vgl. z.B. de Vaus 2001, S. 5 f.). Diese Funktion qualitativer Untersuchungen ist in der eher quantitativ orientierten Forschung seit Jahrzehnten etabliert. Als Beispiel seien hier Bellenger et al. (1976, S. 48) zitiert: „Sogar viele der Kritiker qualitativer Methoden stimmen darin überein, dass es sinnvoll ist, diesen Ansatz zu nutzen, um Hypothesen für spätere quantitative Überprüfungen zu entwickeln". Als zweite gängige Vorgehensweise in dieser Reihenfolge gilt die Nutzung von qualitativen Methoden zur Entwicklung von Messinstrumenten, die dann bei quantitativen Untersuchungen verwendet werden. Dazu sei auf den einflussreichen Aufsatz von Churchill (1979) verwiesen, in dem er ein Konzept zur Entwicklung reliabler und valider Multi-Item-Skalen entwickelt. Hier (auf S. 67 f.) wird ausführlich die wesentliche Rolle qualitativer Techniken zur Generierung von Items hervorgehoben und erläutert. Andere Autoren, die diesen Gegenstand behandeln, äußern sich entsprechend (vgl. Homburg/Giering 1996, Netemeyer et al. 2003, S. 97).

Auch ein Vorgehen in der Reihenfolge quantitativ → qualitativ ist in der Literatur längst etabliert und in Forschung und Praxis vielfach angewandt. Hier sei wieder mit Bellenger et al. (1976, S. 49) zunächst eine ältere Quelle zitiert: „Nur selten veranlassen quantitative Untersuchungen nicht dazu, sich zu fragen, welche Gründe bestimmte Ergebnisse haben könnten. Qualitative Forschung kann nach Ende einer Umfrage durchgeführt werden, um zu versuchen, einige der Gründe für die Ergebnisse der Untersuchung herauszufinden." Auch in der praktischen Anwendung empirischer Forschungsmethoden ist eine solche Schrittfolge verbreitet. Hier sei als Beispiel die Werbeforschung genannt, wo die quantitativen Messungen von Werbewirkungen (z.B. Erinnerung, Einstellungsänderungen) häufig durch eher qualitativ angelegte diagnostische Untersuchungen ergänzt werden (vgl. z.B. Kroeber-Riel/Esch 2004, S. 290 ff., von Keitz 2009). Bei den vorstehend angesprochenen beiden sequenziellen Vorgehensweisen werden so genannte qualitative Methoden zur *Vorbereitung* oder *Ergänzung* einer im Wesentlichen quantitativ angelegten Untersuchung eingesetzt.

Bei *gleichzeitigen Anwendungen* qualitativer und quantitativer Forschungsmethoden (simultane Designs) Methoden steht oft das Ziel der Triangulierung von Ergebnissen im Vordergrund (Creswell 2003, S. 214). Auch hier ist die grundlegende Idee seit Jahrzehnten im Zusammenhang mit dem Stichwort „Konvergenzvalidität" (Campbell/Fiske 1959) bekannt. Es geht um Beobachtungen bzw. Messungen eines Phänomens mit unterschiedlichen Methoden. Wenn diese zu ähnlichen (im Idealfall: gleichen) Ergebnissen führen, dann sind die Ergebnisse offenbar kein Methodenartefakt. Die verwendeten Methoden sollen möglichst wenige Gemeinsamkeiten haben, da sonst die Ähnlichkeit der Ergebnisse auf die Ähnlichkeit der Methoden zurückzuführen sein könnte. „Validität zeigt sich in der Übereinstimmung zwischen zwei Verfahren der Messung derselben Eigenschaft mit maximal unterschiedlichen Methoden." (Campbell/Fiske 1959, S. 84). Angesichts der in der Empirie meist dominierenden Befragungsverfahren wären wohl Beobachtungsverfahren am ehesten „maximal unterschiedlich". Nun sind Beobachtungen bei zahlreichen betriebswirtschaftlichen Fragestellungen extrem aufwändig oder unmöglich (z.B. bei Messungen von Einstellungen, Absichten, Wissen etc.). Deswegen ist es naheliegend, bei zwei möglichst verschiedenen verbalen Messverfahren an eine Kombination bzw. Gegenüberstellung von standardisierten (z.B. Likert-Skala) und qualitativen (z.B. Tiefeninterview) Interviews zu denken. Das entspräche dann der so genannten „Concurrent Triangulation Strategy" (Creswell 2009, S. 213 f.). Auch in diesem Zusammenhang wird also beim Multi-Method-Design ein schon länger etablierter Ansatz aufgegriffen.

## 4 Mixed Method-Designs und empirische Generalisierungen

Bei den Überlegungen zu Mixed Method-Designs werden die Vorteile einer Verbindung von quantitativer und qualitativer Methodik meist nur mit Bezug zu der jeweiligen einzelnen Untersuchung diskutiert. Nun gibt es vor dem Hintergrund der zahlreichen und gewichtigen Fehlermöglichkeiten bei sozialwissenschaftlichen (quantitativen *und* qualitativen !) Untersuchungen schon seit etwa 30 Jahren die Tendenz, Ergebnisse mehrerer (unterschiedlicher) Studien zu einem Thema zu integrieren, um zu einer besseren Generalisierungsmöglichkeit der Ergebnisse zu kommen. Sowohl hinsichtlich einer theoretischen als auch einer praktischen Perspektive gilt die Generalisierbarkeit von Untersuchungsergebnissen als ein zentrales Problem (Kerlinger/Lee 2000, S. 474). Sie bezieht sich auf die Frage, inwieweit von einem bestimmten Ergebnis auf andere Objekte (z.B. Stichprobe → Grundgesamtheit), Untersuchungsgegenstände (z.B. Einstellung zu einem Produkt → Einstellungen generell), Zeitpunkte (z.B. Gegenwart → Zukunft), Kontexte (z.B. Europa → USA) und mögliche Ergebnisse bei Anwendung anderer Methoden (z.B. qualitative → standardisierte Interviews) geschlossen werden kann. In der wirtschafts- und sozialwissenschaftlichen Forschung werden vor allem Replikationsstudien und Meta-Analysen angewandt, um die Generalisierbarkeit von Ergebnissen auszuweiten.

Als *Replikationsstudien* bezeichnet man Wiederholungen von Untersuchungen, die sich nicht im Untersuchungsgegenstand, meist aber hinsichtlich einiger Aspekte der Vorgehensweise von der Originalstudie unterscheiden (Easley et al. 2000, Hunter 2001). Auf jeden Fall ist der Untersuchungszeitpunkt ein anderer und auch die Probanden sind in der Regel andere. In den meisten Fällen gibt es zudem kleinere oder größere Abweichungen von der in der Originalstudie angewandten Methodik. Dies ist im Sinne der Generalisierbarkeit und der Konvergenzvalidität (s.o.) ausdrücklich erwünscht. *Meta-Analysen* integrieren „quantitative Ergebnisse einzelner Untersuchungen (so genannte Effektstärken) mit statistischen Methoden" (Eisend 2009, S. 435). Die Unterschiedlichkeit der verwendeten Studien gilt dabei auch als Vorteil, weil auf diese Weise das Gesamtergebnis in gewissem Maße unabhängig von den Spezifika der einzelnen Studien wird. „Eine der Stärken der Meta-Analyse besteht darin, dass die Übereinstimmung, und damit die Generalisierbarkeit, unterschiedlicher Arten von Studien formal überprüft werden kann" (Borenstein et al. 2009, S. 379). Easley et al. (2000) sehen die Meta-Analyse als Analyse vorliegender Untersuchungen „post hoc" und Replikationen als „aktive" Überprüfungen bisher vorliegender Untersuchungen an.

Hier lässt sich wieder die Verbindung zu Multi-Method-Designs herstellen. Als wesentlicher Vorzug dieser Designs gilt ja die Kombination und Integration unterschiedlicher Untersuchungsansätze (Wrona 2009). Genau dieser Aspekt ist bei Replikationsstudien und Meta-Analysen auf tendenziell breiterer Basis gegeben. Es muss allerdings in Kauf genommen werden, dass man in der Regel mit einem langen Zeitraum rechnen muss, bis eine genügende Zahl einschlägiger Studien durchgeführt und eine Integration der Ergebnisse möglich ist. Das mag in Bereichen der Grundlagenforschung akzeptabel sein, wäre aber für angewandte Forschung ein gewichtiger Nachteil.

## 5 Fazit

Die Frage der Anwendung einer qualitativen oder einer quantitativen Untersuchungsmethodik wird vielfach nicht nach der jeweiligen Zweckmäßigkeit entschieden, sondern ist oftmals zur Grundsatzfrage geworden. Bei zahlreichen Vertretern so genannter quantitativer Methoden wird ganz selbstverständlich akzeptiert, dass qualitative Methoden in explorativen Untersuchungsphasen zentrale Bedeutung haben. Das schlägt sich allerdings kaum in entsprechenden Publikationen von Untersuchungsergebnissen nieder, weil diese eben erst erfolgen, wenn die „quantitativen" Ergebnisse vorliegen, die auf Basis der ersten eher explorativen Untersuchungsschritte gewonnen wurden. Man geht bei zahlreichen international führenden Zeitschriften davon aus, dass sich ein (vielleicht mit qualitativen Methoden entwickelter) neuer theoretischer Ansatz in (meist quantitativ angelegten) weiteren Untersuchungen bewährt haben sollte, bevor eine entsprechende Veröffentlichung den in der Regel sehr knappen Raum in einer solchen Zeitschrift in Anspruch nimmt.

Die Festlegung auf eine bestimmte methodische Ausrichtung und damit der Ausschluss anderer Methoden führt zu einer Einschränkung, teilweise auch zu einer systematischen Verzerrung der Erkenntnismöglichkeiten. Insofern ist es sicher hilfreich, dass durch die zunehmende Ausbreitung von Mixed Method-Designs hier die „Fronten" aufgebrochen werden und die methodische Offenheit vergrößert wird. Nun zeigt sich (wie so oft bei Entwicklungen in der Wissenschaft), dass wesentliche Teile der mit Mixed Methods-Designs verbundenen Überlegungen nicht ganz neu sind. Das schränkt natürlich deren Nützlichkeit nicht ein.

## Literatur

Albers S (2000) 30 Jahre Forschung im deutschen Sprachraum zum quantitativ orientierten Marketing. In: Backhaus K Deutschsprachige Marketingforschung – Bestandsaufnahme und Perspektiven, Schäffer-Poeschel, Stuttgart, S 209–237

Albers S, Klapper D, Konradt U, Walter A, Wolf J (2009) Methodik der empirischen Forschung. 3. Aufl. Gabler, Wiesbaden

Anderson P (1983) Marketing, Scientific Progress, and Scientific Method. Journal of Marketing 47(4):18–31
Belk R (2006) Handbook of Qualitative Research Methods in Marketng. Edward Elgar, Chaltenham (UK)/ Northampton (MA)
Belk R (1991) The History and Development of The Consumer Behavior Odyssey. In: Belk R Highways and Buyways – Naturalistic Research from the Consumer Behavior Odyssey. Association for Consumer Research, Provo (UT), S 1–12
Bellenger D, Bernhardt K, Goldstucker J (1976) Qualitative Research in Marketing. American Marketing Association, Chicago (IL)
Borenstein M, Hedges L, Higgins J, Rothstein H (2009) Introduction to Meta-Analysis. John Wiley, Chichester (UK)
Brewer J, Hunter A (1989) Multimethod Research – A Synthesis of Styles. SAGE, Newbury Park (CA), London (UK), New Delhi
Buber R, Holzmüller H (2009) Qualitative Marktforschung. 2. Aufl.,Gabler, Wiesbaden
Eisend M (2009) Metaanalyse. In: Baumgarth C, Eisend M, Evanschitzky H Empirische Mastertechniken. Gabler, Wiesbaden, S 433–456
Herrmann A, Homburg C, Klarmann M (2008) Handbuch Marktforschung. 3. Auflage, Gabler, Wiesbaden
Calder B, Phillips L, Tybout A (1981) Designing Research for Application. Journal of Consumer Research 8(2):197–207
Campbell D, Fiske D (1959) Convergent and Discriminant Validation by the Multitrait-Multimethod Matrix. Psychological Bulletin 56:81–105
Churchill G (1979) A Paradigm for Developing Better Measures of Marketing Constructs. Journal of Marketing Research 16(1):64–73
Churchill G, Iacobucci D (2005) Marketing Research – Methodological Foundations. 9. Aufl., Thomson/South-Western, Mason (OH)
Creswell J (2009) Research Design – Qualitative, Quantitative and Mixed Methods Approaches. 3. Aufl., SAGE, Los Angeles/London/New Delhi/Singapore
Dillman D, Smyth J Christian L (2009) Internet, Mail, and Mixed-Mode Surveys – The Tailored Design Method. 3. Aufl., John Wiley, Hoboken (NJ)
Easley R, Madden C, Dunn M (2000) Conducting Marketing Science – The Role of Replication in the Research Process. Journal of Business Research 48:83–92
Franke N (2002) Realtheorie des Marketing. Mohr Siebeck, Tübingen
Greene J, Caracelli V, Graham W (1989) Toward a conceptual framework for mixed-method evaluation designs. Educational Evaluation and Policy Analysis 11:255–274
Hildebrandt L (2000) 30 Jahre Forschung im deutschen Sprachraum zum quantitativ orientierten Marketing – Korreferat zum Beitrag von Sönke Albers. In: Backhaus K Deutschsprachige Marketingforschung – Bestandsaufnahme und Perspektiven. Schäffer-Poeschel, Stuttgart, S 239–248
Homburg C (2007) Betriebswirtschaftslehre als empirische Wissenschaft – Bestandsaufnahme und Empfehlungen. Zeitschrift für betriebswirtschaftliche Forschung Sonderheft 56(07):27–60
Homburg C, Giering A (1996) Konzeptualisierung und Operationalisierung komplexer Konstrukte – Ein Leitfaden für die Marketingforschung. Marketing ZFP 18(1):5–24
Hoyle R, Harris M, Judd C (2002) Research Methods in Social Relations. 7. Aufl., Wadsworth/Thomson Learning, Melbourne u.a.O
Hunt S (1990) Truth in Marketing Theory and Research. Journal of Marketing 56(2):1–15
Hunt S (2002) Foundations of Marketing Theory. M. E. Sharpe, Armonk (NY)/London (UK)
Hunter J (2001) The Desparate Need for Replications. Journal of Consumer Research 28:149–158
Keitz B von (2009) Diagnostisches Pretesting mittels apparativer Verfahren. In: Bruhn M, Esch F, Langner T Handbuch Kommunikation. Gabler, Wiesbaden, S 943–970
Kerlinger F, Lee H (2000) Foundations of Behavioral Research. 4. Aufl., Wadsworth/Thomson Learning, Melbourne u.a.O.
Kroeber-Riel W, Esch F (2004) Strategie und Technik der Werbung. 6. Aufl., Kohlhammer, Stuttgart
Kroeber-Riel W, Weinberg P, Gröppel-Klein A (2009) Konsumentenverhalten. 9. Aufl., Vahlen, München
Kuß A (2009) Marketing-Theorie. Gabler, Wiesbaden
Netemeyer R, Bearden W, Sharma S (2003) Scaling Procedures. SAGE, Thousand Oaks (CA)/London/New Delhi
Noelle-Neumann E, Petersen T (2000) Alle, nicht jeder – Einführung in die Methoden der Demoskopie. 3. Aufl., Springer, Berlin u.a.O.
Nunnally J, Bernstein I (1994) Psychometric Theory. 3. Aufl., McGraw-Hill, New York u.a.O.

Ruhnke K (2003) Nutzen von Abschlussprüfungen – Bezugsrahmen und Einordnung empirischer Studien. In: Zeitschrift für betriebswirtschaftliche Forschung 55:250–280
Schwarz N (1999) Self-Reports – How Questions Shape the Answers. In: American Psychologist 54(2):93–105
Sektion Methoden der qualitativen Sozialforschung (2003) Antrag auf Umwandlung der DGS-Arbeitsgruppe „Methoden der qualitativen Sozialforschung" in eine Sektion der DGS. Deutsche Gesellschaft für Soziologie, www.soziologie.de , abgefragt am 23.6.2009
Tashakkori A, Teddlie C (1998) Mixed Methodology – Combining Qualitative and Quantitative Approaches. SAGE, Thousand Oaks (CA),London (UK),New Delhi
Vaus D de (2001) Research Design in Social Research. SAGE, London (UK), Thousand Oaks (CA), New Delhi
Weisberg H (2005) The Total Survey Error Approach. University of Chicago Press, Chicago (IL), London (UK)
Wrona T (2006) Fortschritts- und Gütekriterien im Rahmen qualitativer Sozialforschung. In: Zelewski S Fortschritt in den Wirtschaftswissenschaften – Wissenschaftstheoretische Grundlagen und exemplarische Anwendungen. Gabler, Wiesbaden, S 189–216
Wrona T (2009) Empirische Forschungsmethoden im Internationalen Management – Eine kritische Analyse. In: Oesterle M, Schmid S Internationales Management – Forschung, Lehre, Praxis. Schäffer-Poeschel, Stuttgart, S 223–249
Zimbardo P, Gerrig R (2004) Psychologie. 16. Aufl., Pearson, München u.a.O.

## Mixed Method-Designs – Old Wine in New Skins?

**Abstract**: In this paper several characteristics of Mixed Method-Designs and their relationship to empirical research using quantitative methods are discussed. Though several specific aspects of Mixed Method-Designs are well known from research practice in the "quantitative area", this type of design can make an important contribution to bridge the gap between quantitative and qualitative methodology.

**Keywords:** Qualitative methods · quantitative methods · mixed method designs · empirical research

# Aktuell bei Gabler

WWW.GABLER.D

Hubertus Baumhoff / Reinhard Dücker / Stefan Köhler (Hrsg.)
**Besteuerung, Rechnungslegung und Prüfung der Unternehmen**
Festschrift für Professor Dr. Norbert Krawitz
2010. XIV, 883 S.
Geb. EUR 99,95
ISBN 978-3-8349-1799-7

Die Beiträge geben einen Überblick über die aktuellen wirtschafts- und rechtspolitischen Entwicklungen, insbesondere über die Auswirkungen der Finanzmarktkrise und des BilMoG auf die Besteuerung, Rechnungslegung und Prüfung der Unternehmen.

**Der Inhalt**
Mit Beiträgen von: Jörg Baetge, Wolfgang Ballwieser, Peter Bareis, Hubertus Baumhoff, Hans-Joachim Böcking, Walther Busse von Colbe, Martin Cordes, Christiana Djanani, Reinhard Dücker, Andreas Dutzi, Markus Fuchs, Christina Hartmann, Frank Hechtner, Norbert Herzig, Rainer Heurung, Christian Hick, Johannes Höfer, Jochen Hundsdoerfer, Christian Joisten, Holger Karrenbrock, Jörn Keilhoff, Stefan Köhler, Stefan Leukel, Daniela Maccari, Kai-Uwe Marten, Jürgen Marx, Winfried Mellwig, Gerd Morgenthaler, Klaus-Peter Naumann, Birgit Niemeyer, Bernd Niess, Nils Pippart, Dagmar Pöhland, Reiner Quick, Meinhard Remberg, Kai Reusch, Martin Ruf, Matthias Sattler, Wulff Schlüter, Dieter Schneider, Niels-Peter Schoss, Ulrich Schreiber, Philipp Seidel, Theodor Siegel, Erika Simon, Dominic Sommerhoff, Gerd Willi Stürz, Caren Sureth, Carl-Alexander Uhlenberg, Franz Wassermeyer, Jens Wüstemann, Sonja Wüstemann.

**Die Autoren**
Prof. Dr. Hubertus Baumhoff ist Wirtschaftsprüfer und Steuerberater sowie Honorarprofessor an der Universität Siegen.
Prof. Dr. Reinhard Dücker ist Wirtschaftsprüfer und Steuerberater sowie Honorarprofessor an der Universität Siegen.
Prof. Dr. Stefan Köhler ist Steuerberater sowie Honorarprofessor an der Universität Frankfurt/Main.

www.wirtschaftslexikon.gabler.de
Jetzt online, frei verfügbar!

Einfach bestellen: buch@gabler.de   Telefon +49(0)611. 7878-626

**KOMPETENZ IN SACHEN WIRTSCHAFT**

## GRUNDSÄTZE UND ZIELE

Die **Zeitschrift für Betriebswirtschaft (ZfB)** ist eine der ältesten deutschen Fachzeitschriften der Betriebswirtschaftslehre. Sie wurde im Jahre 1924 von Fritz Schmidt begründet und von Wilhelm Kalveram, Erich Gutenberg und Horst Albach fortgeführt. Sie wird heute von 14 Universitätsprofessoren, die als **Department Editors** fungieren, herausgegeben. Dem **Editorial Board** gehören namhafte Persönlichkeiten aus Universität und Wirtschaftspraxis an. Die Fachvertreter stammen aus den USA, Japan und Europa.

Die ZfB verfolgt das Ziel, die **Forschung auf dem Gebiet der Betriebswirtschaftslehre** anzuregen sowie zur Verbreitung und Anwendung ihrer Ergebnisse beizutragen. Sie betont die Einheit des Faches; enger und einseitiger Spezialisierung in der Betriebswirtschaftslehre will sie entgegenwirken. Die Zeitschrift dient dem **Gedankenaustausch zwischen Wissenschaft und Unternehmenspraxis**. Sie will die betriebswirtschaftliche Forschung auf wichtige betriebswirtschaftliche Probleme in der Praxis aufmerksam machen und sie durch Anregungen aus der Unternehmenspraxis befruchten.

In der ZfB können auch englischsprachige Aufsätze veröffentlicht werden. Die Herausgeber begrüßen die Einreichung englischsprachiger Beiträge von deutschen und internationalen Wissenschaftlern. Durch die Zusammenfassungen in englischer Sprache sind die deutschsprachigen Aufsätze der ZfB auch internationalen Referatenorganen zugänglich. Im Journal of Economic Literature werden die Aufsätze der ZfB zum Beispiel laufend referiert.

Die Qualität der Aufsätze in der ZfB wird durch die Herausgeber und einen Kreis renommierter Gutachter gewährleistet. Das **Begutachtungsverfahren** ist doppelt verdeckt und wahrt damit die Anonymität von Autoren wie Gutachtern gemäß den international üblichen Standards. Jeder Beitrag wird von zwei Fachgutachtern beurteilt. Bei abweichenden Gutachten wird ein Drittgutachter bestellt. Die Department Editors entscheiden auf der Grundlage der Gutachten eigenverantwortlich über die Annahme und Ablehnung der von ihnen betreuten Manuskripte. Sie können Beiträge auch ohne Begutachtungsverfahren ablehnen, wenn diese formal oder inhaltlich von den Vorgaben der ZfB abweichen.

Die ZfB veröffentlicht im Einklang mit diesen Grundsätzen und Zielen:
- **Aufsätze** zu theoretischen und praktischen Fragen der Betriebswirtschaftslehre einschließlich von Arbeiten junger Wissenschaftler, denen sie ein Forum für die Diskussion und die Verbreitung ihrer Forschungsergebnisse eröffnet,
- **Ergebnisse der Diskussion** aktueller betriebswirtschaftlicher Themen zwischen Wissenschaftlern und Praktikern,
- **Berichte** über den Einsatz wissenschaftlicher Instrumente und Konzepte bei der Lösung von betriebswirtschaftlichen Problemen in der Praxis,
- **Schilderungen von Problemen** aus der Praxis zur Anregung der betriebswirtschaftlichen Forschung,
- **„State of the Art"-Artikel,** in denen Entwicklung und Stand der Betriebswirtschaftslehre eines Teilgebietes dargelegt werden.

Die ZfB informiert ihre Leser über **Neuerscheinungen** in der Betriebswirtschafslehre und der Management Literatur durch ausführliche Rezensionen und Kurzbesprechungen und berichtet in ihrem **Nachrichtenteil** regelmäßig über betriebswirtschaftliche Tagungen, Seminare und Konferenzen sowie über persönliche Veränderungen vorwiegend an den Hochschulen. Darüber hinaus werden auch Nachrichten für Studenten und Wirtschaftspraktiker veröffentlicht, die Bezug zur Hochschule haben.

# Erfolgreiche Managementinstrumente für Business Models

WWW.GABLER.DE

Bernd W. Wirtz
**Business Model Management**
Design - Instrumente - Erfolgsfaktoren
von Geschäftsmodellen

2010. XII, 361 S. Geb. EUR 44,95
ISBN 978-3-8349-1864-2

Business Models haben eine hohe Bedeutung und Verwendung in der Unternehmenspraxis. Seit wenigen Jahren werden diese auch im Forschungsbereich mit zunehmenden Interesse behandelt. Das Buch gibt einen umfassenden Überblick zum State of the Art. Es zeigt Managementinstrumente und erfolgreiche Fallstudien für Business Model Management.

**Der Inhalt**
- Business Models als Management-Konzept
- Struktur von Business Models
- Management von Business Models
- Fallbeispiele

**Der Autor**
Univ.-Prof. Dr. Bernd W. Wirtz ist Inhaber des Lehrstuhls für Informations- und Kommunikationsmanagement an der DHV Speyer.

www.wirtschaftslexikon.gabler.de
Jetzt online, frei verfügbar!

Einfach bestellen: buch@gabler.de   Telefon +49(0)611. 7878-626

**KOMPETENZ IN SACHEN WIRTSCHAFT**

## HERAUSGEBER/EDITORIAL BOARD

### Editor-in-Chief

Prof. Dr. Dr. h.c. Günter Fandel ist Universitätsprofessor und Inhaber des Lehrstuhls für Betriebswirtschaft, insbesondere Produktions- und Investitionstheorie an der FernUniversität in Hagen. Seine Hauptarbeitsgebiete sind Industriebetriebslehre, Produktionsmanagement und Hochschulmanagement.

### Department Editors

**Prof. Dr. Wolfgang Breuer** ist Universitätsprofessor und Inhaber des Lehrstuhls für Betriebswirtschaftslehre, insb. Betriebliche Finanzwirtschaft, an der Rheinisch-Westfälischen Technischen Hochschule Aachen. Seine Hauptarbeitsgebiete sind Finanzierungs- und Investitionstheorie sowie Portfolio- und Risikomanagement.

**Prof. Dr. Holger Ernst** ist Inhaber des Lehrstuhls für Betriebswirtschaftslehre, insbesondere Technologie- und Innovationsmanagement an der Wissenschaftlichen Hochschule für Unternehmensführung – Otto-Beisheim-Hochschule – (WHU) in Vallendar.

**Prof. Dr. Oliver Fabel** ist Universitätsprofessor und Inhaber des Lehrstuhls für Personalwirtschaft mit Internationaler Schwerpunktsetzung am Institut für Betriebswirtschaftslehre der Universität Wien. Seine Hauptarbeitsgebiete sind Personal-, Organisations- und Bildungsökonomik.

**Prof. Dr. Dr. h.c. Günter Fandel**, s.o.

**Prof. Dr. Armin Heinzl** ist Universitätsprofessor und Inhaber des Lehrstuhls für Allgemeine Betriebswirtschaftslehre und Wirtschaftsinformatik an der Universität Mannheim. Seine Hauptarbeitsgebiete sind Wirtschaftsinformatik, Organisationslehre sowie Logistik.

**Prof. Dr. Harald Hruschka** ist Universitätsprofessor und Inhaber des Lehrstuhls für Betriebswirtschaftslehre mit dem Schwerpunkt Marketing an der Universität Regensburg. Sein Hauptarbeitsgebiet bezieht sich auf Marktreaktionsmodelle unter Einschluss semiparametrischer und hierarchischer Bayes'scher Ansätze.

**Prof. Dr. Norbert Krawitz** ist Universitätsprofessor und Inhaber des Lehrstuhls für Betriebswirtschaftslehre mit dem Schwerpunkt Betriebswirtschaftliche Steuerlehre und Prüfungswesen an der Universität Siegen. Seine Hauptarbeitsgebiete sind Rechnungslegung, Wirtschaftsprüfung und betriebswirtschaftliche Steuerlehre.

**Prof. Dr. Dr. h.c. Hans-Ulrich Küpper** ist Universitätsprofessor und Direktor des Instituts für Produktionswirtschaft und Controlling der Universität München. Seine Hauptarbeitsgebiete sind Unternehmensrechnung, Controlling und Hochschulmanagement.

**Prof. Dr. Werner Pascha** ist Universitätsprofessor und Inhaber des Lehrstuhls für Ostasienwirtschaft / Wirtschaftspolitik an der Universität Duisburg-Essen.

**Prof. Dr. Joachim Schwalbach** ist Universitätsprofessor und Inhaber des Lehrstuhls für Internationales Management an der Humboldt-Universität zu Berlin.

**Prof. Dr. Hartmut Stadtler** ist Universitätsprofessor und Inhaber des Instituts für Logistik und Transport an der Universität Hamburg. Seine Hauptarbeitsgebiete sind die Logistik, die Unternehmensplanung und die unternehmensübergreifende Planung im Rahmen des Supply Chain Management sowie deren Unterstützung durch Softwaresysteme (z.B. Advanced Planning Systeme).

**Prof. Dr. Stefan Winter** ist Universitätsprofessor und Inhaber des Lehrstuhls für Human Resource Management an der Ruhr-Universität in Bochum. Seine Hauptarbeitsgebiete sind die Analyse von Anreizstrukturen in Unternehmen, Gestaltung von Vergütungssystemen für Führungskräfte sowie die Institutionenökonomische Analyse von Personal- und Organisationsproblemen.

**Prof. Dr. Peter Witt** ist Universitätsprofessor und Inhaber des Lehrstuhls für Innovations- und Gründungsmanagement an der Universität Dortmund. Seine Hauptarbeitsgebiete sind Entrepreneurship, Gründungsfinanzierung und Familienunternehmen.

**Prof. Dr. Uwe Zimmermann** ist Hochschulprofessor und Leiter des Instituts für Mathematische Optimierung an der Technischen Universität Braunschweig. Seine Hauptarbeitsgebiete sind die Lineare, Kombinatorische und Diskrete Optimierung und ihre Anwendung auf komplexe Systeme in Verkehr und Logistik.

### Editorial Board

Prof. (em.) Dr. Dr. h.c. mult. Horst Albach (Chairman)
Prof. Alain Burlaud
Prof. Dr. Dr. Dr. h.c. Santiago Garcia Echevarria
Prof. Dr. Lars Engwall
Dr. Dieter Heuskel
Dr. Detlef Hunsdiek
Prof. Dr. Don Jacobs
Prof. Dr. Eero Kasanen
Dr. Bernd-Albrecht v. Maltzan
Prof. Dr. Koji Okubayashi
Hans Botho von Portatius
Prof. Dr. Oleg D. Prozenko
Prof. (em.) Dr. Hermann Sabel
Prof. Dr. Adolf Stepan
Dr. med. Martin Zügel

## IMPRESSUM / HINWEISE FÜR AUTOREN

## Verlag

Gabler Verlag | Springer Fachmedien Wiesbaden GmbH
Abraham-Lincoln-Straße 46, 65189 Wiesbaden,
www.zfb-online.de
Amtsgericht Wiesbaden, HRB 9754
USt-IdNr. DE811148419
Geschäftsführer: Dr. Ralf Birkelbach (Vors.), Armin Gross, Albrecht F. Schirmacher
Verlags(bereichs)leitung: Maria Akhavan-Hezavei
Gesamtleitung Anzeigen und Märkte: Armin Gross
Gesamtleitung Marketing: Rolf-Günther Hobbeling
Gesamtleitung Produktion: Christian Staral
Gesamtleitung Vertrieb: Gabriel Göttlinger

**Editor-in-Chief:**
**Professor Dr. Dr. h.c. Günter Fandel**
**FernUniversität in Hagen**
**Fakultät für Wirtschaftswissenschaft**
**58084 Hagen**
**Tel: 02331/987-2625, Fax: 02331/987-2575**
**E-Mail: ZfB@FernUni-Hagen.de**

**Administration Manuscript Central™**
Sebastian Bartussek, Tel.: 02331/987-2652,
Fax: 02331/987-2575, E-Mail: Sebastian.Bartussek@FernUni-Hagen.de

**Redaktion:** Annelie Meisenheimer, Tel.: 0611/7878-232,
Fax: 0611/7878-411, E-Mail: Annelie.Meisenheimer@gabler.de

**Abonnentenbetreuung:** Stefanie Druffelsmeyer, Tel.: 05241/801968,
Fax: 05241/809620

**Produktmanagement:** Kristiane Alesch,
Tel.: 0611/7878-359, Fax: 0611/7878-78359,
E-Mail: Kristiane.Alesch@gabler.de

**Anzeigenleitung:** Stefan Strussione, Tel.: 0611/7878-157,
Fax: 0611/7878-430, E-Mail: Stefan.Strussione@springer.com

**Anzeigendisposition:** Monika Dannenberger,
Tel.: 0611/7878-148, Fax: 0611/7878-430,
E-Mail: Monika.Dannenberger@springer.com

Es gilt die Anzeigenpreisliste vom 1. 1. 2006.

**Produktion/Layout:** Frieder Kumm

**Bezugsmöglichkeiten:** Die Zeitschrift erscheint monatlich. Das Abonnement kann jederzeit zur nächsten erreichbaren Ausgabe schriftlich mit Nennung der Kundennummer gekündigt werden. Eine schriftliche Bestätigung erfolgt nicht. Zuviel gezahlte Beträge für nicht gelieferte Ausgaben werden zurückerstattet. Jährlich können 1 bis 6 Special Issues hinzukommen. Jedes Special Issue wird den Abonnenten mit einem Nachlass von 25% des jeweiligen Ladenpreises gegen Rechnung geliefert.

| | Preise Inland: | Preise Ausland: |
|---|---|---|
| Einzelheft: | 42,– Euro | 48,– Euro |
| Studenten-*/Emeritus-Abo: | 76,– Euro | 97,– Euro |
| ausgewählte Verbände:** | 185,– Euro | 203,– Euro |
| Privat-Abo: | 218,– Euro | 247,– Euro |
| Lehrstuhl-Abo: | 247,– Euro | 269,– Euro |
| Bibliotheks-/Unternehmensabo: | 427,– Euro | 439,– Euro |

\* Studienbescheinigung
\*\* auf Anfrage beim Verlag

© Gabler Verlag ist eine Marke von Springer Fachmedien. Springer Fachmedien ist Teil der Fachverlagsgruppe Springer Science+Business Media.

Alle Rechte vorbehalten. Kein Teil dieser Zeitschrift darf ohne schriftliche Genehmigung des Verlages vervielfältigt oder verbreitet werden. Unter diesem Verbot fällt insbesondere die gewerbliche Vervielfältigung per Kopie, die Aufnahme in elektronische Datenbanken und die Vervielfältigung auf CD-ROM und allen anderen elektronischen Datenträgern.

**Satzherstellung:** Fotosatz-Service Köhler GmbH – Reinhold Schöberl, Würzburg.
**Druck und Verarbeitung:** Druckerei Krips, Meppel, Niederlande.

Gedruckt auf säurefreiem und chlorfrei gebleichtem Papier.

Printed in Europe

## Hinweise für Autoren

1. Bitte beachten Sie die „Grundsätze und Ziele" der ZfB.

2. Einreichungen werden bei der ZfB ausschließlich über ein Online-Verfahren abgewickelt. Manuskripte – in deutscher oder englischer Sprache – können vom Autor unter http://mc.manuscriptcentral.com/zfb direkt in das Manuskriptverwaltungssystem hochgeladen werden. Hierbei ist insbesondere auf die Wahrung der Anonymität der zur Begutachtung eingereichten Vorlagen zu achten. Der Autor verpflichtet sich mit der Einsendung des Manuskripts unwiderruflich, das Manuskript bis zur Entscheidung über die Annahme nicht anderweitig zu veröffentlichen oder zur Veröffentlichung anzubieten. Diese Verpflichtung erlischt nicht durch Korrekturvorschläge im Begutachtungsverfahren.

3. Um die eingereichten Manuskripte in dem Begutachtungsprozess geben bzw. diese im Manuskriptlauf zügig behandeln zu können, wird um Beachtung der folgenden Punkte gebeten: Gesamtlänge des Manuskriptes darf 25 DinA4 nicht überschreiten (bei ca. 3800 Zeichen pro Seite), Schriftart „Times New Roman", Schriftgröße 12, einfacher Zeilenabstand, jeweils 2,5 cm Außenrand, Angabe von Abbildungs- und Tabellenüberschriften (Abb. 1: Text; Tab. 1: Text etc.), eingebundene Objekte (insbes. Bild-, .ppt-, .xls-Dateien etc.) auch separat in Dateiform beifügen, das Hauptdokument muss in **anonymer** Form eingereicht werden, d.h. alle Autorennamen, Autoreninformationen und evtl. Danksagungen sind für die Begutachtung restlos zu streichen. Einhaltung der Gliederungssystematik: **1 Überschriftsebene 1** (12pt, fett, 2 Zeile Abstand davor, 1 Zeile danach), *1.1 Überschriftsebene 2* (12pt, 1 Zeile Abstand davor, 1 Zeile danach), 1.1.1 Überschriftsebene 3 (12pt, kursiv, 1 Zeile Abstand davor, 1 Zeile danach), **Spitzmarke:** (12pt, fett mit Doppelpunkt zu Beginn des Absatzes, 1 Zeile Abstand davor). Harvard-Zitierweise, keine End- oder Fußnoten: Ein Autor: (vgl. Meier 2007) bzw. (Meier 2007, S. 30); Zwei Autoren: (vgl. Meier/Müller 2007) bzw. (Meier/Müller 2007, S. 30); Drei oder mehr Autoren: (vgl. Meier et al. 2007) bzw. (Meier et al. 2007, S. 30); Eventuelle Erläuterungen zu Textpassagen können weiterhin als Endnoten angehängt werden, sollten aber – soweit möglich – vermieden werden. Das Literaturverzeichnis muss in *Harvard Stil* bzw. *Basic Springer Reference Style* aufgebaut sein. Bei einer Wiedereinreichung eines Beitrags muss eine Stellungnahme zu den Gutachten beigelegt werden. Einreichung der Beitragsdatei als **Microsoft Word®-Datei** oder in einem Word®-kompatiblen Format; **kein (La)TeX. PDF-Dateien sind generell nicht geeignet und können auch nicht ins Onlinesystem Manuscript Central™ hochgeladen werden.** Der Beitrag muss in folgender Reihenfolge aufgebaut sein: Erste Seite: prägnanter Beitragstitel in deutscher bzw. in englischer Sprache (max. 80 Zeichen; bei Bedarf: Angabe eines Untertitels), dem Beitrag vorgestellte einleitende „Zusammenfassung" bzw. einleitender „Abstract" (Fließtext, max. 15 Zeilen bzw. 1100 Zeichen), deutsche „Schlüsselwörter" (max. 5 Angaben) bzw. englische Keywords (max. 5 Angaben), JEL-Klassifikation (max. 3 Angaben); Ab Seite 2: Beitragstext, falls nötig: „Anmerkungen" als Endnoten (keine Fußnoten im Text), „Literaturverzeichnis", letzte Seite: (nur bei deutschsprachigen, enfällt bei englischsprachigen Beiträgen) prägnanter Beitragstitel in englischer Sprache (max. 80 Zeichen, bei Bedarf: Angabe eines Untertitels), „Abstract" in englischer Sprache (Fließtext, max. 15 Zeilen bzw. 1100 Zeichen). Zusätzlich sollten sowohl die Autorenfotos (in digitaler Form, 300dpi, mind. 640x480 Pixel) als auch die Autorenangaben (Titel, Name, Institut, Lehrstuhl, Adresse, Land, ggf. Arbeitsgebiete, Emailadresse und URL; insgesamt pro Autor max. 4 Zeilen) in separaten Dateien eingereicht werden. **Alle Kopf- und Fußzeilen sowie Seitenzahlen sind zu entfernen!**

4. Der Autor verpflichtet sich, die Korrekturfahnen innerhalb einer Woche zu lesen und die Mehrkosten für Korrekturen, die nicht vom Verlag zu vertreten sind, sowie die Kosten für die Korrektur durch einen Korrektor bei nicht termingerechter Rücksendung der Fahnenkorrektur zu übernehmen.

5. Der Autor ist damit einverstanden, dass sein Beitrag außer in der Zeitschrift auch durch Lizenzvergabe in anderen Zeitschriften (auch übersetzt), durch Nachdruck in Sammelbänden (z.B. zu Jubiläen der Zeitschrift oder des Verlages oder in Themenbänden), durch längere Auszüge in Büchern des Verlages auch zu Werbezwecken, durch Vervielfältigung und Verbreitung auf CD-ROM oder anderen Datenträgern, durch Speicherung auf Datenbanken, deren Weitergabe und dem Abruf von solchen Datenbanken während der Dauer des Urheberrechtsschutzes an dem Beitrag im In- und Ausland vom Verlag und seinen Lizenznehmern genutzt wird.

# Praxisorientierter Überblick mit vielen konkreten Anwendungsbeispielen

↗

WWW.GABLER.DE

Daniel F. Oriesek / Jan Oliver Schwarz
**Business Wargaming**
Unternehmenswert schaffen und schützen
2009. XVIII, 181 S. Geb. EUR 39,90
ISBN 978-3-8349-1879-6

Daniel F. Oriesek und Jan Oliver Schwarz geben einen praxisorientierten Überblick über die Methodik des Business Wargaming und schildern eine Vielzahl von konkreten Anwendungsbeispielen in der Unternehmenspraxis. Ein Business Wargame – auch als Strategie-Simulation bezeichnet – ist eine Rollenspielsimulation einer dynamischen Wirtschaftssituation. Durch die dabei gewonnenen Erkenntnisse werden kostspielige Fehlentscheidungen vermieden und zusätzliche Chancen erkannt. Fallstudien zu unterschiedlichen Bereichen der Unternehmensführung illustrieren die Anwendung.

**Die Autoren**
Daniel F. Oriesek ist Principal bei der Beratungsfirma A.T. Kearney in Zürich und berät nationale und internationale Kunden in verschiedenen strategischen und organisatorischen Fragestellungen, darunter auch Business Wargaming. Neben seiner beruflichen Tätigkeit ist er aktiver Generalstabsoffizier im Führungsstab der Schweizer Armee und arbeitete zuvor für Russel Reynolds Associates, Booz Allen Hamilton und die UBS.

Jan Oliver Schwarz unterrichtet Studierende in Masterprogrammen zu Business Wargaming und publizierte verschiedene Artikel u. a. zu diesem Thema und zu Strategic Foresight. Er ist zur Zeit Doktorand an der Universität der Künste Berlin.

www.wirtschaftslexikon.gabler.de
Jetzt online, frei verfügbar!

↗

Einfach bestellen: buch@gabler.de   Telefon +49(0)611. 7878-626

**KOMPETENZ IN SACHEN WIRTSCHAFT**

GABLER

www.vs-verlag.de

# Aus dem Programm des VS Verlages

### Das internationale Diskussionsforum für eine qualifizierte Beratungspraxis

Die Zeitschrift OSC – Organisationsberatung · Supervision · Coaching widmet sich Innovationen in der Organisationsberatung, in der Supervision und im Coaching. OSC schlägt eine Brücke zwischen Managementwissen und den hochspezialisierten Beratungskonzepten aus Psychotherapie und Supervision.

Die Zeitschrift ist die einzige Supervisionszeitschrift mit einer länderübergreifenden Ausrichtung und wird deshalb für die Kommunikation im Feld, für die Professionalisierung und die wissenschaftliche Fundierung von Supervision einen entscheidenden Beitrag leisten können.

**17. Jahrgang 2010 – 4 Hefte jährlich**

### Einführung in die Supervision

Astrid Schreyögg
**Supervision**
Ein integratives Modell
5., erw. Aufl. 2010. 428 S. Br. EUR 49,95
ISBN 978-3-531-17343-6

Das Lehrbuch „Supervision" von Astrid Schreyögg ist längst als Standardwerk etabliert. Neben seiner Systematik und Verständlichkeit zeichnet es sich insbesondere durch seinen konzeptuellen Ansatz aus: Eine Vielzahl supervisionsrelevanter (Organisations-)Theorien und Methoden werden zu einem in sich konsistenten, „integrativen" Ansatz verbunden. Psychoanalyse und Kommunikationstheorie finden ebenso Berücksichtigung wie methodische Elemente z.B. aus Gestalttherapie und Psychodrama.

### Coaching für den neuen Chef: Chancen und Risiken

Astrid Schreyögg
**Coaching für die neu ernannte Führungskraft**
2. Aufl. 2010. 284 S. (Coaching und Supervision) Br. EUR 49,95
ISBN 978-3-531-17346-7

In diesem Buch widmet sich die Autorin einem Anlass, der im Arbeitsleben jeder Führungskraft mindestens einmal eine Rolle spielt: dem Wechsel in eine neue Führungsposition. Neben wissenschaftlichen Grundlagen, konzeptionellem und methodischem Rüstzeug enthält das Buch handfeste Praxisanweisungen. So können Coach und Klient den „Schonraum Coaching" erfolgreich nutzen, um Chancen und Risiken der neuen Position zu untersuchen, entsprechende Strategien zu planen und passende Handlungsmuster einzuüben.

Änderungen vorbehalten. Stand der Preise: Juni 2010. Erhältlich im Buchhandel oder beim Verlag.

VS Verlag | Springer Fachmedien Wiesbaden GmbH
Abraham-Lincoln-Straße 46 | 65189 Wiesbaden
tel +49 (0)611/78 78-285 | fax +49 (0)611/78 78-420

Wissen entscheidet

# Individuelle Werte von Persönlichkeiten aus Unternehmen, Institutionen, Politik und Kultur

WWW.GABLER.DE

Sven H. Korndörffer / Liane Scheinert / Mathias Bucksteeg (Hrsg.)

**„Ihre Werte, bitte!"**

2010. 192 S. Geb. EUR 39,95
ISBN 978-3-8349-2157-4

In Umbruchzeiten steigt die Relevanz von Werten als Orientierung schaffendes Mittel. Von Entscheidern wird erwartet, Verantwortung zu übernehmen, Vertrauen in Politik und Wirtschaft wiederherzustellen. Es sollte Gewissheit darüber bestehen, dass verinnerlichte Werte die Grundlage des Handelns sind. Dieses Buch der Wertekommission gibt Einblick in das individuelle Werteverständnis von herausragenden Persönlichkeiten aus Unternehmen, Institutionen, Politik und Kultur. Basis der Diskussion sind die sechs Grundwerte der Wertekommission: Integrität, Mut, Nachhaltigkeit, Respekt, Verantwortung, Vertrauen.

**Der Inhalt**
- Integrität
- Mut
- Nachhaltigkeit
- Respekt
- Verantwortung
- Vertrauen

**Die Autoren**

Sven H. Korndörffer ist Managing Director der Aareal Bank Group und verantwortet den Bereich Corporate Communications. Er ist Vorstandsmitglied der Wertekommission e. V.

Liane Scheinert ist Leiterin Internationales Kunden- und Handelsmarketing bei der AUDI AG und Vorstandsmitglied der Wertekommission e. V.

Mathias Bucksteeg ist Leiter Kommunikation des Bundesverbandes der Deutschen Energie- und Wasserwirtschaft BDEW e.V. und Vorstandsmitglied der Wertekommission e. V.

www.wirtschaftslexikon.gabler.de
Jetzt online, frei verfügbar!

Einfach bestellen: buch@gabler.de   Telefon +49(0)611. 7878-626

**KOMPETENZ IN SACHEN WIRTSCHAFT**

GABLER

GPSR Compliance

The European Union's (EU) General Product Safety Regulation (GPSR) is a set of rules that requires consumer products to be safe and our obligations to ensure this.

If you have any concerns about our products, you can contact us on

ProductSafety@springernature.com

In case Publisher is established outside the EU, the EU authorized representative is:

Springer Nature Customer Service Center GmbH
Europaplatz 3
69115 Heidelberg, Germany